AF550193

Chiron Ephemeride
2000 - 2050

Robert von Heeren

Chiron Ephemeride
2000 – 2050
Angaben in Tagespositionen

Originalausgabe
ISBN 10: 3-925100-16-4
ISBN 13: 978-3-925100-16-1
© 1997 Chiron Verlag
Alle Rechte vorbehalten

Zu beziehen durch den Buchhandel oder direkt beim
Chiron Verlag, Postfach 1250, D-72002 Tübingen
www.Chironverlag.com

Explanations of the ephemerides for 2060 Chiron / 95P-Chiron

by Robert von Heeren, Munich in July 1997

The daily ephemeris is calculated for midnight Universal Time in geocentric-tropical zodiac with longitude and latitude positions from 2000-2050. The calculations with numerical integration take into account the planetary perturbations due to gravitational forces of the main planets Mercury, Venus, Earth, Mars, Jupiter, Saturn, Uranus and Neptune. Pluto has no significant effect, because of it's small size. They also take into account the light time, aberration, precession, nutation and estimated Delta-T. The basis for the calculations are the osculating elements given in the Minor Planet Circular No. 22797 (for Epoch June 1.0 1997/J2000.0), issued by Minor Planet Center of the Smithsonian Astronomical Institute, Cambridge, MA-USA. They were derived from 209 observations at 25 oppositions between 1895 and 1993 with a mean residual of 0".71. The accuracy of the daily ephemeris is much better than one arcminute.

Chiron's orbital eccentricity is: 0.38.
The mean distance from the sun is: 13.66 Astronomical Units.
The inclination is 6.93 degrees, and it's orbital period is: 50.52 years.
It's estimated diameter is about 140 km (without it's long tail and coma, which can reach sometimes about 300000 km).

Chiron is a giant and very unusual comet. It was the first minor planet/giant comet, which was discovered (by Charles T. Kowal on November 1 in 1977) in the outer solar system beyond Saturn. It was the first member of the unusual and small group of Centaurs, to which belong the six other also very unusual minor planets: 5145 Pholus, 7066 Nessus, 1994 TA, 1995 DW_2, 1995 GO and 1997 CU_{26}. In this group only Chiron has a comet-like behaviour. Therefore it is unique, even in this unusual newly discovered group of Centaurs (none of them is a comet).

Erläuterungen zu den Ephemeriden für 2060 Chiron bzw. 95P/Chiron

von Robert von Heeren, München im Juli 1997

Die tägliche Ephemeride wurde für Mitternacht Weltzeit in geozentrisch-tropischen Tierkreiskoordinaten berechnet und in Länge und Breite von 2000-2050 angegeben. Die Berechnungen berücksichtigen per numerische Integration die wichtigen planetaren Störungen der Chironbahn durch die Gravitationskräfte der Hauptplaneten Merkur, Venus, Erde, Mars, Jupiter, Saturn, Uranus und Neptun. Der Einfluß Plutos wurde wegen seiner geringen Masse und Kleinheit vernachlässigt. Die Berechnungen berücksichtigen außerdem auch die Lichtlaufzeit (ca. 1 Stunde und 10 Minuten einfach), die Aberration, Präzession, Nutation und geschätzte Delta-T-Zeitkorrektur. Die Basis für die Berechnungen waren die oskulierenden Bahnelemente für Chiron, die im Minor Planet Circular Nr. 22797 (gültig für die Epoche 1.6.1997/J2000.0) vom Minor Planet Center des Smithsonian Astronomical Institute, Cambridge, MA-USA veröffentlicht wurden. Sie wurden aus einer Reihe von 209 Beobachtungswerten bei 25 Oppositionen zwischen 1895 und 1993 ermittelt. Der mittlere Fehler liegt hier bei 0".71 Bogensekunden. Der Genauigkeitsfehler der täglichen Ephemeride liegt auf jeden Fall weit unterhalb einer Bogenminute.

Chirons Bahnexzentrizität beträgt 0,38.
Seine mittlere Entfernung von der Sonne beträgt 13,66 Astronomische Einheiten.
Die Inklination (Bahnneigung) ist 6,93 Grad und seine Umlaufzeit liegt bei 50,52 Jahren.
Sein Kerndurchmesser liegt ungefähr bei 140km. Seine kometenähnliche Koma kann manchmal eine Länge von bis zu 300000 km erreichen.

Chiron ist ein riesiger aber sehr ungewöhnlicher Komet. Er besitzt einerseits kometenähnliche Eigenschaften, zugleich aber auch Ähnlichkeiten mit großen Asteroiden. Er war der erste Asteroid/Riesenkomet, der außerhalb der Saturnbahn entdeckt wurde (von Charles T. Kowal am 1.11.1977). Er war das erste Mitglied der kleinen und ebenfalls sehr ungewöhnlichen Kleinplanetengruppe der sogenannten Kentauren: 5145 Pholus, 7066 Nessus, 1994 TA, 1995 DW_2, 1995 GO und 1997 CU_{26}. In dieser Gruppe ist Chiron nach wie vor der exotische Einzelgänger (Maverick), der er von Anfang an war: der einzige Komet.

2000

♇	JANUARY		MARCH		MAY		JULY		SEPTEMBER		NOVEMBER	
1	11♐33	4N04	16♐37	4N35	16♐19**R**	5N14	12♐22**R**	5N27	11♐20	5N11	15♐38	4N55
2	11 40	4 04	16 40	4 35	16 16	5 14	12 18	5 27	11 22	5 10	15 44	4 55
3	11 47	4 04	16 43	4 36	16 13	5 15	12 15	5 27	11 24	5 10	15 50	4 55
4	11 54	4 05	16 45	4 37	16 10	5 15	12 12	5 27	11 26	5 10	15 57	4 55
5	12 00	4 05	16 47	4 37	16 07	5 16	12 08	5 27	11 28	5 09	16 03	4 54
6	12 07	4 06	16 50	4 38	16 03	5 16	12 05	5 27	11 30	5 09	16 09	4 54
7	12 14	4 06	16 52	4 39	16 00	5 17	12 02	5 27	11 32	5 09	16 16	4 54
8	12 20	4 06	16 54	4 39	15 57	5 17	11 59	5 27	11 35	5 08	16 22	4 54
9	12 27	4 07	16 56	4 40	15 53	5 17	11 56	5 26	11 37	5 08	16 29	4 54
10	12 33	4 07	16 58	4 41	15 50	5 18	11 53	5 26	11 40	5 08	16 35	4 54
11	12 40	4 08	16 59	4 41	15 46	5 18	11 50	5 26	11 43	5 07	16 41	4 54
12	12 46	4 08	17 01	4 42	15 42	5 19	11 48	5 26	11 45	5 07	16 48	4 54
13	12 53	4 08	17 03	4 43	15 39	5 19	11 45	5 26	11 48	5 07	16 55	4 54
14	12 59	4 09	17 04	4 43	15 35	5 20	11 42	5 26	11 51	5 06	17 01	4 54
15	13 05	4 09	17 05	4 44	15 31	5 20	11 40	5 25	11 54	5 06	17 08	4 54
16	13 11	4 10	17 07	4 45	15 27	5 20	11 37	5 25	11 57	5 06	17 14	4 54
17	13 17	4 10	17 08	4 45	15 23	5 21	11 35	5 25	12 00	5 05	17 21	4 54
18	13 24	4 11	17 09	4 46	15 19	5 21	11 32	5 25	12 04	5 05	17 28	4 54
19	13 30	4 11	17 10	4 47	15 16	5 22	11 30	5 24	12 07	5 05	17 35	4 54
20	13 36	4 12	17 11	4 47	15 12	5 22	11 28	5 24	12 10	5 04	17 41	4 54
21	13 41	4 12	17 11	4 48	15 08	5 22	11 26	5 24	12 14	5 04	17 48	4 54
22	13 47	4 13	17 12	4 49	15 04	5 23	11 24	5 24	12 18	5 04	17 55	4 54
23	13 53	4 13	17 13	4 49	14 59	5 23	11 22	5 24	12 21	5 03	18 02	4 54
24	13 59	4 14	17 13	4 50	14 55	5 23	11 20	5 23	12 25	5 03	18 08	4 54
25	14 04	4 14	17 13	4 51	14 51	5 24	11 18	5 23	12 29	5 03	18 15	4 54
26	14 10	4 14	17 14	4 51	14 47	5 24	11 17	5 23	12 33	5 03	18 22	4 54
27	14 16	4 15	17 14	4 52	14 43	5 24	11 15	5 22	12 37	5 02	18 29	4 54
28	14 21	4 16	17 14**R**	4 53	14 39	5 24	11 14	5 22	12 41	5 02	18 36	4 54
29	14 26	4 16	17 14	4 53	14 35	5 25	11 12	5 22	12 45	5 02	18 43	4 54
30	14 32	4 17	17 14	4 54	14 30	5 25	11 11	5 22	12 49	5 01	18 50	4 54
31	14 37	4 17	17 13	4 55	14 26	5 25	11 10	5 21				

♇	FEBRUARY		APRIL		JUNE		AUGUST		OCTOBER		DECEMBER	
1	14♐42	4N18	17♐13**R**	4N55	14♐22**R**	5N25	11♐09**R**	5N21	12♐53	5N01	18♐57	4N54
2	14 47	4 18	17 12	4 56	14 18	5 26	11 07	5 21	12 58	5 01	19 04	4 54
3	14 52	4 19	17 12	4 57	14 13	5 26	11 07	5 20	13 02	5 01	19 11	4 54
4	14 57	4 19	17 11	4 57	14 09	5 26	11 06	5 20	13 07	5 00	19 18	4 54
5	15 02	4 20	17 11	4 58	14 05	5 26	11 05	5 20	13 11	5 00	19 25	4 54
6	15 07	4 20	17 10	4 59	14 01	5 26	11 04	5 20	13 16	5 00	19 32	4 54
7	15 12	4 21	17 09	4 59	13 56	5 27	11 04	5 19	13 21	5 00	19 39	4 55
8	15 16	4 21	17 08	5 00	13 52	5 27	11 03	5 19	13 26	4 59	19 46	4 55
9	15 21	4 22	17 07	5 01	13 48	5 27	11 03	5 19	13 30	4 59	19 53	4 55
10	15 25	4 23	17 05	5 01	13 44	5 27	11 02	5 18	13 35	4 59	20 00	4 55
11	15 30	4 23	17 04	5 02	13 40	5 27	11 02	5 18	13 40	4 59	20 07	4 55
12	15 34	4 24	17 03	5 03	13 35	5 27	11 02	5 18	13 45	4 58	20 14	4 55
13	15 38	4 24	17 01	5 03	13 31	5 27	11 02**D**	5 17	13 50	4 58	20 21	4 55
14	15 43	4 25	16 59	5 04	13 27	5 27	11 02	5 17	13 56	4 58	20 28	4 55
15	15 47	4 25	16 58	5 04	13 23	5 28	11 02	5 17	14 01	4 58	20 34	4 56
16	15 51	4 26	16 56	5 05	13 19	5 28	11 03	5 16	14 06	4 58	20 41	4 56
17	15 55	4 27	16 54	5 06	13 15	5 28	11 03	5 16	14 11	4 57	20 48	4 56
18	15 58	4 27	16 52	5 06	13 11	5 28	11 03	5 16	14 17	4 57	20 55	4 56
19	16 02	4 28	16 50	5 07	13 07	5 28	11 04	5 15	14 22	4 57	21 02	4 56
20	16 06	4 29	16 48	5 07	13 03	5 28	11 05	5 15	14 28	4 57	21 09	4 56
21	16 09	4 29	16 46	5 08	12 59	5 28	11 05	5 14	14 33	4 57	21 16	4 57
22	16 13	4 30	16 43	5 09	12 55	5 28	11 06	5 14	14 39	4 56	21 23	4 57
23	16 16	4 30	16 41	5 09	12 51	5 28	11 07	5 14	14 45	4 56	21 30	4 57
24	16 20	4 31	16 39	5 10	12 47	5 28	11 08	5 13	14 50	4 56	21 37	4 57
25	16 23	4 32	16 36	5 10	12 43	5 28	11 09	5 13	14 56	4 56	21 44	4 57
26	16 26	4 32	16 33	5 11	12 40	5 28	11 11	5 13	15 02	4 56	21 51	4 58
27	16 29	4 33	16 31	5 11	12 36	5 28	11 12	5 12	15 08	4 56	21 58	4 58
28	16 32	4 34	16 28	5 12	12 32	5 28	11 13	5 12	15 14	4 55	22 04	4 58
29	16 35	4 34	16 25	5 13	12 29	5 28	11 15	5 12	15 20	4 55	22 11	4 58
30			16 22	5 13	12 25	5 27	11 16	5 11	15 26	4 55	22 18	4 59
31							11 18	5 11	15 32	4 55	22 25	4 59

2001

♇	JANUARY	
1	22♐31	4N59
2	22 38	4 59
3	22 45	5 00
4	22 52	5 00
5	22 58	5 00
6	23 05	5 01
7	23 11	5 01
8	23 18	5 01
9	23 24	5 02
10	23 31	5 02
11	23 37	5 02
12	23 44	5 03
13	23 50	5 03
14	23 56	5 03
15	24 03	5 04
16	24 09	5 04
17	24 15	5 04
18	24 21	5 05
19	24 27	5 05
20	24 33	5 06
21	24 40	5 06
22	24 46	5 06
23	24 51	5 07
24	24 57	5 07
25	25 03	5 08
26	25 09	5 08
27	25 15	5 08
28	25 20	5 09
29	25 26	5 09
30	25 32	5 10
31	25 37	5 10

	MARCH	
1	27♐49	5N26
2	27 52	5 27
3	27 55	5 27
4	27 58	5 28
5	28 02	5 28
6	28 05	5 29
7	28 08	5 30
8	28 11	5 30
9	28 13	5 31
10	28 16	5 32
11	28 19	5 32
12	28 21	5 33
13	28 24	5 34
14	28 26	5 34
15	28 28	5 35
16	28 31	5 36
17	28 33	5 36
18	28 35	5 37
19	28 37	5 37
20	28 38	5 38
21	28 40	5 39
22	28 42	5 39
23	28 43	5 40
24	28 45	5 41
25	28 46	5 42
26	28 47	5 42
27	28 48	5 43
28	28 49	5 44
29	28 50	5 44
30	28 51	5 45
31	28 52	5 46

	MAY	
1	28♐30R	6N06
2	28 28	6 06
3	28 26	6 07
4	28 24	6 07
5	28 22	6 08
6	28 19	6 08
7	28 17	6 09
8	28 14	6 09
9	28 12	6 10
10	28 09	6 10
11	28 06	6 11
12	28 03	6 12
13	28 01	6 12
14	27 58	6 13
15	27 55	6 13
16	27 51	6 13
17	27 48	6 14
18	27 45	6 14
19	27 42	6 15
20	27 39	6 15
21	27 35	6 16
22	27 32	6 16
23	27 28	6 17
24	27 25	6 17
25	27 21	6 17
26	27 18	6 18
27	27 14	6 18
28	27 10	6 18
29	27 07	6 19
30	27 03	6 19
31	26 59	6 19

	JULY	
1	24♐56R	6N24
2	24 52	6 24
3	24 48	6 24
4	24 44	6 24
5	24 40	6 24
6	24 37	6 24
7	24 33	6 23
8	24 29	6 23
9	24 26	6 23
10	24 22	6 23
11	24 19	6 23
12	24 15	6 23
13	24 12	6 23
14	24 09	6 22
15	24 05	6 22
16	24 02	6 22
17	23 59	6 22
18	23 56	6 22
19	23 53	6 21
20	23 50	6 21
21	23 47	6 21
22	23 44	6 21
23	23 41	6 20
24	23 38	6 20
25	23 36	6 20
26	23 33	6 20
27	23 30	6 19
28	23 28	6 19
29	23 26	6 19
30	23 23	6 18
31	23 21	6 18

	SEPTEMBER	
1	22♐52	6N05
2	22 53	6 05
3	22 53	6 04
4	22 54	6 04
5	22 55	6 04
6	22 56	6 03
7	22 57	6 03
8	22 58	6 02
9	22 59	6 02
10	23 00	6 01
11	23 02	6 01
12	23 03	6 00
13	23 05	6 00
14	23 06	6 00
15	23 08	5 59
16	23 10	5 59
17	23 12	5 58
18	23 14	5 58
19	23 16	5 57
20	23 18	5 57
21	23 20	5 57
22	23 22	5 56
23	23 25	5 56
24	23 27	5 55
25	23 30	5 55
26	23 32	5 54
27	23 35	5 54
28	23 38	5 54
29	23 41	5 53
30	23 44	5 53

	NOVEMBER	
1	25♐56	5N42
2	26 01	5 41
3	26 06	5 41
4	26 12	5 41
5	26 17	5 41
6	26 22	5 41
7	26 28	5 40
8	26 33	5 40
9	26 39	5 40
10	26 44	5 40
11	26 50	5 39
12	26 56	5 39
13	27 01	5 39
14	27 07	5 39
15	27 13	5 39
16	27 19	5 39
17	27 24	5 38
18	27 30	5 38
19	27 36	5 38
20	27 42	5 38
21	27 48	5 38
22	27 54	5 38
23	28 00	5 38
24	28 06	5 37
25	28 12	5 37
26	28 19	5 37
27	28 25	5 37
28	28 31	5 37
29	28 37	5 37
30	28 43	5 37

♇	FEBRUARY	
1	25♐43	5N11
2	25 48	5 11
3	25 53	5 12
4	25 59	5 12
5	26 04	5 13
6	26 09	5 13
7	26 14	5 14
8	26 19	5 14
9	26 24	5 15
10	26 29	5 15
11	26 34	5 16
12	26 39	5 16
13	26 43	5 17
14	26 48	5 17
15	26 53	5 18
16	26 57	5 18
17	27 01	5 19
18	27 06	5 19
19	27 10	5 20
20	27 14	5 21
21	27 18	5 21
22	27 22	5 22
23	27 26	5 22
24	27 30	5 23
25	27 34	5 24
26	27 38	5 24
27	27 41	5 25
28	27 45	5 25

	APRIL	
1	28♐53	5N46
2	28 53	5 47
3	28 54	5 48
4	28 54	5 48
5	28 55	5 49
6	28 55	5 50
7	28 55	5 50
8	28 55R	5 51
9	28 55	5 52
10	28 55	5 52
11	28 54	5 53
12	28 54	5 54
13	28 54	5 54
14	28 53	5 55
15	28 52	5 56
16	28 52	5 56
17	28 51	5 57
18	28 50	5 58
19	28 49	5 58
20	28 48	5 59
21	28 47	5 59
22	28 46	6 00
23	28 44	6 01
24	28 43	6 01
25	28 41	6 02
26	28 40	6 03
27	28 38	6 03
28	28 36	6 04
29	28 34	6 04
30	28 32	6 05

	JUNE	
1	26♐55R	6N20
2	26 52	6 20
3	26 48	6 20
4	26 44	6 21
5	26 40	6 21
6	26 36	6 21
7	26 32	6 21
8	26 28	6 22
9	26 24	6 22
10	26 20	6 22
11	26 16	6 22
12	26 12	6 22
13	26 08	6 23
14	26 04	6 23
15	26 00	6 23
16	25 56	6 23
17	25 52	6 23
18	25 47	6 23
19	25 43	6 23
20	25 39	6 24
21	25 35	6 24
22	25 31	6 24
23	25 27	6 24
24	25 23	6 24
25	25 19	6 24
26	25 15	6 24
27	25 11	6 24
28	25 07	6 24
29	25 03	6 24
30	24 59	6 24

	AUGUST	
1	23♐19R	6N18
2	23 17	6 17
3	23 15	6 17
4	23 13	6 17
5	23 11	6 16
6	23 09	6 16
7	23 07	6 16
8	23 06	6 15
9	23 04	6 15
10	23 03	6 15
11	23 01	6 14
12	23 00	6 14
13	22 59	6 13
14	22 58	6 13
15	22 57	6 13
16	22 56	6 12
17	22 55	6 12
18	22 54	6 11
19	22 53	6 11
20	22 53	6 11
21	22 52	6 10
22	22 52	6 10
23	22 51	6 09
24	22 51	6 09
25	22 51	6 08
26	22 51D	6 08
27	22 51	6 08
28	22 51	6 07
29	22 51	6 07
30	22 51	6 06
31	22 52	6 06

	OCTOBER	
1	23♐47	5N52
2	23 50	5 52
3	23 53	5 51
4	23 56	5 51
5	24 00	5 51
6	24 03	5 50
7	24 07	5 50
8	24 10	5 50
9	24 14	5 49
10	24 17	5 49
11	24 21	5 48
12	24 25	5 48
13	24 29	5 48
14	24 33	5 47
15	24 37	5 47
16	24 41	5 47
17	24 45	5 46
18	24 50	5 46
19	24 54	5 46
20	24 58	5 45
21	25 03	5 45
22	25 08	5 45
23	25 12	5 44
24	25 17	5 44
25	25 21	5 44
26	25 26	5 43
27	25 31	5 43
28	25 36	5 43
29	25 41	5 43
30	25 46	5 42
31	25 51	5 42

	DECEMBER	
1	28♐50	5N37
2	28 56	5 37
3	29 02	5 37
4	29 09	5 37
5	29 15	5 37
6	29 21	5 37
7	29 28	5 36
8	29 34	5 36
9	29 40	5 36
10	29 47	5 36
11	29 53	5 36
12	0♑00	5 36
13	0 06	5 36
14	0 13	5 36
15	0 19	5 37
16	0 26	5 37
17	0 32	5 37
18	0 39	5 37
19	0 45	5 37
20	0 52	5 37
21	0 58	5 37
22	1 05	5 37
23	1 11	5 37
24	1 18	5 37
25	1 24	5 37
26	1 31	5 37
27	1 37	5 37
28	1 44	5 38
29	1 50	5 38
30	1 56	5 38
31	2 03	5 38

2002

⚷	JANUARY		MARCH		MAY		JULY		SEPTEMBER		NOVEMBER	
1	2♑09	5N38	7♑32	5N59	9♑00**R**	6N37	5♑57**R**	7N00	3♑15**R**	6N43	5♑13	6N14
2	2 16	5 38	7 36	6 00	8 59	6 38	5 53	7 00	3 14	6 42	5 17	6 14
3	2 22	5 38	7 40	6 01	8 58	6 39	5 50	7 00	3 14	6 42	5 22	6 14
4	2 29	5 39	7 44	6 01	8 56	6 39	5 46	7 00	3 13	6 41	5 26	6 13
5	2 35	5 39	7 47	6 02	8 55	6 40	5 42	7 00	3 13	6 41	5 30	6 13
6	2 41	5 39	7 51	6 02	8 53	6 40	5 38	7 00	3 13	6 40	5 35	6 13
7	2 48	5 39	7 55	6 03	8 52	6 41	5 34	7 00	3 13	6 40	5 39	6 12
8	2 54	5 39	7 58	6 03	8 50	6 41	5 30	7 00	3 13**D**	6 39	5 44	6 12
9	3 00	5 40	8 01	6 04	8 48	6 42	5 27	7 00	3 13	6 39	5 49	6 12
10	3 07	5 40	8 05	6 05	8 47	6 43	5 23	6 59	3 13	6 38	5 53	6 11
11	3 13	5 40	8 08	6 05	8 45	6 43	5 19	6 59	3 13	6 38	5 58	6 11
12	3 19	5 40	8 11	6 06	8 43	6 44	5 15	6 59	3 14	6 37	6 03	6 11
13	3 25	5 41	8 14	6 06	8 41	6 44	5 12	6 59	3 14	6 37	6 08	6 10
14	3 32	5 41	8 17	6 07	8 38	6 45	5 08	6 59	3 15	6 36	6 12	6 10
15	3 38	5 41	8 20	6 08	8 36	6 45	5 04	6 59	3 15	6 36	6 17	6 10
16	3 44	5 41	8 23	6 08	8 34	6 46	5 01	6 59	3 16	6 35	6 22	6 09
17	3 50	5 42	8 26	6 09	8 32	6 46	4 57	6 59	3 17	6 35	6 27	6 09
18	3 56	5 42	8 28	6 09	8 29	6 47	4 54	6 59	3 17	6 34	6 32	6 09
19	4 02	5 42	8 31	6 10	8 27	6 47	4 50	6 58	3 18	6 34	6 37	6 09
20	4 08	5 42	8 33	6 11	8 24	6 48	4 47	6 58	3 19	6 33	6 43	6 08
21	4 14	5 43	8 36	6 11	8 21	6 48	4 43	6 58	3 21	6 33	6 48	6 08
22	4 20	5 43	8 38	6 12	8 19	6 49	4 40	6 58	3 22	6 32	6 53	6 08
23	4 26	5 43	8 40	6 12	8 16	6 49	4 37	6 58	3 23	6 32	6 58	6 08
24	4 32	5 44	8 42	6 13	8 13	6 50	4 33	6 57	3 24	6 31	7 04	6 07
25	4 38	5 44	8 45	6 14	8 10	6 50	4 30	6 57	3 26	6 31	7 09	6 07
26	4 44	5 44	8 47	6 14	8 07	6 51	4 27	6 57	3 27	6 30	7 14	6 07
27	4 50	5 45	8 48	6 15	8 04	6 51	4 24	6 57	3 29	6 30	7 20	6 07
28	4 55	5 45	8 50	6 16	8 01	6 52	4 21	6 56	3 31	6 29	7 25	6 07
29	5 01	5 45	8 52	6 16	7 58	6 52	4 18	6 56	3 32	6 29	7 31	6 06
30	5 07	5 46	8 54	6 17	7 55	6 52	4 15	6 56	3 34	6 28	7 36	6 06
31	5 12	5 46	8 55	6 18	7 52	6 53	4 12	6 56				

⚷	FEBRUARY		APRIL		JUNE		AUGUST		OCTOBER		DECEMBER	
1	5♑18	5N46	8♑57	6N18	7♑49**R**	6N53	4♑09**R**	6N55	3♑36	6N28	7♑42	6N06
2	5 23	5 47	8 58	6 19	7 45	6 53	4 06	6 55	3 38	6 27	7 47	6 06
3	5 29	5 47	8 59	6 19	7 42	6 54	4 03	6 55	3 40	6 27	7 53	6 06
4	5 34	5 48	9 01	6 20	7 39	6 54	4 01	6 54	3 42	6 26	7 59	6 06
5	5 40	5 48	9 02	6 21	7 35	6 55	3 58	6 54	3 45	6 26	8 04	6 05
6	5 45	5 48	9 03	6 21	7 32	6 55	3 56	6 54	3 47	6 25	8 10	6 05
7	5 50	5 49	9 04	6 22	7 28	6 55	3 53	6 53	3 49	6 25	8 16	6 05
8	5 56	5 49	9 05	6 23	7 25	6 56	3 51	6 53	3 52	6 25	8 22	6 05
9	6 01	5 50	9 05	6 23	7 21	6 56	3 48	6 53	3 54	6 24	8 27	6 05
10	6 06	5 50	9 06	6 24	7 18	6 56	3 46	6 52	3 57	6 24	8 33	6 05
11	6 11	5 51	9 07	6 25	7 14	6 56	3 44	6 52	4 00	6 23	8 39	6 05
12	6 16	5 51	9 07	6 25	7 10	6 57	3 42	6 52	4 03	6 23	8 45	6 05
13	6 21	5 51	9 08	6 26	7 07	6 57	3 40	6 51	4 05	6 22	8 51	6 04
14	6 26	5 52	9 08	6 27	7 03	6 57	3 38	6 51	4 08	6 22	8 57	6 04
15	6 31	5 52	9 08	6 27	6 59	6 57	3 36	6 50	4 11	6 21	9 03	6 04
16	6 36	5 53	9 08	6 28	6 55	6 58	3 34	6 50	4 14	6 21	9 09	6 04
17	6 40	5 53	9 08**R**	6 29	6 52	6 58	3 32	6 50	4 18	6 20	9 14	6 04
18	6 45	5 54	9 08	6 29	6 48	6 58	3 30	6 49	4 21	6 20	9 20	6 04
19	6 50	5 54	9 08	6 30	6 44	6 58	3 29	6 49	4 24	6 20	9 26	6 04
20	6 54	5 55	9 08	6 31	6 40	6 58	3 27	6 48	4 28	6 19	9 32	6 04
21	6 59	5 55	9 08	6 31	6 36	6 59	3 26	6 48	4 31	6 19	9 38	6 04
22	7 03	5 56	9 07	6 32	6 32	6 59	3 24	6 47	4 34	6 18	9 44	6 04
23	7 07	5 56	9 07	6 32	6 29	6 59	3 23	6 47	4 38	6 18	9 50	6 04
24	7 12	5 57	9 06	6 33	6 25	6 59	3 22	6 47	4 42	6 17	9 56	6 04
25	7 16	5 57	9 06	6 34	6 21	6 59	3 20	6 46	4 45	6 17	10 02	6 04
26	7 20	5 58	9 05	6 34	6 17	6 59	3 19	6 46	4 49	6 17	10 08	6 04
27	7 24	5 58	9 04	6 35	6 13	6 59	3 18	6 45	4 53	6 16	10 15	6 04
28	7 28	5 59	9 03	6 36	6 09	6 59	3 17	6 45	4 57	6 16	10 21	6 04
29			9 02	6 36	6 05	6 59	3 17	6 44	5 01	6 15	10 27	6 04
30			9 01	6 37	6 01	7 00	3 16	6 44	5 05	6 15	10 33	6 04
31							3 15	6 43	5 09	6 15	10 39	6 04

⚷	JANUARY	
1	10♑45	6N04
2	10 51	6 04
3	10 57	6 04
4	11 03	6 04
5	11 09	6 04
6	11 15	6 04
7	11 21	6 04
8	11 27	6 05
9	11 33	6 05
10	11 39	6 05
11	11 45	6 05
12	11 51	6 05
13	11 57	6 05
14	12 03	6 05
15	12 09	6 05
16	12 15	6 06
17	12 21	6 06
18	12 27	6 06
19	12 33	6 06
20	12 39	6 06
21	12 44	6 07
22	12 50	6 07
23	12 56	6 07
24	13 02	6 07
25	13 07	6 07
26	13 13	6 08
27	13 19	6 08
28	13 25	6 08
29	13 30	6 08
30	13 36	6 09
31	13 41	6 09

	MARCH	
1	16♑05	6N20
2	16 09	6 20
3	16 13	6 21
4	16 17	6 21
5	16 21	6 22
6	16 25	6 22
7	16 29	6 23
8	16 33	6 23
9	16 37	6 24
10	16 40	6 24
11	16 44	6 25
12	16 47	6 25
13	16 51	6 26
14	16 54	6 26
15	16 58	6 27
16	17 01	6 27
17	17 04	6 28
18	17 07	6 28
19	17 10	6 29
20	17 13	6 29
21	17 16	6 30
22	17 19	6 30
23	17 22	6 31
24	17 24	6 32
25	17 27	6 32
26	17 30	6 33
27	17 32	6 33
28	17 34	6 34
29	17 37	6 34
30	17 39	6 35
31	17 41	6 36

	MAY	
1	18♑07**R**	6N54
2	18 07	6 55
3	18 06	6 56
4	18 06	6 56
5	18 05	6 57
6	18 04	6 57
7	18 03	6 58
8	18 02	6 59
9	18 01	6 59
10	18 00	7 00
11	17 59	7 00
12	17 58	7 01
13	17 56	7 01
14	17 55	7 02
15	17 53	7 03
16	17 52	7 03
17	17 50	7 04
18	17 48	7 04
19	17 47	7 05
20	17 45	7 05
21	17 43	7 06
22	17 41	7 06
23	17 39	7 07
24	17 37	7 07
25	17 35	7 08
26	17 32	7 08
27	17 30	7 09
28	17 28	7 09
29	17 25	7 10
30	17 23	7 10
31	17 20	7 10

	JULY	
1	15♑38**R**	7N19
2	15 35	7 19
3	15 31	7 19
4	15 27	7 20
5	15 23	7 20
6	15 20	7 20
7	15 16	7 20
8	15 12	7 20
9	15 08	7 20
10	15 05	7 20
11	15 01	7 20
12	14 57	7 20
13	14 53	7 20
14	14 50	7 20
15	14 46	7 20
16	14 42	7 20
17	14 39	7 20
18	14 35	7 20
19	14 31	7 19
20	14 28	7 19
21	14 24	7 19
22	14 21	7 19
23	14 17	7 19
24	14 14	7 19
25	14 10	7 19
26	14 07	7 19
27	14 03	7 18
28	14 00	7 18
29	13 57	7 18
30	13 53	7 18
31	13 50	7 18

	SEPTEMBER	
1	12♑33**R**	7N06
2	12 32	7 06
3	12 31	7 05
4	12 30	7 05
5	12 29	7 04
6	12 28	7 04
7	12 27	7 03
8	12 26	7 03
9	12 25	7 02
10	12 24	7 02
11	12 24	7 01
12	12 23	7 01
13	12 23	7 00
14	12 22	7 00
15	12 22	6 59
16	12 22	6 59
17	12 22	6 58
18	12 22**D**	6 57
19	12 22	6 57
20	12 22	6 56
21	12 22	6 56
22	12 22	6 55
23	12 23	6 55
24	12 23	6 54
25	12 23	6 54
26	12 24	6 53
27	12 25	6 53
28	12 25	6 52
29	12 26	6 52
30	12 27	6 51

	NOVEMBER	
1	13♑37	6N35
2	13 40	6 35
3	13 44	6 34
4	13 47	6 34
5	13 51	6 34
6	13 54	6 33
7	13 58	6 33
8	14 02	6 32
9	14 05	6 32
10	14 09	6 32
11	14 13	6 31
12	14 17	6 31
13	14 21	6 30
14	14 25	6 30
15	14 29	6 30
16	14 33	6 29
17	14 38	6 29
18	14 42	6 29
19	14 46	6 28
20	14 51	6 28
21	14 55	6 28
22	15 00	6 27
23	15 04	6 27
24	15 09	6 27
25	15 13	6 26
26	15 18	6 26
27	15 23	6 26
28	15 27	6 25
29	15 32	6 25
30	15 37	6 25

⚷	FEBRUARY	
1	13♑47	6N09
2	13 52	6 09
3	13 58	6 10
4	14 03	6 10
5	14 09	6 10
6	14 14	6 11
7	14 19	6 11
8	14 25	6 11
9	14 30	6 12
10	14 35	6 12
11	14 40	6 12
12	14 45	6 13
13	14 50	6 13
14	14 55	6 13
15	15 00	6 14
16	15 05	6 14
17	15 10	6 15
18	15 15	6 15
19	15 20	6 15
20	15 25	6 16
21	15 29	6 16
22	15 34	6 17
23	15 39	6 17
24	15 43	6 17
25	15 48	6 18
26	15 52	6 18
27	15 56	6 19
28	16 01	6 19

	APRIL	
1	17♑43	6N36
2	17 45	6 37
3	17 47	6 37
4	17 49	6 38
5	17 51	6 39
6	17 52	6 39
7	17 54	6 40
8	17 55	6 40
9	17 57	6 41
10	17 58	6 42
11	17 59	6 42
12	18 01	6 43
13	18 02	6 44
14	18 03	6 44
15	18 04	6 45
16	18 04	6 45
17	18 05	6 46
18	18 06	6 47
19	18 06	6 47
20	18 07	6 48
21	18 07	6 48
22	18 08	6 49
23	18 08	6 50
24	18 08	6 50
25	18 08	6 51
26	18 08**R**	6 51
27	18 08	6 52
28	18 08	6 53
29	18 08	6 53
30	18 08	6 54

	JUNE	
1	17♑17**R**	7N11
2	17 15	7 11
3	17 12	7 12
4	17 09	7 12
5	17 06	7 12
6	17 03	7 13
7	17 00	7 13
8	16 57	7 14
9	16 54	7 14
10	16 51	7 14
11	16 48	7 15
12	16 45	7 15
13	16 42	7 15
14	16 39	7 16
15	16 35	7 16
16	16 32	7 16
17	16 29	7 16
18	16 25	7 17
19	16 22	7 17
20	16 18	7 17
21	16 15	7 17
22	16 11	7 18
23	16 08	7 18
24	16 04	7 18
25	16 00	7 18
26	15 57	7 19
27	15 53	7 19
28	15 49	7 19
29	15 46	7 19
30	15 42	7 19

	AUGUST	
1	13♑47**R**	7N17
2	13 44	7 17
3	13 40	7 17
4	13 37	7 17
5	13 34	7 16
6	13 31	7 16
7	13 28	7 16
8	13 25	7 15
9	13 22	7 15
10	13 20	7 15
11	13 17	7 14
12	13 14	7 14
13	13 12	7 14
14	13 09	7 13
15	13 06	7 13
16	13 04	7 13
17	13 02	7 12
18	12 59	7 12
19	12 57	7 12
20	12 55	7 11
21	12 53	7 11
22	12 50	7 10
23	12 48	7 10
24	12 46	7 10
25	12 45	7 09
26	12 43	7 09
27	12 41	7 08
28	12 39	7 08
29	12 38	7 07
30	12 36	7 07
31	12 35	7 06

	OCTOBER	
1	12♑28	6N51
2	12 29	6 50
3	12 30	6 50
4	12 32	6 49
5	12 33	6 49
6	12 34	6 48
7	12 36	6 47
8	12 37	6 47
9	12 39	6 46
10	12 41	6 46
11	12 42	6 45
12	12 44	6 45
13	12 46	6 44
14	12 48	6 44
15	12 50	6 43
16	12 52	6 43
17	12 55	6 42
18	12 57	6 42
19	12 59	6 41
20	13 02	6 41
21	13 04	6 40
22	13 07	6 40
23	13 10	6 39
24	13 12	6 39
25	13 15	6 38
26	13 18	6 38
27	13 21	6 38
28	13 24	6 37
29	13 27	6 37
30	13 30	6 36
31	13 34	6 36

	DECEMBER	
1	15♑42	6N25
2	15 47	6 24
3	15 52	6 24
4	15 57	6 24
5	16 02	6 24
6	16 07	6 23
7	16 12	6 23
8	16 17	6 23
9	16 22	6 23
10	16 28	6 22
11	16 33	6 22
12	16 38	6 22
13	16 43	6 22
14	16 49	6 22
15	16 54	6 22
16	16 59	6 21
17	17 05	6 21
18	17 10	6 21
19	17 16	6 21
20	17 21	6 21
21	17 27	6 21
22	17 32	6 21
23	17 38	6 20
24	17 43	6 20
25	17 49	6 20
26	17 54	6 20
27	18 00	6 20
28	18 05	6 20
29	18 11	6 20
30	18 17	6 20
31	18 22	6 20

2004

⚷	JANUARY	
1	18♑28	6N20
2	18 34	6 20
3	18 39	6 20
4	18 45	6 20
5	18 50	6 20
6	18 56	6 20
7	19 02	6 20
8	19 07	6 20
9	19 13	6 20
10	19 19	6 20
11	19 24	6 20
12	19 30	6 20
13	19 36	6 20
14	19 41	6 20
15	19 47	6 20
16	19 53	6 20
17	19 58	6 20
18	20 04	6 20
19	20 10	6 20
20	20 15	6 20
21	20 21	6 20
22	20 26	6 20
23	20 32	6 21
24	20 38	6 21
25	20 43	6 21
26	20 49	6 21
27	20 54	6 21
28	21 00	6 21
29	21 05	6 21
30	21 11	6 22
31	21 16	6 22

	MARCH	
1	23♑44	6N30
2	23 48	6 31
3	23 53	6 31
4	23 57	6 32
5	24 01	6 32
6	24 05	6 32
7	24 09	6 33
8	24 13	6 33
9	24 17	6 34
10	24 21	6 34
11	24 25	6 35
12	24 28	6 35
13	24 32	6 35
14	24 36	6 36
15	24 39	6 36
16	24 43	6 37
17	24 46	6 37
18	24 49	6 38
19	24 53	6 38
20	24 56	6 39
21	24 59	6 39
22	25 02	6 40
23	25 05	6 40
24	25 08	6 41
25	25 11	6 41
26	25 14	6 42
27	25 17	6 42
28	25 20	6 43
29	25 22	6 43
30	25 25	6 44
31	25 27	6 44

	MAY	
1	26♑07	7N02
2	26 07**R**	7 02
3	26 07	7 03
4	26 07	7 03
5	26 07	7 04
6	26 07	7 04
7	26 07	7 05
8	26 06	7 06
9	26 06	7 06
10	26 05	7 07
11	26 05	7 07
12	26 04	7 08
13	26 03	7 08
14	26 02	7 09
15	26 01	7 09
16	26 00	7 10
17	25 59	7 10
18	25 58	7 11
19	25 57	7 11
20	25 55	7 12
21	25 54	7 13
22	25 53	7 13
23	25 51	7 14
24	25 50	7 14
25	25 48	7 14
26	25 46	7 15
27	25 44	7 15
28	25 43	7 16
29	25 41	7 16
30	25 39	7 17
31	25 37	7 17

	JULY	
1	24♑08**R**	7N27
2	24 04	7 27
3	24 01	7 28
4	23 57	7 28
5	23 54	7 28
6	23 50	7 28
7	23 47	7 28
8	23 43	7 28
9	23 40	7 28
10	23 36	7 28
11	23 33	7 28
12	23 29	7 28
13	23 25	7 28
14	23 22	7 29
15	23 18	7 29
16	23 15	7 29
17	23 11	7 29
18	23 07	7 29
19	23 04	7 29
20	23 00	7 28
21	22 57	7 28
22	22 53	7 28
23	22 49	7 28
24	22 46	7 28
25	22 42	7 28
26	22 39	7 28
27	22 35	7 28
28	22 32	7 28
29	22 28	7 28
30	22 25	7 28
31	22 22	7 27

	SEPTEMBER	
1	20♑54**R**	7N17
2	20 52	7 17
3	20 51	7 17
4	20 49	7 16
5	20 47	7 16
6	20 46	7 15
7	20 44	7 15
8	20 43	7 14
9	20 42	7 14
10	20 40	7 13
11	20 39	7 13
12	20 38	7 12
13	20 37	7 12
14	20 36	7 11
15	20 35	7 11
16	20 34	7 10
17	20 33	7 10
18	20 33	7 09
19	20 32	7 09
20	20 31	7 08
21	20 31	7 08
22	20 30	7 07
23	20 30	7 07
24	20 30	7 06
25	20 30	7 06
26	20 30	7 05
27	20 30	7 05
28	20 30	7 04
29	20 30	7 04
30	20 30	7 03

	NOVEMBER	
1	21♑17	6N46
2	21 19	6 46
3	21 22	6 45
4	21 25	6 45
5	21 28	6 45
6	21 31	6 44
7	21 34	6 44
8	21 37	6 43
9	21 40	6 43
10	21 43	6 42
11	21 46	6 42
12	21 49	6 41
13	21 53	6 41
14	21 56	6 41
15	22 00	6 40
16	22 03	6 40
17	22 07	6 39
18	22 10	6 39
19	22 14	6 39
20	22 18	6 38
21	22 22	6 38
22	22 25	6 37
23	22 29	6 37
24	22 33	6 37
25	22 37	6 36
26	22 41	6 36
27	22 45	6 36
28	22 50	6 35
29	22 54	6 35
30	22 58	6 35

⚷	FEBRUARY	
1	21♑21	6N22
2	21 27	6 22
3	21 32	6 22
4	21 38	6 23
5	21 43	6 23
6	21 48	6 23
7	21 53	6 23
8	21 59	6 24
9	22 04	6 24
10	22 09	6 24
11	22 14	6 24
12	22 19	6 25
13	22 24	6 25
14	22 29	6 25
15	22 34	6 25
16	22 39	6 26
17	22 44	6 26
18	22 49	6 26
19	22 54	6 27
20	22 59	6 27
21	23 03	6 27
22	23 08	6 28
23	23 13	6 28
24	23 17	6 28
25	23 22	6 29
26	23 26	6 29
27	23 31	6 29
28	23 35	6 30
29	23 40	6 30

	APRIL	
1	25♑30	6N45
2	25 32	6 45
3	25 34	6 46
4	25 36	6 46
5	25 39	6 47
6	25 41	6 48
7	25 43	6 48
8	25 45	6 49
9	25 46	6 49
10	25 48	6 50
11	25 50	6 50
12	25 51	6 51
13	25 53	6 51
14	25 54	6 52
15	25 56	6 53
16	25 57	6 53
17	25 58	6 54
18	26 00	6 54
19	26 01	6 55
20	26 02	6 55
21	26 03	6 56
22	26 03	6 57
23	26 04	6 57
24	26 05	6 58
25	26 05	6 58
26	26 06	6 59
27	26 06	6 59
28	26 07	7 00
29	26 07	7 01
30	26 07	7 01

	JUNE	
1	25♑35**R**	7N18
2	25 32	7 18
3	25 30	7 19
4	25 28	7 19
5	25 25	7 19
6	25 23	7 20
7	25 21	7 20
8	25 18	7 21
9	25 16	7 21
10	25 13	7 21
11	25 10	7 22
12	25 08	7 22
13	25 05	7 23
14	25 02	7 23
15	24 59	7 23
16	24 56	7 24
17	24 53	7 24
18	24 50	7 24
19	24 47	7 24
20	24 44	7 25
21	24 41	7 25
22	24 38	7 25
23	24 35	7 26
24	24 31	7 26
25	24 28	7 26
26	24 25	7 26
27	24 21	7 26
28	24 18	7 27
29	24 15	7 27
30	24 11	7 27

	AUGUST	
1	22♑18**R**	7N27
2	22 15	7 27
3	22 12	7 27
4	22 08	7 27
5	22 05	7 26
6	22 02	7 26
7	21 59	7 26
8	21 56	7 26
9	21 52	7 25
10	21 49	7 25
11	21 46	7 25
12	21 43	7 25
13	21 40	7 24
14	21 37	7 24
15	21 35	7 24
16	21 32	7 23
17	21 29	7 23
18	21 26	7 23
19	21 24	7 22
20	21 21	7 22
21	21 19	7 22
22	21 16	7 21
23	21 14	7 21
24	21 11	7 21
25	21 09	7 20
26	21 07	7 20
27	21 04	7 20
28	21 02	7 19
29	21 00	7 19
30	20 58	7 18
31	20 56	7 18

	OCTOBER	
1	20♑30**R**	7N02
2	20 31	7 02
3	20 31	7 01
4	20 32	7 01
5	20 32	7 00
6	20 33	7 00
7	20 34	6 59
8	20 35	6 59
9	20 35	6 58
10	20 36	6 58
11	20 37	6 57
12	20 39	6 57
13	20 40	6 56
14	20 41	6 56
15	20 42	6 55
16	20 44	6 54
17	20 45	6 54
18	20 47	6 53
19	20 49	6 53
20	20 50	6 52
21	20 52	6 52
22	20 54	6 51
23	20 56	6 51
24	20 58	6 50
25	21 00	6 50
26	21 02	6 49
27	21 05**D**	6 49
28	21 07	6 48
29	21 09	6 48
30	21 12	6 47
31	21 14	6 47

	DECEMBER	
1	23♑02	6N34
2	23 07	6 34
3	23 11	6 34
4	23 15	6 33
5	23 20	6 33
6	23 24	6 33
7	23 29	6 32
8	23 33	6 32
9	23 38	6 32
10	23 43	6 32
11	23 47	6 31
12	23 52	6 31
13	23 57	6 31
14	24 02	6 31
15	24 06	6 30
16	24 11	6 30
17	24 16	6 30
18	24 21	6 30
19	24 26	6 29
20	24 31	6 29
21	24 36	6 29
22	24 41	6 29
23	24 46	6 29
24	24 51	6 28
25	24 56	6 28
26	25 01	6 28
27	25 06	6 28
28	25 12	6 28
29	25 17	6 28
30	25 22	6 28
31	25 27	6 27

2005

⚷	JANUARY	
1	25♑32	6N27
2	25 38	6 27
3	25 43	6 27
4	25 48	6 27
5	25 53	6 27
6	25 59	6 27
7	26 04	6 27
8	26 09	6 27
9	26 15	6 27
10	26 20	6 27
11	26 25	6 27
12	26 31	6 27
13	26 36	6 27
14	26 41	6 27
15	26 47	6 27
16	26 52	6 27
17	26 57	6 27
18	27 03	6 27
19	27 08	6 27
20	27 13	6 27
21	27 19	6 27
22	27 24	6 27
23	27 29	6 27
24	27 34	6 27
25	27 40	6 27
26	27 45	6 27
27	27 50	6 27
28	27 56	6 27
29	28 01	6 27
30	28 06	6 27
31	28 11	6 27

	MARCH	
1	0♒32	6N33
2	0 37	6 34
3	0 41	6 34
4	0 45	6 34
5	0 50	6 35
6	0 54	6 35
7	0 58	6 35
8	1 02	6 36
9	1 06	6 36
10	1 10	6 36
11	1 14	6 37
12	1 18	6 37
13	1 22	6 38
14	1 25	6 38
15	1 29	6 38
16	1 33	6 39
17	1 37	6 39
18	1 40	6 39
19	1 44	6 40
20	1 47	6 40
21	1 51	6 41
22	1 54	6 41
23	1 57	6 42
24	2 00	6 42
25	2 04	6 42
26	2 07	6 43
27	2 10	6 43
28	2 13	6 44
29	2 16	6 44
30	2 19	6 45
31	2 21	6 45

	MAY	
1	3♒14	7N01
2	3 15	7 01
3	3 16	7 02
4	3 16	7 02
5	3 16	7 03
6	3 17	7 03
7	3 17	7 04
8	3 17	7 04
9	3 17**R**	7 05
10	3 17	7 05
11	3 17	7 06
12	3 17	7 07
13	3 16	7 07
14	3 16	7 08
15	3 16	7 08
16	3 15	7 09
17	3 15	7 09
18	3 14	7 10
19	3 13	7 10
20	3 13	7 11
21	3 12	7 11
22	3 11	7 12
23	3 10	7 12
24	3 09	7 13
25	3 08	7 13
26	3 07	7 14
27	3 05	7 14
28	3 04	7 14
29	3 03	7 15
30	3 01	7 15
31	3 00	7 16

	JULY	
1	1♒45**R**	7N27
2	1 42	7 27
3	1 39	7 27
4	1 35	7 27
5	1 32	7 27
6	1 29	7 28
7	1 26	7 28
8	1 22	7 28
9	1 19	7 28
10	1 16	7 28
11	1 12	7 28
12	1 09	7 28
13	1 06	7 29
14	1 02	7 29
15	0 59	7 29
16	0 55	7 29
17	0 52	7 29
18	0 48	7 29
19	0 45	7 29
20	0 41	7 29
21	0 38	7 29
22	0 35	7 29
23	0 31	7 29
24	0 28	7 29
25	0 24	7 29
26	0 21	7 29
27	0 17	7 29
28	0 14	7 29
29	0 10	7 29
30	0 07	7 29
31	0 03	7 29

	SEPTEMBER	
1	28♑29**R**	7N21
2	28 26	7 20
3	28 24	7 20
4	28 22	7 20
5	28 20	7 19
6	28 18	7 19
7	28 16	7 18
8	28 14	7 18
9	28 12	7 17
10	28 10	7 17
11	28 09	7 17
12	28 07	7 16
13	28 05	7 16
14	28 04	7 15
15	28 02	7 15
16	28 01	7 14
17	28 00	7 14
18	27 58	7 13
19	27 57	7 13
20	27 56	7 12
21	27 55	7 12
22	27 54	7 11
23	27 53	7 11
24	27 52	7 10
25	27 51	7 10
26	27 51	7 09
27	27 50	7 09
28	27 50	7 08
29	27 49	7 08
30	27 49	7 07

	NOVEMBER	
1	28♑14	6N51
2	28 16	6 50
3	28 18	6 50
4	28 20	6 49
5	28 22	6 49
6	28 24	6 48
7	28 27	6 48
8	28 29	6 47
9	28 31	6 47
10	28 34	6 46
11	28 37	6 46
12	28 39	6 45
13	28 42	6 45
14	28 45	6 44
15	28 47	6 44
16	28 50	6 44
17	28 53	6 43
18	28 56	6 43
19	28 59	6 42
20	29 02	6 42
21	29 05	6 41
22	29 09	6 41
23	29 12	6 41
24	29 15	6 40
25	29 19	6 40
26	29 22	6 39
27	29 26	6 39
28	29 29	6 39
29	29 33	6 38
30	29 36	6 38

⚷	FEBRUARY	
1	28♑17	6N27
2	28 22	6 28
3	28 27	6 28
4	28 32	6 28
5	28 37	6 28
6	28 42	6 28
7	28 47	6 28
8	28 52	6 28
9	28 58	6 29
10	29 03	6 29
11	29 08	6 29
12	29 13	6 29
13	29 18	6 29
14	29 22	6 30
15	29 27	6 30
16	29 32	6 30
17	29 37	6 30
18	29 42	6 30
19	29 47	6 31
20	29 51	6 31
21	29 56	6 31
22	0♒01	6 31
23	0 05	6 32
24	0 10	6 32
25	0 15	6 32
26	0 19	6 33
27	0 24	6 33
28	0 28	6 33

	APRIL	
1	2♒24	6N46
2	2 27	6 46
3	2 29	6 47
4	2 32	6 47
5	2 34	6 47
6	2 37	6 48
7	2 39	6 48
8	2 41	6 49
9	2 44	6 49
10	2 46	6 50
11	2 48	6 50
12	2 50	6 51
13	2 52	6 51
14	2 54	6 52
15	2 56	6 52
16	2 57	6 53
17	2 59	6 53
18	3 00	6 54
19	3 02	6 54
20	3 03	6 55
21	3 05	6 56
22	3 06	6 56
23	3 07	6 57
24	3 08	6 57
25	3 10	6 58
26	3 11	6 58
27	3 11	6 59
28	3 12	6 59
29	3 13	7 00
30	3 14	7 00

	JUNE	
1	2♒58**R**	7N16
2	2 56	7 17
3	2 55	7 17
4	2 53	7 18
5	2 51	7 18
6	2 49	7 18
7	2 47	7 19
8	2 45	7 19
9	2 43	7 20
10	2 41	7 20
11	2 39	7 20
12	2 37	7 21
13	2 34	7 21
14	2 32	7 22
15	2 30	7 22
16	2 27	7 22
17	2 25	7 23
18	2 22	7 23
19	2 19	7 23
20	2 17	7 24
21	2 14	7 24
22	2 11	7 24
23	2 09	7 25
24	2 06	7 25
25	2 03	7 25
26	2 00	7 25
27	1 57	7 26
28	1 54	7 26
29	1 51	7 26
30	1 48	7 26

	AUGUST	
1	0♒00**R**	7N28
2	29♑57	7 28
3	29 53	7 28
4	29 50	7 28
5	29 47	7 28
6	29 43	7 28
7	29 40	7 28
8	29 37	7 28
9	29 33	7 27
10	29 30	7 27
11	29 27	7 27
12	29 24	7 27
13	29 21	7 27
14	29 18	7 26
15	29 14	7 26
16	29 11	7 26
17	29 08	7 26
18	29 05	7 25
19	29 03	7 25
20	29 00	7 25
21	28 57	7 24
22	28 54	7 24
23	28 51	7 24
24	28 49	7 24
25	28 46	7 23
26	28 43	7 23
27	28 41	7 23
28	28 38	7 22
29	28 36	7 22
30	28 33	7 21
31	28 31	7 21

	OCTOBER	
1	27♑48**R**	7N07
2	27 48	7 06
3	27 48	7 06
4	27 48	7 05
5	27 48**D**	7 05
6	27 48	7 04
7	27 48	7 04
8	27 48	7 03
9	27 48	7 03
10	27 48	7 02
11	27 49	7 02
12	27 49	7 01
13	27 50	7 01
14	27 51	7 00
15	27 51	6 59
16	27 52	6 59
17	27 53	6 58
18	27 54	6 58
19	27 55	6 57
20	27 56	6 57
21	27 57	6 56
22	27 58	6 56
23	27 59	6 55
24	28 01	6 55
25	28 02	6 54
26	28 03	6 54
27	28 05	6 53
28	28 07	6 53
29	28 08	6 52
30	28 10	6 52
31	28 12	6 51

	DECEMBER	
1	29♑40	6N37
2	29 44	6 37
3	29 48	6 37
4	29 51	6 36
5	29 55	6 36
6	29 59	6 36
7	0♒03	6 35
8	0 07	6 35
9	0 11	6 35
10	0 15	6 34
11	0 20	6 34
12	0 24	6 34
13	0 28	6 33
14	0 32	6 33
15	0 37	6 33
16	0 41	6 33
17	0 45	6 32
18	0 50	6 32
19	0 54	6 32
20	0 59	6 32
21	1 03	6 31
22	1 08	6 31
23	1 12	6 31
24	1 17	6 31
25	1 22	6 30
26	1 26	6 30
27	1 31	6 30
28	1 36	6 30
29	1 40	6 30
30	1 45	6 29
31	1 50	6 29

2006

♅	JANUARY	
1	1♒55	6N29
2	1 59	6 29
3	2 04	6 29
4	2 09	6 29
5	2 14	6 28
6	2 19	6 28
7	2 24	6 28
8	2 29	6 28
9	2 34	6 28
10	2 39	6 28
11	2 44	6 28
12	2 49	6 28
13	2 54	6 27
14	2 59	6 27
15	3 04	6 27
16	3 09	6 27
17	3 14	6 27
18	3 19	6 27
19	3 24	6 27
20	3 29	6 27
21	3 34	6 27
22	3 39	6 27
23	3 44	6 27
24	3 49	6 27
25	3 54	6 27
26	3 59	6 27
27	4 04	6 27
28	4 09	6 27
29	4 14	6 27
30	4 19	6 27
31	4 24	6 27

	MARCH	
1	6♒43	6N31
2	6 47	6 31
3	6 51	6 32
4	6 56	6 32
5	7 00	6 32
6	7 04	6 32
7	7 08	6 33
8	7 12	6 33
9	7 16	6 33
10	7 21	6 33
11	7 25	6 34
12	7 29	6 34
13	7 33	6 34
14	7 36	6 35
15	7 40	6 35
16	7 44	6 35
17	7 48	6 36
18	7 52	6 36
19	7 55	6 36
20	7 59	6 37
21	8 02	6 37
22	8 06	6 37
23	8 09	6 38
24	8 13	6 38
25	8 16	6 38
26	8 19	6 39
27	8 23	6 39
28	8 26	6 40
29	8 29	6 40
30	8 32	6 40
31	8 35	6 41

	MAY	
1	9♒38	6N55
2	9 39	6 55
3	9 40	6 56
4	9 41	6 56
5	9 42	6 57
6	9 43	6 57
7	9 43	6 58
8	9 44	6 58
9	9 44	6 58
10	9 45	6 59
11	9 45	6 59
12	9 45	7 00
13	9 45	7 00
14	9 46	7 01
15	9 46**R**	7 01
16	9 46	7 02
17	9 45	7 02
18	9 45	7 03
19	9 45	7 03
20	9 45	7 04
21	9 44	7 04
22	9 44	7 05
23	9 44	7 05
24	9 43	7 06
25	9 42	7 06
26	9 42	7 07
27	9 41	7 07
28	9 40	7 07
29	9 39	7 08
30	9 38	7 08
31	9 37	7 09

	JULY	
1	8♒36**R**	7N20
2	8 33	7 20
3	8 30	7 20
4	8 27	7 21
5	8 24	7 21
6	8 21	7 21
7	8 18	7 21
8	8 15	7 21
9	8 12	7 22
10	8 09	7 22
11	8 06	7 22
12	8 03	7 22
13	8 00	7 22
14	7 57	7 22
15	7 54	7 23
16	7 50	7 23
17	7 47	7 23
18	7 44	7 23
19	7 41	7 23
20	7 37	7 23
21	7 34	7 23
22	7 31	7 23
23	7 27	7 23
24	7 24	7 23
25	7 21	7 23
26	7 17	7 23
27	7 14	7 23
28	7 11	7 23
29	7 07	7 23
30	7 04	7 23
31	7 01	7 23

	SEPTEMBER	
1	5♒22**R**	7N17
2	5 20	7 17
3	5 17	7 17
4	5 15	7 16
5	5 12	7 16
6	5 10	7 16
7	5 07	7 15
8	5 05	7 15
9	5 03	7 15
10	5 01	7 14
11	4 59	7 14
12	4 57	7 13
13	4 55	7 13
14	4 53	7 13
15	4 51	7 12
16	4 49	7 12
17	4 47	7 11
18	4 46	7 11
19	4 44	7 11
20	4 42	7 10
21	4 41	7 10
22	4 40	7 09
23	4 38	7 09
24	4 37	7 08
25	4 36	7 08
26	4 34	7 07
27	4 33	7 07
28	4 32	7 06
29	4 31	7 06
30	4 30	7 05

	NOVEMBER	
1	4♒37	6N49
2	4 39	6 49
3	4 40	6 48
4	4 42	6 48
5	4 43	6 47
6	4 45	6 47
7	4 47	6 46
8	4 48	6 46
9	4 50	6 45
10	4 52	6 45
11	4 54	6 44
12	4 56	6 44
13	4 58	6 43
14	5 00	6 43
15	5 03	6 43
16	5 05	6 42
17	5 07	6 42
18	5 10	6 41
19	5 12	6 41
20	5 15	6 40
21	5 17	6 40
22	5 20	6 39
23	5 23	6 39
24	5 25	6 38
25	5 28	6 38
26	5 31	6 38
27	5 34	6 37
28	5 37	6 37
29	5 40	6 36
30	5 43	6 36

♅	FEBRUARY	
1	4♒29	6N27
2	4 34	6 27
3	4 39	6 27
4	4 44	6 27
5	4 49	6 27
6	4 54	6 27
7	4 59	6 27
8	5 04	6 28
9	5 09	6 28
10	5 14	6 28
11	5 19	6 28
12	5 24	6 28
13	5 28	6 28
14	5 33	6 28
15	5 38	6 28
16	5 43	6 29
17	5 48	6 29
18	5 52	6 29
19	5 57	6 29
20	6 02	6 29
21	6 06	6 29
22	6 11	6 30
23	6 16	6 30
24	6 20	6 30
25	6 25	6 30
26	6 29	6 30
27	6 34	6 31
28	6 38	6 31

	APRIL	
1	8♒38	6N41
2	8 41	6 42
3	8 44	6 42
4	8 47	6 42
5	8 49	6 43
6	8 52	6 43
7	8 55	6 44
8	8 57	6 44
9	9 00	6 44
10	9 02	6 45
11	9 05	6 45
12	9 07	6 46
13	9 09	6 46
14	9 11	6 47
15	9 13	6 47
16	9 16	6 48
17	9 18	6 48
18	9 19	6 48
19	9 21	6 49
20	9 23	6 49
21	9 25	6 50
22	9 27	6 50
23	9 28	6 51
24	9 30	6 51
25	9 31	6 52
26	9 32	6 52
27	9 34	6 53
28	9 35	6 53
29	9 36	6 54
30	9 37	6 54

	JUNE	
1	9♒36**R**	7N09
2	9 35	7 10
3	9 34	7 10
4	9 32	7 11
5	9 31	7 11
6	9 29	7 11
7	9 28	7 12
8	9 26	7 12
9	9 25	7 13
10	9 23	7 13
11	9 21	7 13
12	9 20	7 14
13	9 18	7 14
14	9 16	7 15
15	9 14	7 15
16	9 12	7 15
17	9 10	7 16
18	9 08	7 16
19	9 05	7 16
20	9 03	7 17
21	9 01	7 17
22	8 59	7 17
23	8 56	7 18
24	8 54	7 18
25	8 51	7 18
26	8 49	7 19
27	8 46	7 19
28	8 44	7 19
29	8 41	7 19
30	8 38	7 20

	AUGUST	
1	6♒57**R**	7N23
2	6 54	7 23
3	6 51	7 23
4	6 47	7 23
5	6 44	7 23
6	6 41	7 23
7	6 37	7 23
8	6 34	7 23
9	6 31	7 23
10	6 27	7 23
11	6 24	7 22
12	6 21	7 22
13	6 18	7 22
14	6 15	7 22
15	6 11	7 22
16	6 08	7 22
17	6 05	7 21
18	6 02	7 21
19	5 59	7 21
20	5 56	7 21
21	5 53	7 21
22	5 50	7 20
23	5 47	7 20
24	5 44	7 20
25	5 41	7 20
26	5 38	7 19
27	5 35	7 19
28	5 33	7 19
29	5 30	7 18
30	5 27	7 18
31	5 25	7 18

	OCTOBER	
1	4♒29**R**	7N05
2	4 29	7 04
3	4 28	7 04
4	4 27	7 03
5	4 27	7 03
6	4 26	7 02
7	4 26	7 02
8	4 25	7 01
9	4 25	7 01
10	4 25	7 00
11	4 25	7 00
12	4 24	6 59
13	4 24**D**	6 59
14	4 24	6 58
15	4 25	6 58
16	4 25	6 57
17	4 25	6 57
18	4 25	6 56
19	4 26	6 56
20	4 26	6 55
21	4 27	6 55
22	4 27	6 54
23	4 28	6 54
24	4 29	6 53
25	4 30	6 53
26	4 30	6 52
27	4 31	6 52
28	4 32	6 51
29	4 34	6 51
30	4 35	6 50
31	4 36	6 50

	DECEMBER	
1	5♒46	6N36
2	5 50	6 35
3	5 53	6 35
4	5 56	6 34
5	6 00	6 34
6	6 03	6 34
7	6 06	6 33
8	6 10	6 33
9	6 14	6 33
10	6 17	6 32
11	6 21	6 32
12	6 24	6 32
13	6 28	6 31
14	6 32	6 31
15	6 36	6 31
16	6 40	6 30
17	6 44	6 30
18	6 47	6 30
19	6 51	6 29
20	6 55	6 29
21	7 00	6 29
22	7 04	6 28
23	7 08	6 28
24	7 12	6 28
25	7 16	6 28
26	7 20	6 27
27	7 25	6 27
28	7 29	6 27
29	7 33	6 27
30	7 38	6 26
31	7 42	6 26

2007

⚷	JANUARY	
1	7♒46	6N26
2	7 51	6 26
3	7 55	6 26
4	8 00	6 25
5	8 04	6 25
6	8 09	6 25
7	8 13	6 25
8	8 18	6 25
9	8 23	6 24
10	8 27	6 24
11	8 32	6 24
12	8 36	6 24
13	8 41	6 24
14	8 46	6 24
15	8 50	6 24
16	8 55	6 23
17	9 00	6 23
18	9 05	6 23
19	9 09	6 23
20	9 14	6 23
21	9 19	6 23
22	9 24	6 23
23	9 28	6 23
24	9 33	6 23
25	9 38	6 23
26	9 43	6 23
27	9 48	6 23
28	9 52	6 22
29	9 57	6 22
30	10 02	6 22
31	10 07	6 22

	MARCH	
1	12♒21	6N25
2	12 26	6 25
3	12 30	6 25
4	12 34	6 25
5	12 39	6 25
6	12 43	6 26
7	12 47	6 26
8	12 51	6 26
9	12 55	6 26
10	12 59	6 27
11	13 03	6 27
12	13 08	6 27
13	13 12	6 27
14	13 15	6 27
15	13 19	6 28
16	13 23	6 28
17	13 27	6 28
18	13 31	6 29
19	13 35	6 29
20	13 38	6 29
21	13 42	6 29
22	13 46	6 30
23	13 49	6 30
24	13 53	6 30
25	13 56	6 31
26	14 00	6 31
27	14 03	6 31
28	14 06	6 31
29	14 10	6 32
30	14 13	6 32
31	14 16	6 32

	MAY	
1	15♒27	6N45
2	15 29	6 45
3	15 30	6 46
4	15 31	6 46
5	15 32	6 46
6	15 33	6 47
7	15 34	6 47
8	15 35	6 48
9	15 36	6 48
10	15 37	6 49
11	15 37	6 49
12	15 38	6 49
13	15 39	6 50
14	15 39	6 50
15	15 40	6 51
16	15 40	6 51
17	15 40	6 52
18	15 41	6 52
19	15 41	6 53
20	15 41	6 53
21	15 41**R**	6 53
22	15 41	6 54
23	15 41	6 54
24	15 41	6 55
25	15 40	6 55
26	15 40	6 56
27	15 40	6 56
28	15 39	6 57
29	15 39	6 57
30	15 38	6 57
31	15 38	6 58

	JULY	
1	14♒48**R**	7N09
2	14 46	7 09
3	14 43	7 09
4	14 41	7 10
5	14 38	7 10
6	14 36	7 10
7	14 33	7 10
8	14 30	7 11
9	14 28	7 11
10	14 25	7 11
11	14 22	7 11
12	14 19	7 11
13	14 16	7 12
14	14 13	7 12
15	14 11	7 12
16	14 08	7 12
17	14 05	7 12
18	14 02	7 12
19	13 59	7 13
20	13 56	7 13
21	13 52	7 13
22	13 49	7 13
23	13 46	7 13
24	13 43	7 13
25	13 40	7 13
26	13 37	7 13
27	13 34	7 13
28	13 30	7 13
29	13 27	7 13
30	13 24	7 13
31	13 21	7 13

	SEPTEMBER	
1	11♒41**R**	7N09
2	11 38	7 09
3	11 36	7 09
4	11 33	7 09
5	11 30	7 08
6	11 28	7 08
7	11 25	7 08
8	11 23	7 07
9	11 20	7 07
10	11 18	7 07
11	11 16	7 06
12	11 13	7 06
13	11 11	7 06
14	11 09	7 05
15	11 07	7 05
16	11 04	7 05
17	11 02	7 04
18	11 00	7 04
19	10 58	7 03
20	10 56	7 03
21	10 55	7 03
22	10 53	7 02
23	10 51	7 02
24	10 49	7 01
25	10 48	7 01
26	10 46	7 01
27	10 45	7 00
28	10 43	7 00
29	10 42	6 59
30	10 40	6 59

	NOVEMBER	
1	10♒32	6N43
2	10 33	6 43
3	10 34	6 42
4	10 35	6 42
5	10 36	6 42
6	10 37	6 41
7	10 38	6 41
8	10 40	6 40
9	10 41	6 40
10	10 42	6 39
11	10 44	6 39
12	10 45	6 38
13	10 47	6 38
14	10 49	6 37
15	10 50	6 37
16	10 52	6 36
17	10 54	6 36
18	10 56	6 35
19	10 58	6 35
20	11 00	6 34
21	11 02	6 34
22	11 04	6 34
23	11 06	6 33
24	11 09	6 33
25	11 11	6 32
26	11 13	6 32
27	11 16	6 31
28	11 18	6 31
29	11 21	6 31
30	11 23	6 30

⚷	FEBRUARY	
1	10♒12	6N22
2	10 16	6 22
3	10 21	6 22
4	10 26	6 22
5	10 31	6 22
6	10 35	6 22
7	10 40	6 22
8	10 45	6 22
9	10 50	6 23
10	10 54	6 23
11	10 59	6 23
12	11 04	6 23
13	11 09	6 23
14	11 13	6 23
15	11 18	6 23
16	11 23	6 23
17	11 27	6 23
18	11 32	6 23
19	11 37	6 23
20	11 41	6 23
21	11 46	6 24
22	11 50	6 24
23	11 55	6 24
24	11 59	6 24
25	12 04	6 24
26	12 08	6 24
27	12 13	6 24
28	12 17	6 25

	APRIL	
1	14♒19	6N33
2	14 22	6 33
3	14 25	6 33
4	14 28	6 34
5	14 31	6 34
6	14 34	6 35
7	14 37	6 35
8	14 40	6 35
9	14 43	6 36
10	14 45	6 36
11	14 48	6 36
12	14 50	6 37
13	14 53	6 37
14	14 55	6 38
15	14 58	6 38
16	15 00	6 38
17	15 02	6 39
18	15 04	6 39
19	15 07	6 40
20	15 09	6 40
21	15 11	6 40
22	15 13	6 41
23	15 14	6 41
24	15 16	6 42
25	15 18	6 42
26	15 20	6 42
27	15 21	6 43
28	15 23	6 43
29	15 24	6 44
30	15 26	6 44

	JUNE	
1	15♒37**R**	6N58
2	15 36	6 59
3	15 35	6 59
4	15 34	6 59
5	15 33	7 00
6	15 32	7 00
7	15 31	7 01
8	15 30	7 01
9	15 29	7 01
10	15 28	7 02
11	15 26	7 02
12	15 25	7 03
13	15 24	7 03
14	15 22	7 03
15	15 21	7 04
16	15 19	7 04
17	15 17	7 04
18	15 16	7 05
19	15 14	7 05
20	15 12	7 06
21	15 10	7 06
22	15 08	7 06
23	15 06	7 07
24	15 04	7 07
25	15 02	7 07
26	15 00	7 07
27	14 58	7 08
28	14 55	7 08
29	14 53	7 08
30	14 51	7 09

	AUGUST	
1	13♒18**R**	7N13
2	13 14	7 13
3	13 11	7 13
4	13 08	7 13
5	13 05	7 13
6	13 01	7 13
7	12 58	7 13
8	12 55	7 13
9	12 52	7 13
10	12 48	7 13
11	12 45	7 13
12	12 42	7 13
13	12 39	7 13
14	12 35	7 13
15	12 32	7 13
16	12 29	7 13
17	12 26	7 12
18	12 23	7 12
19	12 20	7 12
20	12 16	7 12
21	12 13	7 12
22	12 10	7 12
23	12 07	7 11
24	12 04	7 11
25	12 01	7 11
26	11 58	7 11
27	11 55	7 11
28	11 52	7 10
29	11 50	7 10
30	11 47	7 10
31	11 44	7 10

	OCTOBER	
1	10♒39**R**	6N58
2	10 38	6 58
3	10 37	6 57
4	10 36	6 57
5	10 35	6 57
6	10 34	6 56
7	10 33	6 56
8	10 32	6 55
9	10 31	6 55
10	10 30	6 54
11	10 30	6 54
12	10 29	6 53
13	10 29	6 53
14	10 28	6 52
15	10 28	6 52
16	10 28	6 51
17	10 27	6 51
18	10 27	6 50
19	10 27	6 50
20	10 27**D**	6 49
21	10 27	6 49
22	10 27	6 48
23	10 28	6 48
24	10 28	6 47
25	10 28	6 47
26	10 28	6 46
27	10 29	6 46
28	10 29	6 45
29	10 30	6 45
30	10 31	6 44
31	10 31	6 44

	DECEMBER	
1	11♒26	6N30
2	11 29	6 29
3	11 32	6 29
4	11 34	6 28
5	11 37	6 28
6	11 40	6 28
7	11 43	6 27
8	11 46	6 27
9	11 49	6 27
10	11 52	6 26
11	11 56	6 26
12	11 59	6 25
13	12 02	6 25
14	12 05	6 25
15	12 09	6 24
16	12 12	6 24
17	12 16	6 24
18	12 19	6 23
19	12 23	6 23
20	12 26	6 23
21	12 30	6 22
22	12 34	6 22
23	12 37	6 22
24	12 41	6 21
25	12 45	6 21
26	12 49	6 21
27	12 53	6 21
28	12 57	6 20
29	13 00	6 20
30	13 04	6 20
31	13 08	6 20

2008

⚷	JANUARY	
1	13♒12	6N19
2	13 17	6 19
3	13 21	6 19
4	13 25	6 19
5	13 29	6 18
6	13 33	6 18
7	13 37	6 18
8	13 42	6 18
9	13 46	6 17
10	13 50	6 17
11	13 54	6 17
12	13 59	6 17
13	14 03	6 17
14	14 07	6 17
15	14 12	6 16
16	14 16	6 16
17	14 21	6 16
18	14 25	6 16
19	14 29	6 16
20	14 34	6 16
21	14 38	6 15
22	14 43	6 15
23	14 47	6 15
24	14 52	6 15
25	14 57	6 15
26	15 01	6 15
27	15 06	6 15
28	15 10	6 15
29	15 15	6 15
30	15 19	6 15
31	15 24	6 15

	MARCH	
1	17♒39	6N15
2	17 43	6 16
3	17 47	6 16
4	17 52	6 16
5	17 56	6 16
6	18 00	6 16
7	18 04	6 16
8	18 08	6 16
9	18 12	6 17
10	18 16	6 17
11	18 20	6 17
12	18 24	6 17
13	18 28	6 17
14	18 32	6 18
15	18 36	6 18
16	18 40	6 18
17	18 44	6 18
18	18 48	6 18
19	18 51	6 19
20	18 55	6 19
21	18 59	6 19
22	19 02	6 19
23	19 06	6 20
24	19 10	6 20
25	19 13	6 20
26	19 17	6 20
27	19 20	6 21
28	19 24	6 21
29	19 27	6 21
30	19 30	6 21
31	19 33	6 22

	MAY	
1	20♒49	6N32
2	20 51	6 33
3	20 52	6 33
4	20 54	6 34
5	20 55	6 34
6	20 56	6 34
7	20 58	6 35
8	20 59	6 35
9	21 00	6 36
10	21 01	6 36
11	21 02	6 36
12	21 03	6 37
13	21 04	6 37
14	21 04	6 38
15	21 05	6 38
16	21 06	6 38
17	21 06	6 39
18	21 07	6 39
19	21 07	6 40
20	21 08	6 40
21	21 08	6 40
22	21 08	6 41
23	21 08	6 41
24	21 08	6 42
25	21 09**R**	6 42
26	21 09	6 42
27	21 08	6 43
28	21 08	6 43
29	21 08	6 44
30	21 08	6 44
31	21 08	6 44

	JULY	
1	20♒28**R**	6N55
2	20 26	6 55
3	20 23	6 56
4	20 21	6 56
5	20 19	6 56
6	20 16	6 56
7	20 14	6 57
8	20 12	6 57
9	20 09	6 57
10	20 07	6 57
11	20 04	6 58
12	20 02	6 58
13	19 59	6 58
14	19 56	6 58
15	19 54	6 58
16	19 51	6 58
17	19 48	6 59
18	19 45	6 59
19	19 43	6 59
20	19 40	6 59
21	19 37	6 59
22	19 34	6 59
23	19 31	6 59
24	19 28	7 00
25	19 25	7 00
26	19 22	7 00
27	19 19	7 00
28	19 16	7 00
29	19 13	7 00
30	19 10	7 00
31	19 07	7 00

	SEPTEMBER	
1	17♒28**R**	6N57
2	17 25	6 57
3	17 23	6 57
4	17 20	6 57
5	17 17	6 56
6	17 14	6 56
7	17 12	6 56
8	17 09	6 56
9	17 07	6 55
10	17 04	6 55
11	17 01	6 55
12	16 59	6 54
13	16 57	6 54
14	16 54	6 54
15	16 52	6 54
16	16 49	6 53
17	16 47	6 53
18	16 45	6 53
19	16 43	6 52
20	16 41	6 52
21	16 39	6 52
22	16 37	6 51
23	16 35	6 51
24	16 33	6 50
25	16 31	6 50
26	16 29	6 50
27	16 27	6 49
28	16 25	6 49
29	16 24	6 48
30	16 22	6 48

	NOVEMBER	
1	16♒03	6N34
2	16 04	6 33
3	16 04	6 33
4	16 05	6 32
5	16 05	6 32
6	16 06	6 31
7	16 07	6 31
8	16 08	6 30
9	16 09	6 30
10	16 10	6 30
11	16 11	6 29
12	16 12	6 29
13	16 13	6 28
14	16 14	6 28
15	16 16	6 27
16	16 17	6 27
17	16 19	6 26
18	16 20	6 26
19	16 22	6 25
20	16 23	6 25
21	16 25	6 25
22	16 27	6 24
23	16 29	6 24
24	16 30	6 23
25	16 32	6 23
26	16 34	6 22
27	16 36	6 22
28	16 39	6 22
29	16 41	6 21
30	16 43	6 21

⚷	FEBRUARY	
1	15♒28	6N14
2	15 33	6 14
3	15 38	6 14
4	15 42	6 14
5	15 47	6 14
6	15 51	6 14
7	15 56	6 14
8	16 00	6 14
9	16 05	6 14
10	16 10	6 14
11	16 14	6 14
12	16 19	6 14
13	16 23	6 14
14	16 28	6 14
15	16 32	6 14
16	16 37	6 14
17	16 41	6 14
18	16 46	6 14
19	16 50	6 14
20	16 55	6 15
21	16 59	6 15
22	17 04	6 15
23	17 08	6 15
24	17 13	6 15
25	17 17	6 15
26	17 21	6 15
27	17 26	6 15
28	17 30	6 15
29	17 34	6 15

	APRIL	
1	19♒37	6N22
2	19 40	6 22
3	19 43	6 23
4	19 46	6 23
5	19 49	6 23
6	19 52	6 23
7	19 55	6 24
8	19 58	6 24
9	20 01	6 24
10	20 04	6 25
11	20 06	6 25
12	20 09	6 25
13	20 12	6 26
14	20 14	6 26
15	20 17	6 26
16	20 19	6 27
17	20 22	6 27
18	20 24	6 27
19	20 26	6 28
20	20 28	6 28
21	20 31	6 29
22	20 33	6 29
23	20 35	6 29
24	20 37	6 30
25	20 39	6 30
26	20 41	6 30
27	20 43	6 31
28	20 44	6 31
29	20 46	6 32
30	20 48	6 32

	JUNE	
1	21♒07**R**	6N45
2	21 07	6 45
3	21 06	6 46
4	21 06	6 46
5	21 05	6 46
6	21 04	6 47
7	21 04	6 47
8	21 03	6 47
9	21 02	6 48
10	21 01	6 48
11	21 00	6 49
12	20 59	6 49
13	20 58	6 49
14	20 56	6 50
15	20 55	6 50
16	20 54	6 50
17	20 53	6 51
18	20 51	6 51
19	20 50	6 51
20	20 48	6 52
21	20 46	6 52
22	20 45	6 52
23	20 43	6 53
24	20 41	6 53
25	20 40	6 53
26	20 38	6 54
27	20 36	6 54
28	20 34	6 54
29	20 32	6 55
30	20 30	6 55

	AUGUST	
1	19♒04**R**	7N00
2	19 01	7 00
3	18 58	7 00
4	18 54	7 00
5	18 51	7 00
6	18 48	7 00
7	18 45	7 00
8	18 42	7 00
9	18 39	7 00
10	18 36	7 00
11	18 32	7 00
12	18 29	7 00
13	18 26	7 00
14	18 23	7 00
15	18 20	7 00
16	18 17	7 00
17	18 13	7 00
18	18 10	7 00
19	18 07	7 00
20	18 04	6 59
21	18 01	6 59
22	17 58	6 59
23	17 55	6 59
24	17 52	6 59
25	17 49	6 59
26	17 46	6 59
27	17 43	6 58
28	17 40	6 58
29	17 37	6 58
30	17 34	6 58
31	17 31	6 58

	OCTOBER	
1	16♒21**R**	6N48
2	16 19	6 47
3	16 18	6 47
4	16 16	6 46
5	16 15	6 46
6	16 14	6 46
7	16 12	6 45
8	16 11	6 45
9	16 10	6 44
10	16 09	6 44
11	16 08	6 43
12	16 07	6 43
13	16 07	6 43
14	16 06	6 42
15	16 05	6 42
16	16 04	6 41
17	16 04	6 41
18	16 03	6 40
19	16 03	6 40
20	16 03	6 39
21	16 02	6 39
22	16 02	6 38
23	16 02	6 38
24	16 02	6 37
25	16 02**D**	6 37
26	16 02	6 37
27	16 02	6 36
28	16 02	6 36
29	16 02	6 35
30	16 02	6 35
31	16 03	6 34

	DECEMBER	
1	16♒45	6N20
2	16 48	6 20
3	16 50	6 19
4	16 52	6 19
5	16 55	6 19
6	16 57	6 18
7	17 00	6 18
8	17 03	6 17
9	17 05	6 17
10	17 08	6 17
11	17 11	6 16
12	17 14	6 16
13	17 17	6 16
14	17 20	6 15
15	17 23	6 15
16	17 26	6 15
17	17 29	6 14
18	17 32	6 14
19	17 35	6 13
20	17 39	6 13
21	17 42	6 13
22	17 45	6 12
23	17 49	6 12
24	17 52	6 12
25	17 55	6 12
26	17 59	6 11
27	18 02	6 11
28	18 06	6 11
29	18 10	6 10
30	18 13	6 10
31	18 17	6 10

2009

♅	JANUARY	
1	18♒21	6N10
2	18 24	6 09
3	18 28	6 09
4	18 32	6 09
5	18 36	6 08
6	18 40	6 08
7	18 44	6 08
8	18 48	6 08
9	18 51	6 08
10	18 55	6 07
11	18 59	6 07
12	19 04	6 07
13	19 08	6 07
14	19 12	6 06
15	19 16	6 06
16	19 20	6 06
17	19 24	6 06
18	19 28	6 06
19	19 32	6 06
20	19 37	6 05
21	19 41	6 05
22	19 45	6 05
23	19 49	6 05
24	19 54	6 05
25	19 58	6 05
26	20 02	6 05
27	20 07	6 04
28	20 11	6 04
29	20 15	6 04
30	20 20	6 04
31	20 24	6 04

	MARCH	
1	22♒30	6N04
2	22 34	6 04
3	22 39	6 04
4	22 43	6 04
5	22 47	6 04
6	22 51	6 04
7	22 55	6 04
8	22 59	6 04
9	23 03	6 05
10	23 07	6 05
11	23 11	6 05
12	23 15	6 05
13	23 19	6 05
14	23 23	6 05
15	23 27	6 05
16	23 31	6 05
17	23 35	6 06
18	23 39	6 06
19	23 43	6 06
20	23 46	6 06
21	23 50	6 06
22	23 54	6 07
23	23 57	6 07
24	24 01	6 07
25	24 05	6 07
26	24 08	6 07
27	24 12	6 08
28	24 15	6 08
29	24 19	6 08
30	24 22	6 08
31	24 25	6 08

	MAY	
1	25♒46	6N18
2	25 48	6 18
3	25 50	6 18
4	25 52	6 19
5	25 53	6 19
6	25 55	6 19
7	25 56	6 20
8	25 58	6 20
9	25 59	6 20
10	26 00	6 21
11	26 01	6 21
12	26 03	6 22
13	26 04	6 22
14	26 05	6 22
15	26 06	6 23
16	26 07	6 23
17	26 08	6 23
18	26 08	6 24
19	26 09	6 24
20	26 10	6 24
21	26 10	6 25
22	26 11	6 25
23	26 12	6 26
24	26 12	6 26
25	26 12	6 26
26	26 13	6 27
27	26 13	6 27
28	26 13	6 27
29	26 13	6 28
30	26 13**R**	6 28
31	26 13	6 29

	JULY	
1	25♒44**R**	6N39
2	25 42	6 39
3	25 40	6 39
4	25 38	6 40
5	25 36	6 40
6	25 34	6 40
7	25 32	6 40
8	25 30	6 41
9	25 28	6 41
10	25 25	6 41
11	25 23	6 41
12	25 21	6 42
13	25 18	6 42
14	25 16	6 42
15	25 14	6 42
16	25 11	6 42
17	25 09	6 43
18	25 06	6 43
19	25 04	6 43
20	25 01	6 43
21	24 58	6 43
22	24 56	6 43
23	24 53	6 44
24	24 50	6 44
25	24 47	6 44
26	24 45	6 44
27	24 42	6 44
28	24 39	6 44
29	24 36	6 44
30	24 33	6 44
31	24 30	6 44

	SEPTEMBER	
1	22♒54**R**	6N43
2	22 51	6 43
3	22 48	6 43
4	22 45	6 42
5	22 42	6 42
6	22 39	6 42
7	22 37	6 42
8	22 34	6 42
9	22 31	6 41
10	22 28	6 41
11	22 26	6 41
12	22 23	6 41
13	22 20	6 40
14	22 18	6 40
15	22 15	6 40
16	22 13	6 40
17	22 10	6 39
18	22 08	6 39
19	22 06	6 39
20	22 03	6 38
21	22 01	6 38
22	21 59	6 38
23	21 57	6 37
24	21 54	6 37
25	21 52	6 37
26	21 50	6 36
27	21 48	6 36
28	21 46	6 36
29	21 44	6 35
30	21 42	6 35

	NOVEMBER	
1	21♒13	6N22
2	21 13	6 21
3	21 13	6 21
4	21 13	6 20
5	21 13	6 20
6	21 14	6 20
7	21 14	6 19
8	21 14	6 19
9	21 15	6 18
10	21 16	6 18
11	21 16	6 17
12	21 17	6 17
13	21 18	6 16
14	21 19	6 16
15	21 20	6 16
16	21 20	6 15
17	21 22	6 15
18	21 23	6 14
19	21 24	6 14
20	21 25	6 13
21	21 26	6 13
22	21 28	6 13
23	21 29	6 12
24	21 31	6 12
25	21 32	6 11
26	21 34	6 11
27	21 35	6 10
28	21 37	6 10
29	21 39	6 10
30	21 41	6 09

♅	FEBRUARY	
1	20♒28	6N04
2	20 33	6 04
3	20 37	6 04
4	20 41	6 04
5	20 46	6 04
6	20 50	6 03
7	20 55	6 03
8	20 59	6 03
9	21 03	6 03
10	21 08	6 03
11	21 12	6 03
12	21 17	6 03
13	21 21	6 03
14	21 25	6 03
15	21 30	6 03
16	21 34	6 03
17	21 39	6 03
18	21 43	6 03
19	21 47	6 03
20	21 52	6 03
21	21 56	6 03
22	22 00	6 03
23	22 05	6 03
24	22 09	6 03
25	22 13	6 03
26	22 17	6 04
27	22 22	6 04
28	22 26	6 04

	APRIL	
1	24♒29	6N09
2	24 32	6 09
3	24 35	6 09
4	24 38	6 09
5	24 42	6 10
6	24 45	6 10
7	24 48	6 10
8	24 51	6 10
9	24 54	6 11
10	24 57	6 11
11	25 00	6 11
12	25 02	6 12
13	25 05	6 12
14	25 08	6 12
15	25 11	6 12
16	25 13	6 13
17	25 16	6 13
18	25 18	6 13
19	25 21	6 14
20	25 23	6 14
21	25 26	6 14
22	25 28	6 15
23	25 30	6 15
24	25 32	6 15
25	25 35	6 16
26	25 37	6 16
27	25 39	6 16
28	25 41	6 17
29	25 43	6 17
30	25 45	6 17

	JUNE	
1	26♒13**R**	6N29
2	26 13	6 29
3	26 13	6 30
4	26 13	6 30
5	26 12	6 30
6	26 12	6 31
7	26 12	6 31
8	26 11	6 31
9	26 11	6 32
10	26 10	6 32
11	26 09	6 32
12	26 08	6 33
13	26 08	6 33
14	26 07	6 34
15	26 06	6 34
16	26 05	6 34
17	26 04	6 35
18	26 03	6 35
19	26 02	6 35
20	26 00	6 36
21	25 59	6 36
22	25 58	6 36
23	25 57	6 36
24	25 55	6 37
25	25 54	6 37
26	25 52	6 37
27	25 50	6 38
28	25 49	6 38
29	25 47	6 38
30	25 45	6 39

	AUGUST	
1	24♒27**R**	6N44
2	24 24	6 45
3	24 22	6 45
4	24 19	6 45
5	24 16	6 45
6	24 13	6 45
7	24 10	6 45
8	24 07	6 45
9	24 03	6 45
10	24 00	6 45
11	23 57	6 45
12	23 54	6 45
13	23 51	6 45
14	23 48	6 45
15	23 45	6 45
16	23 42	6 45
17	23 39	6 45
18	23 36	6 45
19	23 33	6 45
20	23 30	6 44
21	23 27	6 44
22	23 24	6 44
23	23 21	6 44
24	23 17	6 44
25	23 14	6 44
26	23 11	6 44
27	23 08	6 44
28	23 05	6 44
29	23 02	6 43
30	22 59	6 43
31	22 57	6 43

	OCTOBER	
1	21♒41**R**	6N35
2	21 39	6 34
3	21 37	6 34
4	21 35	6 34
5	21 34	6 33
6	21 32	6 33
7	21 31	6 32
8	21 29	6 32
9	21 28	6 32
10	21 27	6 31
11	21 25	6 31
12	21 24	6 30
13	21 23	6 30
14	21 22	6 30
15	21 21	6 29
16	21 20	6 29
17	21 19	6 28
18	21 18	6 28
19	21 17	6 27
20	21 17	6 27
21	21 16	6 27
22	21 15	6 26
23	21 15	6 26
24	21 14	6 25
25	21 14	6 25
26	21 13	6 24
27	21 13	6 24
28	21 13	6 24
29	21 13	6 23
30	21 13	6 23
31	21 13**D**	6 22

	DECEMBER	
1	21♒42	6N09
2	21 44	6 08
3	21 46	6 08
4	21 48	6 08
5	21 51	6 07
6	21 53	6 07
7	21 55	6 06
8	21 57	6 06
9	22 00	6 06
10	22 02	6 05
11	22 04	6 05
12	22 07	6 04
13	22 09	6 04
14	22 12	6 04
15	22 15	6 03
16	22 17	6 03
17	22 20	6 03
18	22 23	6 02
19	22 26	6 02
20	22 28	6 02
21	22 31	6 01
22	22 34	6 01
23	22 37	6 01
24	22 40	6 00
25	22 44	6 00
26	22 47	6 00
27	22 50	5 59
28	22 53	5 59
29	22 56	5 59
30	23 00	5 58
31	23 03	5 58

2010

⚷	JANUARY	
1	23♒06	5N58
2	23 10	5 57
3	23 13	5 57
4	23 17	5 57
5	23 20	5 57
6	23 24	5 56
7	23 27	5 56
8	23 31	5 56
9	23 35	5 56
10	23 38	5 55
11	23 42	5 55
12	23 46	5 55
13	23 50	5 55
14	23 53	5 54
15	23 57	5 54
16	24 01	5 54
17	24 05	5 54
18	24 09	5 54
19	24 13	5 53
20	24 17	5 53
21	24 21	5 53
22	24 25	5 53
23	24 29	5 53
24	24 33	5 53
25	24 37	5 52
26	24 41	5 52
27	24 45	5 52
28	24 49	5 52
29	24 53	5 52
30	24 57	5 52
31	25 02	5 51

⚷	FEBRUARY	
1	25♒06	5N51
2	25 10	5 51
3	25 14	5 51
4	25 18	5 51
5	25 23	5 51
6	25 27	5 51
7	25 31	5 51
8	25 35	5 51
9	25 39	5 51
10	25 44	5 51
11	25 48	5 50
12	25 52	5 50
13	25 56	5 50
14	26 01	5 50
15	26 05	5 50
16	26 09	5 50
17	26 13	5 50
18	26 18	5 50
19	26 22	5 50
20	26 26	5 50
21	26 30	5 50
22	26 34	5 50
23	26 39	5 50
24	26 43	5 50
25	26 47	5 50
26	26 51	5 50
27	26 55	5 50
28	27 00	5 50

	MARCH	
1	27♒04	5N50
2	27 08	5 50
3	27 12	5 50
4	27 16	5 50
5	27 20	5 50
6	27 24	5 50
7	27 28	5 51
8	27 32	5 51
9	27 36	5 51
10	27 40	5 51
11	27 44	5 51
12	27 48	5 51
13	27 52	5 51
14	27 56	5 51
15	28 00	5 51
16	28 04	5 51
17	28 08	5 51
18	28 12	5 52
19	28 15	5 52
20	28 19	5 52
21	28 23	5 52
22	28 27	5 52
23	28 30	5 52
24	28 34	5 52
25	28 38	5 53
26	28 41	5 53
27	28 45	5 53
28	28 48	5 53
29	28 52	5 53
30	28 55	5 53
31	28 59	5 54

	APRIL	
1	29♒02	5N54
2	29 05	5 54
3	29 09	5 54
4	29 12	5 54
5	29 15	5 55
6	29 18	5 55
7	29 22	5 55
8	29 25	5 55
9	29 28	5 56
10	29 31	5 56
11	29 34	5 56
12	29 37	5 56
13	29 40	5 56
14	29 43	5 57
15	29 45	5 57
16	29 48	5 57
17	29 51	5 57
18	29 54	5 58
19	29 56	5 58
20	29 59	5 58
21	0♓01	5 59
22	0 04	5 59
23	0 06	5 59
24	0 09	5 59
25	0 11	6 00
26	0 13	6 00
27	0 16	6 00
28	0 18	6 01
29	0 20	6 01
30	0 22	6 01

	MAY	
1	0♓24	6N01
2	0 26	6 02
3	0 28	6 02
4	0 30	6 02
5	0 32	6 03
6	0 33	6 03
7	0 35	6 03
8	0 37	6 04
9	0 38	6 04
10	0 40	6 04
11	0 41	6 05
12	0 43	6 05
13	0 44	6 05
14	0 45	6 06
15	0 47	6 06
16	0 48	6 06
17	0 49	6 07
18	0 50	6 07
19	0 51	6 07
20	0 52	6 08
21	0 53	6 08
22	0 54	6 08
23	0 54	6 09
24	0 55	6 09
25	0 56	6 09
26	0 56	6 10
27	0 57	6 10
28	0 57	6 10
29	0 58	6 11
30	0 58	6 11
31	0 58	6 11

	JUNE	
1	0♓59	6N12
2	0 59	6 12
3	0 59	6 12
4	0 59**R**	6 13
5	0 59	6 13
6	0 59	6 13
7	0 59	6 14
8	0 59	6 14
9	0 58	6 14
10	0 58	6 15
11	0 58	6 15
12	0 57	6 15
13	0 57	6 16
14	0 56	6 16
15	0 56	6 16
16	0 55	6 16
17	0 54	6 17
18	0 53	6 17
19	0 53	6 17
20	0 52	6 18
21	0 51	6 18
22	0 50	6 18
23	0 49	6 19
24	0 47	6 19
25	0 46	6 19
26	0 45	6 20
27	0 44	6 20
28	0 42	6 20
29	0 41	6 20
30	0 40	6 21

	JULY	
1	0♓38**R**	6N21
2	0 37	6 21
3	0 35	6 21
4	0 33	6 22
5	0 32	6 22
6	0 30	6 22
7	0 28	6 22
8	0 26	6 23
9	0 24	6 23
10	0 22	6 23
11	0 20	6 23
12	0 18	6 24
13	0 16	6 24
14	0 14	6 24
15	0 12	6 24
16	0 10	6 24
17	0 07	6 25
18	0 05	6 25
19	0 03	6 25
20	0 00	6 25
21	29♒58	6 25
22	29 56	6 26
23	29 53	6 26
24	29 51	6 26
25	29 48	6 26
26	29 46	6 26
27	29 43	6 26
28	29 40	6 26
29	29 38	6 27
30	29 35	6 27
31	29 32	6 27

	AUGUST	
1	29♒30**R**	6N27
2	29 27	6 27
3	29 24	6 27
4	29 21	6 27
5	29 18	6 27
6	29 15	6 27
7	29 13	6 27
8	29 10	6 27
9	29 07	6 27
10	29 04	6 28
11	29 01	6 28
12	28 58	6 28
13	28 55	6 28
14	28 52	6 28
15	28 49	6 28
16	28 46	6 28
17	28 43	6 28
18	28 40	6 28
19	28 37	6 28
20	28 34	6 27
21	28 31	6 27
22	28 28	6 27
23	28 25	6 27
24	28 22	6 27
25	28 19	6 27
26	28 16	6 27
27	28 13	6 27
28	28 10	6 27
29	28 07	6 27
30	28 04	6 27
31	28 01	6 27

	SEPTEMBER	
1	27♒58**R**	6N26
2	27 55	6 26
3	27 52	6 26
4	27 49	6 26
5	27 47	6 26
6	27 44	6 26
7	27 41	6 26
8	27 38	6 25
9	27 35	6 25
10	27 32	6 25
11	27 30	6 25
12	27 27	6 25
13	27 24	6 24
14	27 22	6 24
15	27 19	6 24
16	27 16	6 24
17	27 14	6 23
18	27 11	6 23
19	27 09	6 23
20	27 06	6 23
21	27 04	6 22
22	27 01	6 22
23	26 59	6 22
24	26 57	6 22
25	26 54	6 21
26	26 52	6 21
27	26 50	6 21
28	26 48	6 20
29	26 46	6 20
30	26 44	6 20

	OCTOBER	
1	26♒41**R**	6N19
2	26 39	6 19
3	26 38	6 19
4	26 36	6 19
5	26 34	6 18
6	26 32	6 18
7	26 30	6 17
8	26 29	6 17
9	26 27	6 17
10	26 25	6 16
11	26 24	6 16
12	26 22	6 16
13	26 21	6 15
14	26 19	6 15
15	26 18	6 15
16	26 17	6 14
17	26 16	6 14
18	26 14	6 13
19	26 13	6 13
20	26 12	6 13
21	26 11	6 12
22	26 10	6 12
23	26 09	6 11
24	26 09	6 11
25	26 08	6 11
26	26 07	6 10
27	26 07	6 10
28	26 06	6 09
29	26 05	6 09
30	26 05	6 09
31	26 05	6 08

	NOVEMBER	
1	26♒04**R**	6N08
2	26 04	6 07
3	26 04	6 07
4	26 04	6 06
5	26 04	6 06
6	26 04**D**	6 06
7	26 04	6 05
8	26 04	6 05
9	26 04	6 04
10	26 04	6 04
11	26 04	6 04
12	26 05	6 03
13	26 05	6 03
14	26 06	6 02
15	26 06	6 02
16	26 07	6 01
17	26 08	6 01
18	26 08	6 01
19	26 09	6 00
20	26 10	6 00
21	26 11	5 59
22	26 12	5 59
23	26 13	5 58
24	26 14	5 58
25	26 15	5 58
26	26 16	5 57
27	26 18	5 57
28	26 19	5 56
29	26 20	5 56
30	26 22	5 56

	DECEMBER	
1	26♒23	5N55
2	26 25	5 55
3	26 27	5 54
4	26 28	5 54
5	26 30	5 54
6	26 32	5 53
7	26 34	5 53
8	26 36	5 52
9	26 37	5 52
10	26 40	5 52
11	26 42	5 51
12	26 44	5 51
13	26 46	5 51
14	26 48	5 50
15	26 50	5 50
16	26 53	5 49
17	26 55	5 49
18	26 58	5 49
19	27 00	5 48
20	27 03	5 48
21	27 05	5 48
22	27 08	5 47
23	27 11	5 47
24	27 13	5 47
25	27 16	5 46
26	27 19	5 46
27	27 22	5 46
28	27 25	5 45
29	27 28	5 45
30	27 31	5 45
31	27 34	5 45

2011

♆	JANUARY	MARCH	MAY	JULY	SEPTEMBER	NOVEMBER
1	27♒37 5N44	1♓22 5N35	4♓45 5N44	5♓14**R** 6N02	2♓45**R** 6N08	0♓41**R** 5N52
2	27 40 5 44	1 26 5 35	4 47 5 44	5 13 6 02	2 42 6 08	0 40 5 52
3	27 43 5 44	1 30 5 35	4 49 5 45	5 12 6 02	2 39 6 08	0 40 5 51
4	27 46 5 43	1 34 5 35	4 51 5 45	5 10 6 03	2 36 6 08	0 39 5 51
5	27 49 5 43	1 38 5 35	4 53 5 45	5 09 6 03	2 34 6 08	0 39 5 50
6	27 53 5 43	1 42 5 35	4 55 5 45	5 08 6 03	2 31 6 08	0 39 5 50
7	27 56 5 43	1 46 5 35	4 57 5 46	5 06 6 03	2 28 6 08	0 38 5 50
8	27 59 5 42	1 50 5 35	4 59 5 46	5 04 6 04	2 25 6 08	0 38 5 49
9	28 03 5 42	1 54 5 35	5 01 5 46	5 03 6 04	2 22 6 07	0 38 5 49
10	28 06 5 42	1 58 5 36	5 03 5 47	5 01 6 04	2 19 6 07	0 38 5 48
11	28 09 5 41	2 02 5 36	5 04 5 47	4 59 6 04	2 16 6 07	0 38**D** 5 48
12	28 13 5 41	2 06 5 36	5 06 5 47	4 58 6 05	2 14 6 07	0 38 5 48
13	28 16 5 41	2 10 5 36	5 08 5 47	4 56 6 05	2 11 6 07	0 38 5 47
14	28 20 5 41	2 14 5 36	5 09 5 48	4 54 6 05	2 08 6 07	0 38 5 47
15	28 24 5 41	2 18 5 36	5 11 5 48	4 52 6 05	2 05 6 06	0 38 5 46
16	28 27 5 40	2 21 5 36	5 12 5 48	4 50 6 05	2 03 6 06	0 39 5 46
17	28 31 5 40	2 25 5 36	5 13 5 49	4 48 6 06	2 00 6 06	0 39 5 46
18	28 34 5 40	2 29 5 36	5 15 5 49	4 46 6 06	1 57 6 06	0 40 5 45
19	28 38 5 40	2 33 5 36	5 16 5 49	4 44 6 06	1 55 6 06	0 40 5 45
20	28 42 5 39	2 37 5 36	5 17 5 49	4 42 6 06	1 52 6 05	0 40 5 44
21	28 46 5 39	2 40 5 36	5 18 5 50	4 40 6 06	1 50 6 05	0 41 5 44
22	28 49 5 39	2 44 5 36	5 19 5 50	4 37 6 07	1 47 6 05	0 42 5 44
23	28 53 5 39	2 48 5 37	5 20 5 50	4 35 6 07	1 45 6 05	0 42 5 43
24	28 57 5 39	2 51 5 37	5 21 5 51	4 33 6 07	1 42 6 04	0 43 5 43
25	29 01 5 38	2 55 5 37	5 22 5 51	4 31 6 07	1 40 6 04	0 44 5 42
26	29 05 5 38	2 59 5 37	5 23 5 51	4 28 6 07	1 37 6 04	0 45 5 42
27	29 08 5 38	3 02 5 37	5 24 5 52	4 26 6 07	1 35 6 04	0 46 5 42
28	29 12 5 38	3 06 5 37	5 24 5 52	4 23 6 07	1 33 6 03	0 47 5 41
29	29 16 5 38	3 09 5 37	5 25 5 52	4 21 6 08	1 30 6 03	0 48 5 41
30	29 20 5 38	3 13 5 37	5 26 5 52	4 18 6 08	1 28 6 03	0 49 5 40
31	29 24 5 37	3 16 5 38	5 26 5 53	4 16 6 08		

♆	FEBRUARY	APRIL	JUNE	AUGUST	OCTOBER	DECEMBER
1	29♒28 5N37	3♓20 5N38	5♓27 5N53	4♓13**R** 6N08	1♓26**R** 6N03	0♓50 5N40
2	29 32 5 37	3 23 5 38	5 27 5 53	4 11 6 08	1 24 6 02	0 51 5 40
3	29 36 5 37	3 27 5 38	5 28 5 54	4 08 6 08	1 22 6 02	0 53 5 39
4	29 40 5 37	3 30 5 38	5 28 5 54	4 06 6 08	1 19 6 02	0 54 5 39
5	29 44 5 37	3 33 5 38	5 28 5 54	4 03 6 08	1 17 6 01	0 55 5 39
6	29 48 5 37	3 37 5 39	5 28 5 55	4 00 6 08	1 15 6 01	0 57 5 38
7	29 52 5 37	3 40 5 39	5 28 5 55	3 57 6 09	1 13 6 01	0 58 5 38
8	29 56 5 36	3 43 5 39	5 29 5 55	3 55 6 09	1 12 6 01	1 00 5 37
9	0♓00 5 36	3 46 5 39	5 29**R** 5 56	3 52 6 09	1 10 6 00	1 02 5 37
10	0 04 5 36	3 49 5 39	5 29 5 56	3 49 6 09	1 08 6 00	1 03 5 37
11	0 08 5 36	3 52 5 39	5 28 5 56	3 46 6 09	1 06 6 00	1 05 5 36
12	0 12 5 36	3 55 5 40	5 28 5 56	3 44 6 09	1 04 5 59	1 07 5 36
13	0 16 5 36	3 58 5 40	5 28 5 57	3 41 6 09	1 03 5 59	1 09 5 36
14	0 21 5 36	4 01 5 40	5 28 5 57	3 38 6 09	1 01 5 59	1 11 5 35
15	0 25 5 36	4 04 5 40	5 27 5 57	3 35 6 09	0 59 5 58	1 13 5 35
16	0 29 5 36	4 07 5 41	5 27 5 58	3 32 6 09	0 58 5 58	1 15 5 34
17	0 33 5 36	4 10 5 41	5 27 5 58	3 29 6 09	0 56 5 58	1 17 5 34
18	0 37 5 36	4 13 5 41	5 26 5 58	3 26 6 09	0 55 5 57	1 19 5 34
19	0 41 5 36	4 16 5 41	5 26 5 59	3 23 6 09	0 54 5 57	1 21 5 33
20	0 45 5 35	4 18 5 41	5 25 5 59	3 21 6 09	0 52 5 56	1 23 5 33
21	0 49 5 35	4 21 5 42	5 24 5 59	3 18 6 09	0 51 5 56	1 25 5 33
22	0 53 5 35	4 24 5 42	5 24 5 59	3 15 6 09	0 50 5 56	1 28 5 32
23	0 57 5 35	4 26 5 42	5 23 6 00	3 12 6 09	0 49 5 55	1 30 5 32
24	1 02 5 35	4 29 5 42	5 22 6 00	3 09 6 09	0 48 5 55	1 33 5 32
25	1 06 5 35	4 31 5 43	5 21 6 00	3 06 6 09	0 47 5 55	1 35 5 31
26	1 10 5 35	4 34 5 43	5 20 6 01	3 03 6 09	0 46 5 54	1 38 5 31
27	1 14 5 35	4 36 5 43	5 19 6 01	3 00 6 09	0 45 5 54	1 40 5 31
28	1 18 5 35	4 38 5 43	5 18 6 01	2 57 6 09	0 44 5 53	1 43 5 30
29		4 41 5 44	5 17 6 01	2 54 6 09	0 43 5 53	1 45 5 30
30		4 43 5 44	5 16 6 02	2 51 6 09	0 42 5 53	1 48 5 30
31				2 48 6 08	0 42 5 52	1 51 5 30

2012

⚷	JANUARY	
1	1♓54	5N29
2	1 56	5 29
3	1 59	5 29
4	2 02	5 28
5	2 05	5 28
6	2 08	5 28
7	2 11	5 27
8	2 14	5 27
9	2 17	5 27
10	2 21	5 27
11	2 24	5 26
12	2 27	5 26
13	2 30	5 26
14	2 33	5 26
15	2 37	5 25
16	2 40	5 25
17	2 43	5 25
18	2 47	5 25
19	2 50	5 24
20	2 54	5 24
21	2 57	5 24
22	3 01	5 24
23	3 04	5 24
24	3 08	5 23
25	3 12	5 23
26	3 15	5 23
27	3 19	5 23
28	3 23	5 23
29	3 26	5 22
30	3 30	5 22
31	3 34	5 22

⚷	FEBRUARY	
1	3♓37	5N22
2	3 41	5 22
3	3 45	5 22
4	3 49	5 21
5	3 53	5 21
6	3 57	5 21
7	4 00	5 21
8	4 04	5 21
9	4 08	5 21
10	4 12	5 21
11	4 16	5 21
12	4 20	5 20
13	4 24	5 20
14	4 28	5 20
15	4 32	5 20
16	4 36	5 20
17	4 40	5 20
18	4 44	5 20
19	4 48	5 20
20	4 52	5 20
21	4 56	5 20
22	4 59	5 20
23	5 03	5 19
24	5 07	5 19
25	5 11	5 19
26	5 15	5 19
27	5 19	5 19
28	5 23	5 19
29	5 27	5 19

	MARCH	
1	5♓31	5N19
2	5 35	5 19
3	5 39	5 19
4	5 43	5 19
5	5 47	5 19
6	5 51	5 19
7	5 55	5 19
8	5 59	5 19
9	6 03	5 19
10	6 07	5 19
11	6 11	5 19
12	6 14	5 19
13	6 18	5 19
14	6 22	5 19
15	6 26	5 19
16	6 30	5 19
17	6 34	5 19
18	6 37	5 20
19	6 41	5 20
20	6 45	5 20
21	6 49	5 20
22	6 52	5 20
23	6 56	5 20
24	7 00	5 20
25	7 03	5 20
26	7 07	5 20
27	7 10	5 20
28	7 14	5 20
29	7 18	5 20
30	7 21	5 21
31	7 25	5 21

	APRIL	
1	7♓28	5N21
2	7 31	5 21
3	7 35	5 21
4	7 38	5 21
5	7 41	5 21
6	7 45	5 21
7	7 48	5 22
8	7 51	5 22
9	7 54	5 22
10	7 58	5 22
11	8 01	5 22
12	8 04	5 22
13	8 07	5 23
14	8 10	5 23
15	8 13	5 23
16	8 16	5 23
17	8 19	5 23
18	8 22	5 23
19	8 24	5 24
20	8 27	5 24
21	8 30	5 24
22	8 33	5 24
23	8 35	5 24
24	8 38	5 25
25	8 41	5 25
26	8 43	5 25
27	8 46	5 25
28	8 48	5 25
29	8 50	5 26
30	8 53	5 26

	MAY	
1	8♓55	5N26
2	8 57	5 26
3	8 59	5 27
4	9 02	5 27
5	9 04	5 27
6	9 06	5 27
7	9 08	5 28
8	9 10	5 28
9	9 12	5 28
10	9 14	5 28
11	9 15	5 29
12	9 17	5 29
13	9 19	5 29
14	9 21	5 29
15	9 22	5 30
16	9 24	5 30
17	9 25	5 30
18	9 27	5 30
19	9 28	5 31
20	9 29	5 31
21	9 31	5 31
22	9 32	5 31
23	9 33	5 32
24	9 34	5 32
25	9 35	5 32
26	9 36	5 32
27	9 37	5 33
28	9 38	5 33
29	9 39	5 33
30	9 40	5 34
31	9 40	5 34

	JUNE	
1	9♓41	5N34
2	9 42	5 34
3	9 42	5 35
4	9 43	5 35
5	9 43	5 35
6	9 44	5 36
7	9 44	5 36
8	9 44	5 36
9	9 44	5 36
10	9 45	5 37
11	9 45	5 37
12	9 45**R**	5 37
13	9 45	5 37
14	9 45	5 38
15	9 45	5 38
16	9 44	5 38
17	9 44	5 39
18	9 44	5 39
19	9 43	5 39
20	9 43	5 39
21	9 43	5 40
22	9 42	5 40
23	9 41	5 40
24	9 41	5 40
25	9 40	5 41
26	9 39	5 41
27	9 39	5 41
28	9 38	5 41
29	9 37	5 42
30	9 36	5 42

	JULY	
1	9♓35**R**	5N42
2	9 34	5 42
3	9 33	5 43
4	9 31	5 43
5	9 30	5 43
6	9 29	5 43
7	9 28	5 44
8	9 26	5 44
9	9 25	5 44
10	9 23	5 44
11	9 22	5 44
12	9 20	5 45
13	9 19	5 45
14	9 17	5 45
15	9 15	5 45
16	9 13	5 46
17	9 12	5 46
18	9 10	5 46
19	9 08	5 46
20	9 06	5 46
21	9 04	5 46
22	9 02	5 47
23	9 00	5 47
24	8 58	5 47
25	8 56	5 47
26	8 53	5 47
27	8 51	5 47
28	8 49	5 48
29	8 47	5 48
30	8 44	5 48
31	8 42	5 48

	AUGUST	
1	8♓39**R**	5N48
2	8 37	5 48
3	8 35	5 48
4	8 32	5 48
5	8 30	5 49
6	8 27	5 49
7	8 24	5 49
8	8 22	5 49
9	8 19	5 49
10	8 17	5 49
11	8 14	5 49
12	8 11	5 49
13	8 08	5 49
14	8 06	5 49
15	8 03	5 49
16	8 00	5 49
17	7 57	5 49
18	7 55	5 49
19	7 52	5 49
20	7 49	5 49
21	7 46	5 49
22	7 43	5 49
23	7 40	5 49
24	7 38	5 49
25	7 35	5 49
26	7 32	5 49
27	7 29	5 49
28	7 26	5 49
29	7 23	5 49
30	7 20	5 49
31	7 17	5 49

	SEPTEMBER	
1	7♓14**R**	5N49
2	7 12	5 49
3	7 09	5 49
4	7 06	5 49
5	7 03	5 49
6	7 00	5 49
7	6 57	5 48
8	6 54	5 48
9	6 51	5 48
10	6 49	5 48
11	6 46	5 48
12	6 43	5 48
13	6 40	5 48
14	6 37	5 47
15	6 35	5 47
16	6 32	5 47
17	6 29	5 47
18	6 27	5 47
19	6 24	5 47
20	6 21	5 46
21	6 19	5 46
22	6 16	5 46
23	6 13	5 46
24	6 11	5 46
25	6 08	5 45
26	6 06	5 45
27	6 03	5 45
28	6 01	5 45
29	5 59	5 45
30	5 56	5 44

	OCTOBER	
1	5♓54**R**	5N44
2	5 52	5 44
3	5 49	5 44
4	5 47	5 43
5	5 45	5 43
6	5 43	5 43
7	5 41	5 42
8	5 39	5 42
9	5 37	5 42
10	5 35	5 42
11	5 33	5 41
12	5 31	5 41
13	5 29	5 41
14	5 27	5 40
15	5 26	5 40
16	5 24	5 40
17	5 22	5 40
18	5 21	5 39
19	5 19	5 39
20	5 18	5 39
21	5 16	5 38
22	5 15	5 38
23	5 14	5 38
24	5 12	5 37
25	5 11	5 37
26	5 10	5 37
27	5 09	5 36
28	5 08	5 36
29	5 07	5 35
30	5 06	5 35
31	5 05	5 35

	NOVEMBER	
1	5♓04**R**	5N34
2	5 03	5 34
3	5 02	5 34
4	5 02	5 33
5	5 01	5 33
6	5 01	5 33
7	5 00	5 32
8	5 00	5 32
9	4 59	5 31
10	4 59	5 31
11	4 59	5 31
12	4 59	5 30
13	4 58	5 30
14	4 58	5 30
15	4 58**D**	5 29
16	4 58	5 29
17	4 58	5 28
18	4 59	5 28
19	4 59	5 28
20	4 59	5 27
21	4 59	5 27
22	5 00	5 27
23	5 00	5 26
24	5 01	5 26
25	5 01	5 25
26	5 02	5 25
27	5 03	5 25
28	5 03	5 24
29	5 04	5 24
30	5 05	5 24

	DECEMBER	
1	5♓06	5N23
2	5 07	5 23
3	5 08	5 22
4	5 09	5 22
5	5 10	5 22
6	5 12	5 21
7	5 13	5 21
8	5 14	5 21
9	5 16	5 20
10	5 17	5 20
11	5 18	5 20
12	5 20	5 19
13	5 22	5 19
14	5 23	5 19
15	5 25	5 18
16	5 27	5 18
17	5 29	5 17
18	5 30	5 17
19	5 32	5 17
20	5 34	5 16
21	5 36	5 16
22	5 38	5 16
23	5 41	5 15
24	5 43	5 15
25	5 45	5 15
26	5 47	5 15
27	5 50	5 14
28	5 52	5 14
29	5 54	5 14
30	5 57	5 13
31	5 59	5 13

⚷	JANUARY	
1	6♓02	5N13
2	6 05	5 12
3	6 07	5 12
4	6 10	5 12
5	6 13	5 12
6	6 15	5 11
7	6 18	5 11
8	6 21	5 11
9	6 24	5 10
10	6 27	5 10
11	6 30	5 10
12	6 33	5 10
13	6 36	5 09
14	6 39	5 09
15	6 42	5 09
16	6 45	5 09
17	6 48	5 08
18	6 52	5 08
19	6 55	5 08
20	6 58	5 08
21	7 01	5 07
22	7 05	5 07
23	7 08	5 07
24	7 11	5 07
25	7 15	5 07
26	7 18	5 06
27	7 22	5 06
28	7 25	5 06
29	7 29	5 06
30	7 32	5 06
31	7 36	5 05

	MARCH	
1	9♓26	5N02
2	9 30	5 02
3	9 34	5 02
4	9 37	5 02
5	9 41	5 02
6	9 45	5 02
7	9 49	5 02
8	9 53	5 02
9	9 57	5 02
10	10 01	5 02
11	10 04	5 02
12	10 08	5 02
13	10 12	5 02
14	10 16	5 02
15	10 20	5 02
16	10 23	5 02
17	10 27	5 02
18	10 31	5 02
19	10 35	5 02
20	10 38	5 02
21	10 42	5 02
22	10 46	5 02
23	10 49	5 02
24	10 53	5 02
25	10 57	5 02
26	11 00	5 02
27	11 04	5 03
28	11 08	5 03
29	11 11	5 03
30	11 15	5 03
31	11 18	5 03

	MAY	
1	12♓51	5N07
2	12 54	5 07
3	12 56	5 08
4	12 58	5 08
5	13 00	5 08
6	13 03	5 08
7	13 05	5 08
8	13 07	5 09
9	13 09	5 09
10	13 11	5 09
11	13 13	5 09
12	13 15	5 09
13	13 17	5 10
14	13 19	5 10
15	13 21	5 10
16	13 22	5 10
17	13 24	5 11
18	13 26	5 11
19	13 27	5 11
20	13 29	5 11
21	13 30	5 11
22	13 32	5 12
23	13 33	5 12
24	13 34	5 12
25	13 36	5 12
26	13 37	5 13
27	13 38	5 13
28	13 39	5 13
29	13 40	5 13
30	13 41	5 14
31	13 42	5 14

	JULY	
1	13♓44**R**	5N22
2	13 43	5 22
3	13 42	5 22
4	13 41	5 22
5	13 40	5 22
6	13 39	5 23
7	13 38	5 23
8	13 37	5 23
9	13 36	5 23
10	13 34	5 24
11	13 33	5 24
12	13 32	5 24
13	13 30	5 24
14	13 29	5 24
15	13 27	5 25
16	13 26	5 25
17	13 24	5 25
18	13 23	5 25
19	13 21	5 25
20	13 19	5 25
21	13 17	5 26
22	13 16	5 26
23	13 14	5 26
24	13 12	5 26
25	13 10	5 26
26	13 08	5 26
27	13 06	5 27
28	13 04	5 27
29	13 02	5 27
30	13 00	5 27
31	12 57	5 27

	SEPTEMBER	
1	11♓34**R**	5N29
2	11 31	5 29
3	11 28	5 29
4	11 25	5 28
5	11 23	5 28
6	11 20	5 28
7	11 17	5 28
8	11 14	5 28
9	11 11	5 28
10	11 08	5 28
11	11 06	5 28
12	11 03	5 28
13	11 00	5 28
14	10 57	5 28
15	10 54	5 27
16	10 52	5 27
17	10 49	5 27
18	10 46	5 27
19	10 43	5 27
20	10 41	5 27
21	10 38	5 27
22	10 35	5 26
23	10 33	5 26
24	10 30	5 26
25	10 27	5 26
26	10 25	5 26
27	10 22	5 26
28	10 20	5 25
29	10 17	5 25
30	10 15	5 25

	NOVEMBER	
1	9♓17**R**	5N16
2	9 16	5 16
3	9 15	5 15
4	9 14	5 15
5	9 13	5 15
6	9 12	5 14
7	9 11	5 14
8	9 11	5 14
9	9 10	5 13
10	9 09	5 13
11	9 09	5 13
12	9 08	5 12
13	9 08	5 12
14	9 08	5 12
15	9 07	5 11
16	9 07	5 11
17	9 07	5 11
18	9 07	5 10
19	9 07	5 10
20	9 07**D**	5 09
21	9 07	5 09
22	9 07	5 09
23	9 07	5 08
24	9 07	5 08
25	9 08	5 08
26	9 08	5 07
27	9 08	5 07
28	9 09	5 07
29	9 09	5 06
30	9 10	5 06

⚷	FEBRUARY	
1	7♓39	5N05
2	7 43	5 05
3	7 47	5 05
4	7 50	5 05
5	7 54	5 05
6	7 58	5 04
7	8 01	5 04
8	8 05	5 04
9	8 09	5 04
10	8 13	5 04
11	8 16	5 04
12	8 20	5 04
13	8 24	5 04
14	8 28	5 03
15	8 32	5 03
16	8 35	5 03
17	8 39	5 03
18	8 43	5 03
19	8 47	5 03
20	8 51	5 03
21	8 55	5 03
22	8 59	5 03
23	9 03	5 03
24	9 06	5 02
25	9 10	5 02
26	9 14	5 02
27	9 18	5 02
28	9 22	5 02

	APRIL	
1	11♓22	5N03
2	11 25	5 03
3	11 28	5 03
4	11 32	5 03
5	11 35	5 03
6	11 39	5 03
7	11 42	5 03
8	11 45	5 04
9	11 48	5 04
10	11 52	5 04
11	11 55	5 04
12	11 58	5 04
13	12 01	5 04
14	12 04	5 04
15	12 07	5 05
16	12 10	5 05
17	12 13	5 05
18	12 16	5 05
19	12 19	5 05
20	12 22	5 05
21	12 25	5 05
22	12 28	5 06
23	12 30	5 06
24	12 33	5 06
25	12 36	5 06
26	12 39	5 06
27	12 41	5 06
28	12 44	5 07
29	12 46	5 07
30	12 49	5 07

	JUNE	
1	13♓43	5N14
2	13 44	5 14
3	13 45	5 15
4	13 45	5 15
5	13 46	5 15
6	13 47	5 15
7	13 47	5 16
8	13 48	5 16
9	13 48	5 16
10	13 48	5 16
11	13 49	5 17
12	13 49	5 17
13	13 49	5 17
14	13 49	5 17
15	13 50	5 18
16	13 50**R**	5 18
17	13 50	5 18
18	13 49	5 18
19	13 49	5 19
20	13 49	5 19
21	13 49	5 19
22	13 49	5 19
23	13 48	5 20
24	13 48	5 20
25	13 48	5 20
26	13 47	5 20
27	13 46	5 21
28	13 46	5 21
29	13 45	5 21
30	13 44	5 21

	AUGUST	
1	12♓55**R**	5N27
2	12 53	5 27
3	12 51	5 28
4	12 48	5 28
5	12 46	5 28
6	12 44	5 28
7	12 41	5 28
8	12 39	5 28
9	12 36	5 28
10	12 34	5 28
11	12 31	5 28
12	12 29	5 28
13	12 26	5 28
14	12 24	5 28
15	12 21	5 29
16	12 18	5 29
17	12 16	5 29
18	12 13	5 29
19	12 10	5 29
20	12 08	5 29
21	12 05	5 29
22	12 02	5 29
23	11 59	5 29
24	11 57	5 29
25	11 54	5 29
26	11 51	5 29
27	11 48	5 29
28	11 45	5 29
29	11 42	5 29
30	11 40	5 29
31	11 37	5 29

	OCTOBER	
1	10♓12**R**	5N25
2	10 10	5 24
3	10 08	5 24
4	10 05	5 24
5	10 03	5 24
6	10 01	5 24
7	9 58	5 23
8	9 56	5 23
9	9 54	5 23
10	9 52	5 23
11	9 50	5 22
12	9 48	5 22
13	9 46	5 22
14	9 44	5 22
15	9 42	5 21
16	9 40	5 21
17	9 38	5 21
18	9 37	5 20
19	9 35	5 20
20	9 33	5 20
21	9 31	5 20
22	9 30	5 19
23	9 28	5 19
24	9 27	5 19
25	9 25	5 18
26	9 24	5 18
27	9 23	5 18
28	9 21	5 17
29	9 20	5 17
30	9 19	5 17
31	9 18	5 16

	DECEMBER	
1	9♓11	5N06
2	9 11	5 05
3	9 12	5 05
4	9 13	5 05
5	9 14	5 04
6	9 15	5 04
7	9 16	5 04
8	9 17	5 03
9	9 18	5 03
10	9 19	5 02
11	9 20	5 02
12	9 21	5 02
13	9 23	5 01
14	9 24	5 01
15	9 26	5 01
16	9 27	5 00
17	9 29	5 00
18	9 30	5 00
19	9 32	4 59
20	9 34	4 59
21	9 35	4 59
22	9 37	4 58
23	9 39	4 58
24	9 41	4 58
25	9 43	4 58
26	9 45	4 57
27	9 47	4 57
28	9 49	4 57
29	9 51	4 56
30	9 53	4 56
31	9 56	4 56

2014

♅	JANUARY	
1	9♓58	4N55
2	10 00	4 55
3	10 03	4 55
4	10 05	4 55
5	10 07	4 54
6	10 10	4 54
7	10 13	4 54
8	10 15	4 53
9	10 18	4 53
10	10 21	4 53
11	10 23	4 53
12	10 26	4 52
13	10 29	4 52
14	10 32	4 52
15	10 35	4 52
16	10 37	4 51
17	10 40	4 51
18	10 43	4 51
19	10 46	4 51
20	10 49	4 50
21	10 53	4 50
22	10 56	4 50
23	10 59	4 50
24	11 02	4 50
25	11 05	4 49
26	11 09	4 49
27	11 12	4 49
28	11 15	4 49
29	11 18	4 48
30	11 22	4 48
31	11 25	4 48

	MARCH	
1	13♓11	4N44
2	13 15	4 44
3	13 19	4 44
4	13 23	4 44
5	13 26	4 44
6	13 30	4 44
7	13 34	4 44
8	13 38	4 44
9	13 42	4 44
10	13 45	4 44
11	13 49	4 44
12	13 53	4 44
13	13 57	4 44
14	14 00	4 44
15	14 04	4 44
16	14 08	4 44
17	14 12	4 44
18	14 15	4 44
19	14 19	4 44
20	14 23	4 44
21	14 26	4 44
22	14 30	4 44
23	14 34	4 44
24	14 37	4 44
25	14 41	4 44
26	14 45	4 44
27	14 48	4 44
28	14 52	4 44
29	14 55	4 44
30	14 59	4 44
31	15 02	4 44

	MAY	
1	16♓38	4N48
2	16 40	4 48
3	16 43	4 48
4	16 45	4 48
5	16 48	4 48
6	16 50	4 48
7	16 52	4 49
8	16 54	4 49
9	16 57	4 49
10	16 59	4 49
11	17 01	4 49
12	17 03	4 50
13	17 05	4 50
14	17 07	4 50
15	17 09	4 50
16	17 11	4 50
17	17 13	4 51
18	17 15	4 51
19	17 16	4 51
20	17 18	4 51
21	17 20	4 51
22	17 21	4 52
23	17 23	4 52
24	17 24	4 52
25	17 26	4 52
26	17 27	4 52
27	17 29	4 53
28	17 30	4 53
29	17 31	4 53
30	17 32	4 53
31	17 33	4 53

	JULY	
1	17♓42R	5N00
2	17 41	5 01
3	17 41	5 01
4	17 40	5 01
5	17 39	5 01
6	17 38	5 01
7	17 38	5 02
8	17 37	5 02
9	17 36	5 02
10	17 35	5 02
11	17 34	5 02
12	17 33	5 03
13	17 31	5 03
14	17 30	5 03
15	17 29	5 03
16	17 28	5 03
17	17 26	5 03
18	17 25	5 04
19	17 23	5 04
20	17 22	5 04
21	17 20	5 04
22	17 19	5 04
23	17 17	5 04
24	17 15	5 05
25	17 14	5 05
26	17 12	5 05
27	17 10	5 05
28	17 08	5 05
29	17 06	5 05
30	17 04	5 06
31	17 02	5 06

	SEPTEMBER	
1	15♓43R	5N08
2	15 40	5 07
3	15 37	5 07
4	15 35	5 07
5	15 32	5 07
6	15 29	5 07
7	15 26	5 07
8	15 23	5 07
9	15 21	5 07
10	15 18	5 07
11	15 15	5 07
12	15 12	5 07
13	15 09	5 07
14	15 07	5 07
15	15 04	5 07
16	15 01	5 07
17	14 58	5 06
18	14 55	5 06
19	14 53	5 06
20	14 50	5 06
21	14 47	5 06
22	14 44	5 06
23	14 42	5 06
24	14 39	5 06
25	14 36	5 05
26	14 34	5 05
27	14 31	5 05
28	14 29	5 05
29	14 26	5 05
30	14 23	5 05

	NOVEMBER	
1	13♓20R	4N57
2	13 19	4 56
3	13 18	4 56
4	13 17	4 56
5	13 16	4 55
6	13 15	4 55
7	13 14	4 55
8	13 13	4 55
9	13 12	4 54
10	13 11	4 54
11	13 10	4 54
12	13 09	4 53
13	13 09	4 53
14	13 08	4 53
15	13 08	4 52
16	13 07	4 52
17	13 07	4 52
18	13 06	4 51
19	13 06	4 51
20	13 06	4 51
21	13 06	4 50
22	13 05	4 50
23	13 05	4 50
24	13 05D	4 49
25	13 05	4 49
26	13 05	4 49
27	13 06	4 48
28	13 06	4 48
29	13 06	4 48
30	13 06	4 47

♅	FEBRUARY	
1	11♓29	4N48
2	11 32	4 48
3	11 36	4 48
4	11 39	4 47
5	11 42	4 47
6	11 46	4 47
7	11 50	4 47
8	11 53	4 47
9	11 57	4 47
10	12 00	4 46
11	12 04	4 46
12	12 08	4 46
13	12 11	4 46
14	12 15	4 46
15	12 19	4 46
16	12 22	4 46
17	12 26	4 46
18	12 30	4 45
19	12 33	4 45
20	12 37	4 45
21	12 41	4 45
22	12 45	4 45
23	12 48	4 45
24	12 52	4 45
25	12 56	4 45
26	13 00	4 45
27	13 04	4 45
28	13 07	4 44

	APRIL	
1	15♓06	4N44
2	15 09	4 44
3	15 13	4 44
4	15 16	4 44
5	15 20	4 45
6	15 23	4 45
7	15 26	4 45
8	15 30	4 45
9	15 33	4 45
10	15 36	4 45
11	15 40	4 45
12	15 43	4 45
13	15 46	4 45
14	15 49	4 45
15	15 52	4 45
16	15 55	4 46
17	15 58	4 46
18	16 01	4 46
19	16 04	4 46
20	16 07	4 46
21	16 10	4 46
22	16 13	4 46
23	16 16	4 46
24	16 19	4 47
25	16 22	4 47
26	16 25	4 47
27	16 27	4 47
28	16 30	4 47
29	16 33	4 47
30	16 35	4 47

	JUNE	
1	17♓35	4N54
2	17 36	4 54
3	17 37	4 54
4	17 38	4 54
5	17 38	4 55
6	17 39	4 55
7	17 40	4 55
8	17 41	4 55
9	17 41	4 55
10	17 42	4 56
11	17 43	4 56
12	17 43	4 56
13	17 43	4 56
14	17 44	4 57
15	17 44	4 57
16	17 44	4 57
17	17 45	4 57
18	17 45	4 57
19	17 45	4 58
20	17 45	4 58
21	17 45R	4 58
22	17 45	4 58
23	17 45	4 59
24	17 45	4 59
25	17 44	4 59
26	17 44	4 59
27	17 44	4 59
28	17 43	5 00
29	17 43	5 00
30	17 43	5 00

	AUGUST	
1	17♓00R	5N06
2	16 58	5 06
3	16 56	5 06
4	16 54	5 06
5	16 52	5 06
6	16 50	5 06
7	16 47	5 06
8	16 45	5 07
9	16 43	5 07
10	16 40	5 07
11	16 38	5 07
12	16 36	5 07
13	16 33	5 07
14	16 31	5 07
15	16 28	5 07
16	16 26	5 07
17	16 23	5 07
18	16 21	5 07
19	16 18	5 07
20	16 16	5 07
21	16 13	5 07
22	16 10	5 07
23	16 08	5 07
24	16 05	5 08
25	16 02	5 08
26	16 00	5 08
27	15 57	5 08
28	15 54	5 08
29	15 51	5 08
30	15 49	5 08
31	15 46	5 08

	OCTOBER	
1	14♓21R	5N04
2	14 18	5 04
3	14 16	5 04
4	14 14	5 04
5	14 11	5 04
6	14 09	5 03
7	14 06	5 03
8	14 04	5 03
9	14 02	5 03
10	14 00	5 03
11	13 57	5 02
12	13 55	5 02
13	13 53	5 02
14	13 51	5 02
15	13 49	5 01
16	13 47	5 01
17	13 45	5 01
18	13 43	5 01
19	13 41	5 00
20	13 39	5 00
21	13 37	5 00
22	13 35	5 00
23	13 34	4 59
24	13 32	4 59
25	13 30	4 59
26	13 29	4 58
27	13 27	4 58
28	13 26	4 58
29	13 24	4 58
30	13 23	4 57
31	13 22	4 57

	DECEMBER	
1	13♓07	4N47
2	13 07	4 47
3	13 08	4 46
4	13 08	4 46
5	13 09	4 46
6	13 09	4 45
7	13 10	4 45
8	13 11	4 45
9	13 12	4 44
10	13 13	4 44
11	13 14	4 44
12	13 15	4 43
13	13 16	4 43
14	13 17	4 43
15	13 18	4 42
16	13 19	4 42
17	13 20	4 42
18	13 22	4 41
19	13 23	4 41
20	13 25	4 41
21	13 26	4 41
22	13 28	4 40
23	13 29	4 40
24	13 31	4 40
25	13 33	4 39
26	13 34	4 39
27	13 36	4 39
28	13 38	4 38
29	13 40	4 38
30	13 42	4 38
31	13 44	4 38

♇	JANUARY	
1	13♑46	4N37
2	13 48	4 37
3	13 50	4 37
4	13 52	4 36
5	13 55	4 36
6	13 57	4 36
7	13 59	4 36
8	14 02	4 35
9	14 04	4 35
10	14 06	4 35
11	14 09	4 34
12	14 11	4 34
13	14 14	4 34
14	14 17	4 34
15	14 19	4 33
16	14 22	4 33
17	14 25	4 33
18	14 28	4 33
19	14 30	4 33
20	14 33	4 32
21	14 36	4 32
22	14 39	4 32
23	14 42	4 32
24	14 45	4 31
25	14 48	4 31
26	14 51	4 31
27	14 54	4 31
28	14 57	4 31
29	15 00	4 30
30	15 04	4 30
31	15 07	4 30

	MARCH	
1	16♑49	4N26
2	16 53	4 26
3	16 56	4 26
4	17 00	4 26
5	17 04	4 26
6	17 08	4 25
7	17 11	4 25
8	17 15	4 25
9	17 19	4 25
10	17 22	4 25
11	17 26	4 25
12	17 30	4 25
13	17 34	4 25
14	17 37	4 25
15	17 41	4 25
16	17 45	4 25
17	17 48	4 25
18	17 52	4 25
19	17 56	4 25
20	17 59	4 25
21	18 03	4 25
22	18 07	4 25
23	18 10	4 25
24	18 14	4 25
25	18 18	4 25
26	18 21	4 25
27	18 25	4 25
28	18 28	4 25
29	18 32	4 25
30	18 36	4 25
31	18 39	4 25

	MAY	
1	20♑16	4N28
2	20 19	4 28
3	20 22	4 28
4	20 24	4 28
5	20 27	4 28
6	20 29	4 28
7	20 32	4 28
8	20 34	4 29
9	20 36	4 29
10	20 39	4 29
11	20 41	4 29
12	20 43	4 29
13	20 45	4 29
14	20 47	4 30
15	20 50	4 30
16	20 52	4 30
17	20 54	4 30
18	20 56	4 30
19	20 57	4 30
20	20 59	4 31
21	21 01	4 31
22	21 03	4 31
23	21 05	4 31
24	21 06	4 31
25	21 08	4 31
26	21 10	4 32
27	21 11	4 32
28	21 13	4 32
29	21 14	4 32
30	21 15	4 32
31	21 17	4 33

	JULY	
1	21♑32R	4N39
2	21 31	4 39
3	21 31	4 39
4	21 30	4 39
5	21 30	4 39
6	21 29	4 40
7	21 29	4 40
8	21 28	4 40
9	21 27	4 40
10	21 26	4 40
11	21 26	4 40
12	21 25	4 41
13	21 24	4 41
14	21 23	4 41
15	21 22	4 41
16	21 21	4 41
17	21 19	4 42
18	21 18	4 42
19	21 17	4 42
20	21 16	4 42
21	21 14	4 42
22	21 13	4 42
23	21 11	4 42
24	21 10	4 43
25	21 08	4 43
26	21 07	4 43
27	21 05	4 43
28	21 04	4 43
29	21 02	4 43
30	21 00	4 43
31	20 58	4 44

	SEPTEMBER	
1	19♑43R	4N46
2	19 41	4 46
3	19 38	4 46
4	19 35	4 46
5	19 32	4 46
6	19 30	4 46
7	19 27	4 46
8	19 24	4 45
9	19 21	4 45
10	19 19	4 45
11	19 16	4 45
12	19 13	4 45
13	19 10	4 45
14	19 07	4 45
15	19 05	4 45
16	19 02	4 45
17	18 59	4 45
18	18 56	4 45
19	18 54	4 45
20	18 51	4 45
21	18 48	4 45
22	18 45	4 44
23	18 43	4 44
24	18 40	4 44
25	18 37	4 44
26	18 35	4 44
27	18 32	4 44
28	18 29	4 44
29	18 27	4 43
30	18 24	4 43

	NOVEMBER	
1	17♑16R	4N36
2	17 15	4 36
3	17 14	4 36
4	17 12	4 36
5	17 11	4 35
6	17 10	4 35
7	17 08	4 35
8	17 07	4 34
9	17 06	4 34
10	17 05	4 34
11	17 04	4 34
12	17 03	4 33
13	17 02	4 33
14	17 02	4 33
15	17 01	4 32
16	17 00	4 32
17	16 59	4 32
18	16 59	4 32
19	16 58	4 31
20	16 58	4 31
21	16 57	4 31
22	16 57	4 30
23	16 57	4 30
24	16 56	4 30
25	16 56	4 29
26	16 56	4 29
27	16 56	4 29
28	16 56D	4 28
29	16 56	4 28
30	16 56	4 28

♇	FEBRUARY	
1	15♑10	4N30
2	15 13	4 30
3	15 17	4 29
4	15 20	4 29
5	15 23	4 29
6	15 27	4 29
7	15 30	4 29
8	15 33	4 28
9	15 37	4 28
10	15 40	4 28
11	15 44	4 28
12	15 47	4 28
13	15 51	4 28
14	15 54	4 28
15	15 58	4 27
16	16 01	4 27
17	16 05	4 27
18	16 09	4 27
19	16 12	4 27
20	16 16	4 27
21	16 20	4 27
22	16 23	4 27
23	16 27	4 26
24	16 30	4 26
25	16 34	4 26
26	16 38	4 26
27	16 42	4 26
28	16 45	4 26

	APRIL	
1	18♑43	4N25
2	18 46	4 25
3	18 50	4 25
4	18 53	4 25
5	18 56	4 25
6	19 00	4 25
7	19 03	4 25
8	19 07	4 25
9	19 10	4 25
10	19 13	4 26
11	19 17	4 26
12	19 20	4 26
13	19 23	4 26
14	19 26	4 26
15	19 29	4 26
16	19 33	4 26
17	19 36	4 26
18	19 39	4 26
19	19 42	4 26
20	19 45	4 26
21	19 48	4 26
22	19 51	4 27
23	19 54	4 27
24	19 57	4 27
25	20 00	4 27
26	20 03	4 27
27	20 05	4 27
28	20 08	4 27
29	20 11	4 27
30	20 14	4 27

	JUNE	
1	21♑18	4N33
2	21 19	4 33
3	21 20	4 33
4	21 21	4 33
5	21 23	4 33
6	21 24	4 34
7	21 25	4 34
8	21 25	4 34
9	21 26	4 34
10	21 27	4 34
11	21 28	4 35
12	21 29	4 35
13	21 29	4 35
14	21 30	4 35
15	21 30	4 35
16	21 31	4 36
17	21 31	4 36
18	21 32	4 36
19	21 32	4 36
20	21 32	4 36
21	21 32	4 37
22	21 33	4 37
23	21 33	4 37
24	21 33R	4 37
25	21 33	4 37
26	21 33	4 38
27	21 33	4 38
28	21 32	4 38
29	21 32	4 38
30	21 32	4 38

	AUGUST	
1	20♑57R	4N44
2	20 55	4 44
3	20 53	4 44
4	20 51	4 44
5	20 49	4 44
6	20 47	4 44
7	20 45	4 44
8	20 43	4 45
9	20 40	4 45
10	20 38	4 45
11	20 36	4 45
12	20 34	4 45
13	20 32	4 45
14	20 29	4 45
15	20 27	4 45
16	20 25	4 45
17	20 22	4 45
18	20 20	4 45
19	20 17	4 45
20	20 15	4 45
21	20 12	4 45
22	20 10	4 46
23	20 07	4 46
24	20 05	4 46
25	20 02	4 46
26	19 59	4 46
27	19 57	4 46
28	19 54	4 46
29	19 51	4 46
30	19 49	4 46
31	19 46	4 46

	OCTOBER	
1	18♑21R	4N43
2	18 19	4 43
3	18 16	4 43
4	18 14	4 43
5	18 11	4 43
6	18 09	4 42
7	18 06	4 42
8	18 04	4 42
9	18 01	4 42
10	17 59	4 42
11	17 57	4 41
12	17 54	4 41
13	17 52	4 41
14	17 50	4 41
15	17 48	4 41
16	17 46	4 40
17	17 43	4 40
18	17 41	4 40
19	17 39	4 40
20	17 37	4 39
21	17 35	4 39
22	17 33	4 39
23	17 32	4 39
24	17 30	4 38
25	17 28	4 38
26	17 26	4 38
27	17 24	4 38
28	17 23	4 37
29	17 21	4 37
30	17 19	4 37
31	17 18	4 37

	DECEMBER	
1	16♑56	4N28
2	16 56	4 27
3	16 56	4 27
4	16 57	4 27
5	16 57	4 26
6	16 57	4 26
7	16 58	4 26
8	16 58	4 25
9	16 59	4 25
10	17 00	4 25
11	17 00	4 24
12	17 01	4 24
13	17 02	4 24
14	17 03	4 23
15	17 04	4 23
16	17 05	4 23
17	17 06	4 23
18	17 07	4 22
19	17 08	4 22
20	17 09	4 22
21	17 10	4 21
22	17 12	4 21
23	17 13	4 21
24	17 14	4 20
25	17 16	4 20
26	17 17	4 20
27	17 19	4 20
28	17 21	4 19
29	17 22	4 19
30	17 24	4 19
31	17 26	4 18

2016

♅	JANUARY	
1	17♓28	4N18
2	17 29	4 18
3	17 31	4 18
4	17 33	4 17
5	17 35	4 17
6	17 37	4 17
7	17 39	4 17
8	17 42	4 16
9	17 44	4 16
10	17 46	4 16
11	17 48	4 16
12	17 51	4 15
13	17 53	4 15
14	17 55	4 15
15	17 58	4 15
16	18 00	4 14
17	18 03	4 14
18	18 05	4 14
19	18 08	4 14
20	18 11	4 13
21	18 13	4 13
22	18 16	4 13
23	18 19	4 13
24	18 22	4 12
25	18 25	4 12
26	18 27	4 12
27	18 30	4 12
28	18 33	4 12
29	18 36	4 11
30	18 39	4 11
31	18 42	4 11

	MARCH	
1	20♓24	4N07
2	20 28	4 07
3	20 32	4 06
4	20 35	4 06
5	20 39	4 06
6	20 42	4 06
7	20 46	4 06
8	20 50	4 06
9	20 53	4 06
10	20 57	4 06
11	21 01	4 06
12	21 04	4 06
13	21 08	4 06
14	21 12	4 06
15	21 15	4 06
16	21 19	4 06
17	21 23	4 06
18	21 26	4 06
19	21 30	4 06
20	21 34	4 05
21	21 37	4 05
22	21 41	4 05
23	21 45	4 05
24	21 48	4 05
25	21 52	4 05
26	21 55	4 05
27	21 59	4 05
28	22 02	4 05
29	22 06	4 05
30	22 10	4 05
31	22 13	4 05

	MAY	
1	23♓51	4N07
2	23 54	4 07
3	23 57	4 07
4	23 59	4 08
5	24 02	4 08
6	24 04	4 08
7	24 07	4 08
8	24 09	4 08
9	24 12	4 08
10	24 14	4 08
11	24 17	4 08
12	24 19	4 09
13	24 21	4 09
14	24 23	4 09
15	24 26	4 09
16	24 28	4 09
17	24 30	4 09
18	24 32	4 09
19	24 34	4 09
20	24 36	4 10
21	24 38	4 10
22	24 40	4 10
23	24 42	4 10
24	24 43	4 10
25	24 45	4 10
26	24 47	4 11
27	24 48	4 11
28	24 50	4 11
29	24 52	4 11
30	24 53	4 11
31	24 55	4 11

	JULY	
1	25♓14**R**	4N17
2	25 14	4 17
3	25 14	4 17
4	25 13	4 17
5	25 13	4 17
6	25 13	4 18
7	25 12	4 18
8	25 12	4 18
9	25 11	4 18
10	25 10	4 18
11	25 10	4 18
12	25 09	4 19
13	25 08	4 19
14	25 07	4 19
15	25 06	4 19
16	25 05	4 19
17	25 04	4 19
18	25 03	4 19
19	25 02	4 20
20	25 01	4 20
21	25 00	4 20
22	24 59	4 20
23	24 57	4 20
24	24 56	4 20
25	24 55	4 20
26	24 53	4 21
27	24 52	4 21
28	24 50	4 21
29	24 49	4 21
30	24 47	4 21
31	24 46	4 21

	SEPTEMBER	
1	23♓34**R**	4N23
2	23 31	4 23
3	23 29	4 23
4	23 26	4 23
5	23 23	4 23
6	23 21	4 23
7	23 18	4 23
8	23 15	4 23
9	23 13	4 23
10	23 10	4 23
11	23 07	4 23
12	23 04	4 23
13	23 02	4 23
14	22 59	4 23
15	22 56	4 23
16	22 53	4 23
17	22 50	4 23
18	22 48	4 23
19	22 45	4 22
20	22 42	4 22
21	22 39	4 22
22	22 37	4 22
23	22 34	4 22
24	22 31	4 22
25	22 29	4 22
26	22 26	4 22
27	22 23	4 22
28	22 21	4 22
29	22 18	4 21
30	22 15	4 21

	NOVEMBER	
1	21♓05**R**	4N15
2	21 03	4 15
3	21 02	4 15
4	21 00	4 14
5	20 59	4 14
6	20 57	4 14
7	20 56	4 14
8	20 55	4 13
9	20 54	4 13
10	20 52	4 13
11	20 51	4 13
12	20 50	4 12
13	20 49	4 12
14	20 48	4 12
15	20 47	4 11
16	20 46	4 11
17	20 46	4 11
18	20 45	4 11
19	20 44	4 10
20	20 43	4 10
21	20 43	4 10
22	20 42	4 10
23	20 42	4 09
24	20 41	4 09
25	20 41	4 09
26	20 41	4 08
27	20 40	4 08
28	20 40	4 08
29	20 40	4 08
30	20 40	4 07

♅	FEBRUARY	
1	18♓45	4N11
2	18 48	4 11
3	18 52	4 10
4	18 55	4 10
5	18 58	4 10
6	19 01	4 10
7	19 04	4 10
8	19 08	4 10
9	19 11	4 09
10	19 14	4 09
11	19 18	4 09
12	19 21	4 09
13	19 24	4 09
14	19 28	4 09
15	19 31	4 08
16	19 35	4 08
17	19 38	4 08
18	19 41	4 08
19	19 45	4 08
20	19 48	4 08
21	19 52	4 08
22	19 56	4 07
23	19 59	4 07
24	20 03	4 07
25	20 06	4 07
26	20 10	4 07
27	20 13	4 07
28	20 17	4 07
29	20 21	4 07

	APRIL	
1	22♓17	4N05
2	22 20	4 05
3	22 24	4 05
4	22 27	4 05
5	22 30	4 05
6	22 34	4 06
7	22 37	4 06
8	22 41	4 06
9	22 44	4 06
10	22 47	4 06
11	22 51	4 06
12	22 54	4 06
13	22 57	4 06
14	23 00	4 06
15	23 04	4 06
16	23 07	4 06
17	23 10	4 06
18	23 13	4 06
19	23 16	4 06
20	23 19	4 06
21	23 22	4 06
22	23 25	4 06
23	23 28	4 06
24	23 31	4 07
25	23 34	4 07
26	23 37	4 07
27	23 40	4 07
28	23 43	4 07
29	23 46	4 07
30	23 49	4 07

	JUNE	
1	24♓56	4N11
2	24 57	4 12
3	24 59	4 12
4	25 00	4 12
5	25 01	4 12
6	25 02	4 12
7	25 03	4 12
8	25 04	4 13
9	25 05	4 13
10	25 06	4 13
11	25 07	4 13
12	25 08	4 13
13	25 09	4 14
14	25 10	4 14
15	25 10	4 14
16	25 11	4 14
17	25 12	4 14
18	25 12	4 14
19	25 13	4 15
20	25 13	4 15
21	25 13	4 15
22	25 14	4 15
23	25 14	4 15
24	25 14	4 15
25	25 14	4 16
26	25 14	4 16
27	25 14**R**	4 16
28	25 14	4 16
29	25 14	4 16
30	25 14	4 16

	AUGUST	
1	24♓44**R**	4N21
2	24 42	4 21
3	24 40	4 22
4	24 39	4 22
5	24 37	4 22
6	24 35	4 22
7	24 33	4 22
8	24 31	4 22
9	24 29	4 22
10	24 27	4 22
11	24 25	4 22
12	24 23	4 22
13	24 20	4 22
14	24 18	4 23
15	24 16	4 23
16	24 14	4 23
17	24 11	4 23
18	24 09	4 23
19	24 07	4 23
20	24 04	4 23
21	24 02	4 23
22	24 00	4 23
23	23 57	4 23
24	23 55	4 23
25	23 52	4 23
26	23 50	4 23
27	23 47	4 23
28	23 45	4 23
29	23 42	4 23
30	23 39	4 23
31	23 37	4 23

	OCTOBER	
1	22♓13**R**	4N21
2	22 10	4 21
3	22 07	4 21
4	22 05	4 21
5	22 02	4 21
6	22 00	4 20
7	21 57	4 20
8	21 55	4 20
9	21 52	4 20
10	21 50	4 20
11	21 47	4 20
12	21 45	4 19
13	21 43	4 19
14	21 40	4 19
15	21 38	4 19
16	21 36	4 19
17	21 34	4 18
18	21 32	4 18
19	21 29	4 18
20	21 27	4 18
21	21 25	4 18
22	21 23	4 17
23	21 21	4 17
24	21 19	4 17
25	21 17	4 17
26	21 15	4 17
27	21 13	4 16
28	21 12	4 16
29	21 10	4 16
30	21 08	4 16
31	21 07	4 15

	DECEMBER	
1	20♓40**D**	4N07
2	20 40	4 07
3	20 40	4 06
4	20 40	4 06
5	20 40	4 06
6	20 40	4 05
7	20 41	4 05
8	20 41	4 05
9	20 41	4 05
10	20 42	4 04
11	20 42	4 04
12	20 43	4 04
13	20 43	4 03
14	20 44	4 03
15	20 45	4 03
16	20 46	4 03
17	20 47	4 02
18	20 47	4 02
19	20 48	4 02
20	20 49	4 01
21	20 50	4 01
22	20 52	4 01
23	20 53	4 01
24	20 54	4 00
25	20 55	4 00
26	20 57	4 00
27	20 58	4 00
28	20 59	3 59
29	21 01	3 59
30	21 02	3 59
31	21 04	3 58

2017

♅	JANUARY	
1	21♓06	3N58
2	21 07	3 58
3	21 09	3 58
4	21 11	3 57
5	21 13	3 57
6	21 15	3 57
7	21 17	3 57
8	21 19	3 56
9	21 21	3 56
10	21 23	3 56
11	21 25	3 56
12	21 27	3 55
13	21 29	3 55
14	21 31	3 55
15	21 34	3 55
16	21 36	3 54
17	21 38	3 54
18	21 41	3 54
19	21 43	3 54
20	21 46	3 54
21	21 48	3 53
22	21 51	3 53
23	21 53	3 53
24	21 56	3 53
25	21 59	3 52
26	22 02	3 52
27	22 04	3 52
28	22 07	3 52
29	22 10	3 52
30	22 13	3 51
31	22 16	3 51

	MARCH	
1	23♓51	3N47
2	23 55	3 47
3	23 58	3 47
4	24 02	3 47
5	24 05	3 46
6	24 09	3 46
7	24 12	3 46
8	24 16	3 46
9	24 20	3 46
10	24 23	3 46
11	24 27	3 46
12	24 30	3 46
13	24 34	3 46
14	24 38	3 46
15	24 41	3 46
16	24 45	3 46
17	24 48	3 46
18	24 52	3 46
19	24 56	3 45
20	24 59	3 45
21	25 03	3 45
22	25 07	3 45
23	25 10	3 45
24	25 14	3 45
25	25 17	3 45
26	25 21	3 45
27	25 24	3 45
28	25 28	3 45
29	25 32	3 45
30	25 35	3 45
31	25 39	3 45

	MAY	
1	27♓18	3N46
2	27 21	3 46
3	27 24	3 46
4	27 27	3 47
5	27 29	3 47
6	27 32	3 47
7	27 35	3 47
8	27 37	3 47
9	27 40	3 47
10	27 42	3 47
11	27 45	3 47
12	27 47	3 47
13	27 50	3 47
14	27 52	3 48
15	27 54	3 48
16	27 57	3 48
17	27 59	3 48
18	28 01	3 48
19	28 03	3 48
20	28 05	3 48
21	28 08	3 48
22	28 10	3 48
23	28 12	3 49
24	28 13	3 49
25	28 15	3 49
26	28 17	3 49
27	28 19	3 49
28	28 21	3 49
29	28 23	3 49
30	28 24	3 49
31	28 26	3 50

	JULY	
1	28♓51**R**	3N54
2	28 51	3 54
3	28 51	3 54
4	28 51	3 55
5	28 51	3 55
6	28 51	3 55
7	28 51	3 55
8	28 50	3 55
9	28 50	3 55
10	28 49	3 56
11	28 49	3 56
12	28 48	3 56
13	28 48	3 56
14	28 47	3 56
15	28 47	3 56
16	28 46	3 56
17	28 45	3 56
18	28 44	3 57
19	28 43	3 57
20	28 42	3 57
21	28 41	3 57
22	28 40	3 57
23	28 39	3 57
24	28 38	3 57
25	28 37	3 58
26	28 36	3 58
27	28 34	3 58
28	28 33	3 58
29	28 32	3 58
30	28 30	3 58
31	28 29	3 58

	SEPTEMBER	
1	27♓22**R**	4N00
2	27 19	4 00
3	27 17	4 00
4	27 14	4 00
5	27 12	4 00
6	27 09	4 00
7	27 06	4 00
8	27 04	4 00
9	27 01	4 00
10	26 58	4 00
11	26 56	4 00
12	26 53	4 00
13	26 50	4 00
14	26 47	4 00
15	26 45	4 00
16	26 42	4 00
17	26 39	4 00
18	26 37	4 00
19	26 34	4 00
20	26 31	4 00
21	26 28	4 00
22	26 26	4 00
23	26 23	3 59
24	26 20	3 59
25	26 17	3 59
26	26 15	3 59
27	26 12	3 59
28	26 09	3 59
29	26 07	3 59
30	26 04	3 59

	NOVEMBER	
1	24♓50**R**	3N53
2	24 48	3 53
3	24 47	3 53
4	24 45	3 53
5	24 44	3 52
6	24 42	3 52
7	24 40	3 52
8	24 39	3 52
9	24 38	3 52
10	24 36	3 51
11	24 35	3 51
12	24 34	3 51
13	24 32	3 51
14	24 31	3 50
15	24 30	3 50
16	24 29	3 50
17	24 28	3 50
18	24 27	3 49
19	24 26	3 49
20	24 25	3 49
21	24 24	3 49
22	24 23	3 48
23	24 23	3 48
24	24 22	3 48
25	24 22	3 48
26	24 21	3 47
27	24 20	3 47
28	24 20	3 47
29	24 20	3 46
30	24 19	3 46

♅	FEBRUARY	
1	22♓19	3N51
2	22 22	3 51
3	22 25	3 51
4	22 28	3 50
5	22 31	3 50
6	22 34	3 50
7	22 37	3 50
8	22 40	3 50
9	22 43	3 50
10	22 46	3 49
11	22 50	3 49
12	22 53	3 49
13	22 56	3 49
14	22 59	3 49
15	23 03	3 49
16	23 06	3 48
17	23 09	3 48
18	23 13	3 48
19	23 16	3 48
20	23 20	3 48
21	23 23	3 48
22	23 26	3 48
23	23 30	3 48
24	23 33	3 47
25	23 37	3 47
26	23 40	3 47
27	23 44	3 47
28	23 47	3 47

	APRIL	
1	25♓42	3N45
2	25 46	3 45
3	25 49	3 45
4	25 53	3 45
5	25 56	3 45
6	25 59	3 45
7	26 03	3 45
8	26 06	3 45
9	26 10	3 45
10	26 13	3 45
11	26 16	3 45
12	26 20	3 45
13	26 23	3 45
14	26 26	3 45
15	26 30	3 45
16	26 33	3 45
17	26 36	3 45
18	26 39	3 46
19	26 42	3 46
20	26 46	3 46
21	26 49	3 46
22	26 52	3 46
23	26 55	3 46
24	26 58	3 46
25	27 01	3 46
26	27 04	3 46
27	27 07	3 46
28	27 10	3 46
29	27 13	3 46
30	27 16	3 46

	JUNE	
1	28♓27	3N50
2	28 29	3 50
3	28 30	3 50
4	28 32	3 50
5	28 33	3 50
6	28 35	3 50
7	28 36	3 51
8	28 37	3 51
9	28 38	3 51
10	28 39	3 51
11	28 41	3 51
12	28 42	3 51
13	28 43	3 51
14	28 43	3 52
15	28 44	3 52
16	28 45	3 52
17	28 46	3 52
18	28 47	3 52
19	28 47	3 52
20	28 48	3 52
21	28 49	3 53
22	28 49	3 53
23	28 50	3 53
24	28 50	3 53
25	28 50	3 53
26	28 51	3 53
27	28 51	3 54
28	28 51	3 54
29	28 51	3 54
30	28 51	3 54

	AUGUST	
1	28♓27**R**	3N58
2	28 26	3 58
3	28 24	3 59
4	28 23	3 59
5	28 21	3 59
6	28 19	3 59
7	28 17	3 59
8	28 16	3 59
9	28 14	3 59
10	28 12	3 59
11	28 10	3 59
12	28 08	3 59
13	28 06	3 59
14	28 04	4 00
15	28 02	4 00
16	28 00	4 00
17	27 58	4 00
18	27 55	4 00
19	27 53	4 00
20	27 51	4 00
21	27 49	4 00
22	27 46	4 00
23	27 44	4 00
24	27 42	4 00
25	27 39	4 00
26	27 37	4 00
27	27 34	4 00
28	27 32	4 00
29	27 30	4 00
30	27 27	4 00
31	27 25	4 00

	OCTOBER	
1	26♓01**R**	3N59
2	25 59	3 59
3	25 56	3 58
4	25 53	3 58
5	25 51	3 58
6	25 48	3 58
7	25 46	3 58
8	25 43	3 58
9	25 40	3 58
10	25 38	3 57
11	25 35	3 57
12	25 33	3 57
13	25 31	3 57
14	25 28	3 57
15	25 26	3 57
16	25 23	3 57
17	25 21	3 56
18	25 19	3 56
19	25 16	3 56
20	25 14	3 56
21	25 12	3 56
22	25 10	3 55
23	25 08	3 55
24	25 06	3 55
25	25 04	3 55
26	25 02	3 55
27	25 00	3 54
28	24 58	3 54
29	24 56	3 54
30	24 54	3 54
31	24 52	3 54

	DECEMBER	
1	24♓19**R**	3N46
2	24 19	3 46
3	24 19	3 45
4	24 19	3 45
5	24 18	3 45
6	24 19**D**	3 45
7	24 19	3 44
8	24 19	3 44
9	24 19	3 44
10	24 19	3 43
11	24 19	3 43
12	24 20	3 43
13	24 20	3 43
14	24 21	3 42
15	24 21	3 42
16	24 22	3 42
17	24 22	3 42
18	24 23	3 41
19	24 24	3 41
20	24 24	3 41
21	24 25	3 41
22	24 26	3 40
23	24 27	3 40
24	24 28	3 40
25	24 29	3 40
26	24 30	3 39
27	24 31	3 39
28	24 33	3 39
29	24 34	3 38
30	24 35	3 38
31	24 37	3 38

2018

♅	JANUARY	
1	24♓38	3N38
2	24 39	3 37
3	24 41	3 37
4	24 43	3 37
5	24 44	3 37
6	24 46	3 36
7	24 48	3 36
8	24 49	3 36
9	24 51	3 36
10	24 53	3 36
11	24 55	3 35
12	24 57	3 35
13	24 59	3 35
14	25 01	3 35
15	25 03	3 34
16	25 05	3 34
17	25 07	3 34
18	25 10	3 34
19	25 12	3 33
20	25 14	3 33
21	25 17	3 33
22	25 19	3 33
23	25 21	3 33
24	25 24	3 32
25	25 26	3 32
26	25 29	3 32
27	25 32	3 32
28	25 34	3 32
29	25 37	3 31
30	25 40	3 31
31	25 42	3 31

	MARCH	
1	27♓14	3N27
2	27 17	3 26
3	27 21	3 26
4	27 24	3 26
5	27 28	3 26
6	27 31	3 26
7	27 35	3 26
8	27 38	3 26
9	27 42	3 26
10	27 46	3 26
11	27 49	3 26
12	27 53	3 25
13	27 56	3 25
14	28 00	3 25
15	28 03	3 25
16	28 07	3 25
17	28 11	3 25
18	28 14	3 25
19	28 18	3 25
20	28 21	3 25
21	28 25	3 25
22	28 28	3 25
23	28 32	3 25
24	28 36	3 25
25	28 39	3 25
26	28 43	3 25
27	28 46	3 25
28	28 50	3 25
29	28 53	3 25
30	28 57	3 25
31	29 00	3 24

	MAY	
1	0♈42	3N25
2	0 45	3 25
3	0 48	3 25
4	0 50	3 25
5	0 53	3 25
6	0 56	3 25
7	0 59	3 25
8	1 01	3 25
9	1 04	3 25
10	1 07	3 26
11	1 09	3 26
12	1 12	3 26
13	1 14	3 26
14	1 17	3 26
15	1 19	3 26
16	1 22	3 26
17	1 24	3 26
18	1 26	3 26
19	1 29	3 26
20	1 31	3 26
21	1 33	3 26
22	1 35	3 27
23	1 37	3 27
24	1 40	3 27
25	1 42	3 27
26	1 44	3 27
27	1 46	3 27
28	1 48	3 27
29	1 49	3 27
30	1 51	3 27
31	1 53	3 28

	JULY	
1	2♈24	3N31
2	2 25	3 31
3	2 25	3 32
4	2 25	3 32
5	2 25**R**	3 32
6	2 25	3 32
7	2 25	3 32
8	2 25	3 32
9	2 24	3 32
10	2 24	3 32
11	2 24	3 33
12	2 24	3 33
13	2 23	3 33
14	2 23	3 33
15	2 22	3 33
16	2 22	3 33
17	2 21	3 33
18	2 21	3 33
19	2 20	3 34
20	2 19	3 34
21	2 18	3 34
22	2 18	3 34
23	2 17	3 34
24	2 16	3 34
25	2 15	3 34
26	2 14	3 34
27	2 13	3 34
28	2 11	3 35
29	2 10	3 35
30	2 09	3 35
31	2 08	3 35

	SEPTEMBER	
1	1♈06**R**	3N37
2	1 03	3 37
3	1 01	3 37
4	0 58	3 37
5	0 56	3 37
6	0 53	3 37
7	0 51	3 37
8	0 48	3 37
9	0 45	3 37
10	0 43	3 37
11	0 40	3 37
12	0 37	3 37
13	0 35	3 37
14	0 32	3 37
15	0 29	3 37
16	0 27	3 37
17	0 24	3 37
18	0 21	3 36
19	0 19	3 36
20	0 16	3 36
21	0 13	3 36
22	0 10	3 36
23	0 08	3 36
24	0 05	3 36
25	0 02	3 36
26	0 00	3 36
27	29♓57	3 36
28	29 54	3 36
29	29 51	3 36
30	29 49	3 36

	NOVEMBER	
1	28♓32**R**	3N31
2	28 30	3 31
3	28 28	3 31
4	28 27	3 30
5	28 25	3 30
6	28 23	3 30
7	28 21	3 30
8	28 20	3 30
9	28 18	3 29
10	28 17	3 29
11	28 15	3 29
12	28 14	3 29
13	28 12	3 28
14	28 11	3 28
15	28 09	3 28
16	28 08	3 28
17	28 07	3 28
18	28 06	3 27
19	28 05	3 27
20	28 04	3 27
21	28 03	3 27
22	28 02	3 26
23	28 01	3 26
24	28 00	3 26
25	27 59	3 26
26	27 58	3 25
27	27 58	3 25
28	27 57	3 25
29	27 56	3 25
30	27 56	3 24

♅	FEBRUARY	
1	25♓45	3N31
2	25 48	3 31
3	25 51	3 30
4	25 54	3 30
5	25 57	3 30
6	25 59	3 30
7	26 02	3 30
8	26 05	3 30
9	26 08	3 29
10	26 11	3 29
11	26 15	3 29
12	26 18	3 29
13	26 21	3 29
14	26 24	3 29
15	26 27	3 28
16	26 30	3 28
17	26 34	3 28
18	26 37	3 28
19	26 40	3 28
20	26 43	3 28
21	26 47	3 28
22	26 50	3 27
23	26 53	3 27
24	26 57	3 27
25	27 00	3 27
26	27 04	3 27
27	27 07	3 27
28	27 10	3 27

	APRIL	
1	29♓04	3N24
2	29 07	3 24
3	29 11	3 24
4	29 14	3 24
5	29 18	3 24
6	29 21	3 24
7	29 25	3 24
8	29 28	3 24
9	29 32	3 24
10	29 35	3 24
11	29 38	3 24
12	29 42	3 24
13	29 45	3 24
14	29 48	3 24
15	29 52	3 24
16	29 55	3 24
17	29 58	3 24
18	0♈02	3 24
19	0 05	3 24
20	0 08	3 25
21	0 11	3 25
22	0 14	3 25
23	0 18	3 25
24	0 21	3 25
25	0 24	3 25
26	0 27	3 25
27	0 30	3 25
28	0 33	3 25
29	0 36	3 25
30	0 39	3 25

	JUNE	
1	1♈55	3N28
2	1 56	3 28
3	1 58	3 28
4	2 00	3 28
5	2 01	3 28
6	2 03	3 28
7	2 04	3 28
8	2 06	3 28
9	2 07	3 29
10	2 08	3 29
11	2 10	3 29
12	2 11	3 29
13	2 12	3 29
14	2 13	3 29
15	2 14	3 29
16	2 15	3 29
17	2 16	3 30
18	2 17	3 30
19	2 18	3 30
20	2 19	3 30
21	2 20	3 30
22	2 20	3 30
23	2 21	3 30
24	2 22	3 30
25	2 22	3 31
26	2 23	3 31
27	2 23	3 31
28	2 23	3 31
29	2 24	3 31
30	2 24	3 31

	AUGUST	
1	2♈06**R**	3N35
2	2 05	3 35
3	2 04	3 35
4	2 02	3 35
5	2 01	3 35
6	1 59	3 35
7	1 58	3 36
8	1 56	3 36
9	1 54	3 36
10	1 53	3 36
11	1 51	3 36
12	1 49	3 36
13	1 47	3 36
14	1 45	3 36
15	1 43	3 36
16	1 41	3 36
17	1 39	3 36
18	1 37	3 36
19	1 35	3 36
20	1 33	3 36
21	1 31	3 36
22	1 29	3 36
23	1 27	3 37
24	1 24	3 37
25	1 22	3 37
26	1 20	3 37
27	1 18	3 37
28	1 15	3 37
29	1 13	3 37
30	1 11	3 37
31	1 08	3 37

	OCTOBER	
1	29♓46**R**	3N36
2	29 43	3 35
3	29 41	3 35
4	29 38	3 35
5	29 35	3 35
6	29 33	3 35
7	29 30	3 35
8	29 27	3 35
9	29 25	3 35
10	29 22	3 35
11	29 20	3 34
12	29 17	3 34
13	29 15	3 34
14	29 12	3 34
15	29 10	3 34
16	29 07	3 34
17	29 05	3 34
18	29 02	3 33
19	29 00	3 33
20	28 58	3 33
21	28 55	3 33
22	28 53	3 33
23	28 51	3 33
24	28 49	3 32
25	28 46	3 32
26	28 44	3 32
27	28 42	3 32
28	28 40	3 32
29	28 38	3 32
30	28 36	3 31
31	28 34	3 31

	DECEMBER	
1	27♓55**R**	3N24
2	27 55	3 24
3	27 54	3 24
4	27 54	3 23
5	27 54	3 23
6	27 54	3 23
7	27 54	3 23
8	27 53	3 22
9	27 53**D**	3 22
10	27 53	3 22
11	27 53	3 22
12	27 54	3 21
13	27 54	3 21
14	27 54	3 21
15	27 54	3 21
16	27 55	3 20
17	27 55	3 20
18	27 55	3 20
19	27 56	3 20
20	27 57	3 20
21	27 57	3 19
22	27 58	3 19
23	27 59	3 19
24	27 59	3 19
25	28 00	3 18
26	28 01	3 18
27	28 02	3 18
28	28 03	3 18
29	28 04	3 17
30	28 05	3 17
31	28 06	3 17

2019

♅	JANUARY	
1	28♓08	3N17
2	28 09	3 16
3	28 10	3 16
4	28 11	3 16
5	28 13	3 16
6	28 14	3 15
7	28 16	3 15
8	28 17	3 15
9	28 19	3 15
10	28 21	3 15
11	28 22	3 14
12	28 24	3 14
13	28 26	3 14
14	28 28	3 14
15	28 30	3 13
16	28 32	3 13
17	28 34	3 13
18	28 36	3 13
19	28 38	3 13
20	28 40	3 12
21	28 42	3 12
22	28 44	3 12
23	28 47	3 12
24	28 49	3 12
25	28 51	3 11
26	28 54	3 11
27	28 56	3 11
28	28 59	3 11
29	29 01	3 11
30	29 04	3 10
31	29 06	3 10

♅	FEBRUARY	
1	29♓09	3N10
2	29 11	3 10
3	29 14	3 10
4	29 17	3 09
5	29 20	3 09
6	29 22	3 09
7	29 25	3 09
8	29 28	3 09
9	29 31	3 09
10	29 34	3 08
11	29 37	3 08
12	29 40	3 08
13	29 43	3 08
14	29 46	3 08
15	29 49	3 08
16	29 52	3 07
17	29 55	3 07
18	29 58	3 07
19	0♈01	3 07
20	0 05	3 07
21	0 08	3 07
22	0 11	3 07
23	0 14	3 06
24	0 18	3 06
25	0 21	3 06
26	0 24	3 06
27	0 28	3 06
28	0 31	3 06

	MARCH	
1	0♈34	3N06
2	0 38	3 06
3	0 41	3 05
4	0 44	3 05
5	0 48	3 05
6	0 51	3 05
7	0 55	3 05
8	0 58	3 05
9	1 02	3 05
10	1 05	3 05
11	1 09	3 05
12	1 12	3 05
13	1 16	3 04
14	1 19	3 04
15	1 23	3 04
16	1 26	3 04
17	1 30	3 04
18	1 33	3 04
19	1 37	3 04
20	1 40	3 04
21	1 44	3 04
22	1 48	3 04
23	1 51	3 04
24	1 55	3 04
25	1 58	3 04
26	2 02	3 04
27	2 05	3 04
28	2 09	3 03
29	2 12	3 03
30	2 16	3 03
31	2 19	3 03

	APRIL	
1	2♈23	3N03
2	2 26	3 03
3	2 30	3 03
4	2 34	3 03
5	2 37	3 03
6	2 40	3 03
7	2 44	3 03
8	2 47	3 03
9	2 51	3 03
10	2 54	3 03
11	2 58	3 03
12	3 01	3 03
13	3 05	3 03
14	3 08	3 03
15	3 11	3 03
16	3 15	3 03
17	3 18	3 03
18	3 21	3 03
19	3 24	3 03
20	3 28	3 03
21	3 31	3 03
22	3 34	3 03
23	3 37	3 03
24	3 41	3 03
25	3 44	3 03
26	3 47	3 03
27	3 50	3 03
28	3 53	3 03
29	3 56	3 03
30	3 59	3 03

	MAY	
1	4♈02	3N03
2	4 05	3 03
3	4 08	3 03
4	4 11	3 03
5	4 14	3 03
6	4 17	3 03
7	4 20	3 03
8	4 23	3 04
9	4 25	3 04
10	4 28	3 04
11	4 31	3 04
12	4 33	3 04
13	4 36	3 04
14	4 39	3 04
15	4 41	3 04
16	4 44	3 04
17	4 46	3 04
18	4 49	3 04
19	4 51	3 04
20	4 54	3 04
21	4 56	3 04
22	4 58	3 04
23	5 01	3 04
24	5 03	3 05
25	5 05	3 05
26	5 07	3 05
27	5 09	3 05
28	5 11	3 05
29	5 13	3 05
30	5 15	3 05
31	5 17	3 05

	JUNE	
1	5♈19	3N05
2	5 21	3 05
3	5 23	3 05
4	5 25	3 05
5	5 26	3 06
6	5 28	3 06
7	5 30	3 06
8	5 31	3 06
9	5 33	3 06
10	5 34	3 06
11	5 36	3 06
12	5 37	3 06
13	5 38	3 06
14	5 40	3 06
15	5 41	3 06
16	5 42	3 07
17	5 43	3 07
18	5 44	3 07
19	5 46	3 07
20	5 47	3 07
21	5 47	3 07
22	5 48	3 07
23	5 49	3 07
24	5 50	3 07
25	5 51	3 08
26	5 51	3 08
27	5 52	3 08
28	5 53	3 08
29	5 53	3 08
30	5 54	3 08

	JULY	
1	5♈54	3N08
2	5 55	3 08
3	5 55	3 08
4	5 55	3 08
5	5 56	3 09
6	5 56	3 09
7	5 56	3 09
8	5 56	3 09
9	5 56**R**	3 09
10	5 56	3 09
11	5 56	3 09
12	5 56	3 09
13	5 56	3 09
14	5 55	3 10
15	5 55	3 10
16	5 55	3 10
17	5 54	3 10
18	5 54	3 10
19	5 53	3 10
20	5 53	3 10
21	5 52	3 10
22	5 52	3 10
23	5 51	3 10
24	5 50	3 11
25	5 49	3 11
26	5 48	3 11
27	5 48	3 11
28	5 47	3 11
29	5 46	3 11
30	5 45	3 11
31	5 44	3 11

	AUGUST	
1	5♈42**R**	3N11
2	5 41	3 11
3	5 40	3 11
4	5 39	3 11
5	5 37	3 12
6	5 36	3 12
7	5 35	3 12
8	5 33	3 12
9	5 32	3 12
10	5 30	3 12
11	5 29	3 12
12	5 27	3 12
13	5 25	3 12
14	5 23	3 12
15	5 22	3 12
16	5 20	3 12
17	5 18	3 12
18	5 16	3 12
19	5 14	3 12
20	5 12	3 12
21	5 10	3 13
22	5 08	3 13
23	5 06	3 13
24	5 04	3 13
25	5 02	3 13
26	5 00	3 13
27	4 58	3 13
28	4 56	3 13
29	4 53	3 13
30	4 51	3 13
31	4 49	3 13

	SEPTEMBER	
1	4♈46**R**	3N13
2	4 44	3 13
3	4 42	3 13
4	4 39	3 13
5	4 37	3 13
6	4 34	3 13
7	4 32	3 13
8	4 29	3 13
9	4 27	3 13
10	4 24	3 13
11	4 22	3 13
12	4 19	3 13
13	4 16	3 13
14	4 14	3 13
15	4 11	3 13
16	4 09	3 13
17	4 06	3 13
18	4 03	3 13
19	4 01	3 13
20	3 58	3 13
21	3 55	3 13
22	3 52	3 12
23	3 50	3 12
24	3 47	3 12
25	3 44	3 12
26	3 42	3 12
27	3 39	3 12
28	3 36	3 12
29	3 33	3 12
30	3 31	3 12

	OCTOBER	
1	3♈28**R**	3N12
2	3 25	3 12
3	3 23	3 12
4	3 20	3 12
5	3 17	3 12
6	3 15	3 11
7	3 12	3 11
8	3 09	3 11
9	3 07	3 11
10	3 04	3 11
11	3 01	3 11
12	2 59	3 11
13	2 56	3 11
14	2 54	3 11
15	2 51	3 10
16	2 49	3 10
17	2 46	3 10
18	2 44	3 10
19	2 41	3 10
20	2 39	3 10
21	2 36	3 10
22	2 34	3 09
23	2 32	3 09
24	2 29	3 09
25	2 27	3 09
26	2 25	3 09
27	2 22	3 09
28	2 20	3 09
29	2 18	3 08
30	2 16	3 08
31	2 14	3 08

	NOVEMBER	
1	2♈12**R**	3N08
2	2 10	3 08
3	2 08	3 07
4	2 06	3 07
5	2 04	3 07
6	2 02	3 07
7	2 00	3 07
8	1 58	3 07
9	1 57	3 06
10	1 55	3 06
11	1 53	3 06
12	1 52	3 06
13	1 50	3 06
14	1 48	3 05
15	1 47	3 05
16	1 45	3 05
17	1 44	3 05
18	1 43	3 05
19	1 41	3 04
20	1 40	3 04
21	1 39	3 04
22	1 38	3 04
23	1 37	3 04
24	1 36	3 03
25	1 35	3 03
26	1 34	3 03
27	1 33	3 03
28	1 32	3 02
29	1 31	3 02
30	1 30	3 02

	DECEMBER	
1	1♈30**R**	3N02
2	1 29	3 02
3	1 28	3 01
4	1 28	3 01
5	1 27	3 01
6	1 27	3 01
7	1 27	3 00
8	1 26	3 00
9	1 26	3 00
10	1 26	3 00
11	1 26	3 00
12	1 26	2 59
13	1 26**D**	2 59
14	1 26	2 59
15	1 26	2 59
16	1 26	2 58
17	1 26	2 58
18	1 26	2 58
19	1 26	2 58
20	1 27	2 58
21	1 27	2 57
22	1 28	2 57
23	1 28	2 57
24	1 29	2 57
25	1 29	2 56
26	1 30	2 56
27	1 31	2 56
28	1 32	2 56
29	1 32	2 55
30	1 33	2 55
31	1 34	2 55

2020

♅	JANUARY	
1	1♈35	2N55
2	1 36	2 55
3	1 37	2 54
4	1 39	2 54
5	1 40	2 54
6	1 41	2 54
7	1 42	2 54
8	1 44	2 53
9	1 45	2 53
10	1 47	2 53
11	1 48	2 53
12	1 50	2 52
13	1 51	2 52
14	1 53	2 52
15	1 55	2 52
16	1 57	2 52
17	1 58	2 51
18	2 00	2 51
19	2 02	2 51
20	2 04	2 51
21	2 06	2 51
22	2 08	2 50
23	2 10	2 50
24	2 12	2 50
25	2 14	2 50
26	2 17	2 50
27	2 19	2 49
28	2 21	2 49
29	2 24	2 49
30	2 26	2 49
31	2 28	2 49

	MARCH	
1	3♈56	2N44
2	3 59	2 44
3	4 03	2 44
4	4 06	2 44
5	4 10	2 44
6	4 13	2 44
7	4 16	2 44
8	4 20	2 43
9	4 23	2 43
10	4 27	2 43
11	4 30	2 43
12	4 33	2 43
13	4 37	2 43
14	4 40	2 43
15	4 44	2 43
16	4 47	2 43
17	4 51	2 43
18	4 54	2 43
19	4 58	2 42
20	5 01	2 42
21	5 05	2 42
22	5 09	2 42
23	5 12	2 42
24	5 16	2 42
25	5 19	2 42
26	5 23	2 42
27	5 26	2 42
28	5 30	2 42
29	5 33	2 42
30	5 37	2 42
31	5 40	2 42

	MAY	
1	7♈24	2N41
2	7 27	2 41
3	7 30	2 41
4	7 33	2 41
5	7 36	2 41
6	7 39	2 41
7	7 42	2 41
8	7 45	2 41
9	7 48	2 41
10	7 50	2 41
11	7 53	2 41
12	7 56	2 41
13	7 59	2 41
14	8 01	2 42
15	8 04	2 42
16	8 07	2 42
17	8 09	2 42
18	8 12	2 42
19	8 14	2 42
20	8 17	2 42
21	8 19	2 42
22	8 22	2 42
23	8 24	2 42
24	8 26	2 42
25	8 29	2 42
26	8 31	2 42
27	8 33	2 42
28	8 35	2 42
29	8 37	2 42
30	8 40	2 42
31	8 42	2 42

	JULY	
1	9♈23	2N45
2	9 23	2 45
3	9 24	2 45
4	9 24	2 45
5	9 24	2 45
6	9 25	2 45
7	9 25	2 45
8	9 25	2 45
9	9 26	2 45
10	9 26	2 45
11	9 26	2 46
12	9 26**R**	2 46
13	9 26	2 46
14	9 26	2 46
15	9 25	2 46
16	9 25	2 46
17	9 25	2 46
18	9 25	2 46
19	9 24	2 46
20	9 24	2 46
21	9 24	2 46
22	9 23	2 46
23	9 23	2 47
24	9 22	2 47
25	9 21	2 47
26	9 21	2 47
27	9 20	2 47
28	9 19	2 47
29	9 18	2 47
30	9 17	2 47
31	9 16	2 47

	SEPTEMBER	
1	8♈23**R**	2N48
2	8 21	2 48
3	8 18	2 48
4	8 16	2 48
5	8 14	2 48
6	8 11	2 48
7	8 09	2 48
8	8 06	2 48
9	8 04	2 48
10	8 01	2 48
11	7 59	2 48
12	7 56	2 48
13	7 54	2 48
14	7 51	2 48
15	7 49	2 48
16	7 46	2 48
17	7 43	2 48
18	7 41	2 48
19	7 38	2 48
20	7 36	2 48
21	7 33	2 48
22	7 30	2 48
23	7 27	2 48
24	7 25	2 48
25	7 22	2 48
26	7 19	2 48
27	7 17	2 48
28	7 14	2 48
29	7 11	2 48
30	7 09	2 48

	NOVEMBER	
1	5♈48**R**	2N44
2	5 46	2 44
3	5 44	2 44
4	5 42	2 44
5	5 40	2 43
6	5 38	2 43
7	5 36	2 43
8	5 34	2 43
9	5 32	2 43
10	5 30	2 43
11	5 28	2 42
12	5 27	2 42
13	5 25	2 42
14	5 23	2 42
15	5 22	2 42
16	5 20	2 41
17	5 18	2 41
18	5 17	2 41
19	5 16	2 41
20	5 14	2 41
21	5 13	2 41
22	5 11	2 40
23	5 10	2 40
24	5 09	2 40
25	5 08	2 40
26	5 07	2 40
27	5 06	2 39
28	5 05	2 39
29	5 04	2 39
30	5 03	2 39

♅	FEBRUARY	
1	2♈31	2N49
2	2 33	2 48
3	2 36	2 48
4	2 38	2 48
5	2 41	2 48
6	2 44	2 48
7	2 46	2 48
8	2 49	2 47
9	2 52	2 47
10	2 55	2 47
11	2 57	2 47
12	3 00	2 47
13	3 03	2 47
14	3 06	2 46
15	3 09	2 46
16	3 12	2 46
17	3 15	2 46
18	3 18	2 46
19	3 21	2 46
20	3 24	2 46
21	3 27	2 45
22	3 30	2 45
23	3 33	2 45
24	3 37	2 45
25	3 40	2 45
26	3 43	2 45
27	3 46	2 45
28	3 50	2 44
29	3 53	2 44

	APRIL	
1	5♈44	2N42
2	5 47	2 42
3	5 51	2 42
4	5 54	2 42
5	5 58	2 41
6	6 01	2 41
7	6 05	2 41
8	6 08	2 41
9	6 12	2 41
10	6 15	2 41
11	6 19	2 41
12	6 22	2 41
13	6 25	2 41
14	6 29	2 41
15	6 32	2 41
16	6 36	2 41
17	6 39	2 41
18	6 42	2 41
19	6 46	2 41
20	6 49	2 41
21	6 52	2 41
22	6 56	2 41
23	6 59	2 41
24	7 02	2 41
25	7 05	2 41
26	7 08	2 41
27	7 12	2 41
28	7 15	2 41
29	7 18	2 41
30	7 21	2 41

	JUNE	
1	8♈44	2N42
2	8 46	2 43
3	8 48	2 43
4	8 49	2 43
5	8 51	2 43
6	8 53	2 43
7	8 55	2 43
8	8 56	2 43
9	8 58	2 43
10	9 00	2 43
11	9 01	2 43
12	9 03	2 43
13	9 04	2 43
14	9 06	2 43
15	9 07	2 43
16	9 09	2 44
17	9 10	2 44
18	9 11	2 44
19	9 12	2 44
20	9 13	2 44
21	9 14	2 44
22	9 16	2 44
23	9 17	2 44
24	9 17	2 44
25	9 18	2 44
26	9 19	2 44
27	9 20	2 44
28	9 21	2 44
29	9 21	2 45
30	9 22	2 45

	AUGUST	
1	9♈15**R**	2N47
2	9 14	2 47
3	9 13	2 47
4	9 12	2 47
5	9 11	2 47
6	9 10	2 48
7	9 08	2 48
8	9 07	2 48
9	9 06	2 48
10	9 04	2 48
11	9 03	2 48
12	9 01	2 48
13	9 00	2 48
14	8 58	2 48
15	8 57	2 48
16	8 55	2 48
17	8 53	2 48
18	8 51	2 48
19	8 50	2 48
20	8 48	2 48
21	8 46	2 48
22	8 44	2 48
23	8 42	2 48
24	8 40	2 48
25	8 38	2 48
26	8 36	2 48
27	8 34	2 48
28	8 32	2 48
29	8 30	2 48
30	8 27	2 48
31	8 25	2 48

	OCTOBER	
1	7♈06**R**	2N48
2	7 03	2 47
3	7 00	2 47
4	6 58	2 47
5	6 55	2 47
6	6 52	2 47
7	6 50	2 47
8	6 47	2 47
9	6 44	2 47
10	6 42	2 47
11	6 39	2 47
12	6 36	2 47
13	6 34	2 46
14	6 31	2 46
15	6 29	2 46
16	6 26	2 46
17	6 23	2 46
18	6 21	2 46
19	6 18	2 46
20	6 16	2 46
21	6 13	2 46
22	6 11	2 45
23	6 09	2 45
24	6 06	2 45
25	6 04	2 45
26	6 01	2 45
27	5 59	2 45
28	5 57	2 45
29	5 55	2 44
30	5 52	2 44
31	5 50	2 44

	DECEMBER	
1	5♈02**R**	2N39
2	5 01	2 38
3	5 01	2 38
4	5 00	2 38
5	4 59	2 38
6	4 59	2 38
7	4 58	2 37
8	4 58	2 37
9	4 57	2 37
10	4 57	2 37
11	4 57	2 37
12	4 56	2 36
13	4 56	2 36
14	4 56	2 36
15	4 56	2 36
16	4 56**D**	2 35
17	4 56	2 35
18	4 56	2 35
19	4 56	2 35
20	4 56	2 35
21	4 57	2 34
22	4 57	2 34
23	4 57	2 34
24	4 58	2 34
25	4 58	2 34
26	4 59	2 33
27	4 59	2 33
28	5 00	2 33
29	5 01	2 33
30	5 01	2 33
31	5 02	2 32

♅	JANUARY	
1	5♈03	2N32
2	5 04	2 32
3	5 05	2 32
4	5 06	2 32
5	5 07	2 31
6	5 08	2 31
7	5 09	2 31
8	5 11	2 31
9	5 12	2 31
10	5 13	2 30
11	5 14	2 30
12	5 16	2 30
13	5 17	2 30
14	5 19	2 30
15	5 21	2 29
16	5 22	2 29
17	5 24	2 29
18	5 26	2 29
19	5 27	2 29
20	5 29	2 28
21	5 31	2 28
22	5 33	2 28
23	5 35	2 28
24	5 37	2 28
25	5 39	2 28
26	5 41	2 27
27	5 43	2 27
28	5 45	2 27
29	5 48	2 27
30	5 50	2 27
31	5 52	2 27

♅	FEBRUARY	
1	5♈54	2N26
2	5 57	2 26
3	5 59	2 26
4	6 02	2 26
5	6 04	2 26
6	6 07	2 26
7	6 09	2 25
8	6 12	2 25
9	6 15	2 25
10	6 17	2 25
11	6 20	2 25
12	6 23	2 25
13	6 25	2 24
14	6 28	2 24
15	6 31	2 24
16	6 34	2 24
17	6 37	2 24
18	6 40	2 24
19	6 43	2 24
20	6 46	2 23
21	6 49	2 23
22	6 52	2 23
23	6 55	2 23
24	6 58	2 23
25	7 01	2 23
26	7 04	2 23
27	7 07	2 23
28	7 11	2 22

	MARCH	
1	7♈14	2N22
2	7 17	2 22
3	7 20	2 22
4	7 24	2 22
5	7 27	2 22
6	7 30	2 22
7	7 34	2 22
8	7 37	2 22
9	7 40	2 21
10	7 44	2 21
11	7 47	2 21
12	7 50	2 21
13	7 54	2 21
14	7 57	2 21
15	8 01	2 21
16	8 04	2 21
17	8 08	2 21
18	8 11	2 21
19	8 15	2 21
20	8 18	2 20
21	8 22	2 20
22	8 25	2 20
23	8 29	2 20
24	8 32	2 20
25	8 36	2 20
26	8 39	2 20
27	8 43	2 20
28	8 46	2 20
29	8 50	2 20
30	8 53	2 20
31	8 57	2 20

	APRIL	
1	9♈00	2N20
2	9 04	2 20
3	9 07	2 19
4	9 11	2 19
5	9 14	2 19
6	9 18	2 19
7	9 21	2 19
8	9 25	2 19
9	9 28	2 19
10	9 32	2 19
11	9 35	2 19
12	9 39	2 19
13	9 42	2 19
14	9 46	2 19
15	9 49	2 19
16	9 52	2 19
17	9 56	2 19
18	9 59	2 19
19	10 03	2 19
20	10 06	2 19
21	10 09	2 19
22	10 13	2 19
23	10 16	2 19
24	10 19	2 19
25	10 23	2 19
26	10 26	2 19
27	10 29	2 19
28	10 32	2 19
29	10 35	2 19
30	10 39	2 19

	MAY	
1	10♈42	2N19
2	10 45	2 19
3	10 48	2 19
4	10 51	2 19
5	10 54	2 19
6	10 57	2 19
7	11 00	2 19
8	11 03	2 19
9	11 06	2 19
10	11 09	2 19
11	11 12	2 19
12	11 15	2 19
13	11 18	2 19
14	11 20	2 19
15	11 23	2 19
16	11 26	2 19
17	11 29	2 19
18	11 31	2 19
19	11 34	2 19
20	11 37	2 19
21	11 39	2 19
22	11 42	2 19
23	11 44	2 19
24	11 47	2 19
25	11 49	2 19
26	11 52	2 19
27	11 54	2 19
28	11 56	2 19
29	11 59	2 19
30	12 01	2 19
31	12 03	2 19

	JUNE	
1	12♈05	2N19
2	12 07	2 19
3	12 09	2 19
4	12 11	2 19
5	12 13	2 19
6	12 15	2 20
7	12 17	2 20
8	12 19	2 20
9	12 21	2 20
10	12 23	2 20
11	12 25	2 20
12	12 26	2 20
13	12 28	2 20
14	12 30	2 20
15	12 31	2 20
16	12 33	2 20
17	12 34	2 20
18	12 36	2 20
19	12 37	2 20
20	12 38	2 20
21	12 40	2 20
22	12 41	2 20
23	12 42	2 20
24	12 43	2 20
25	12 44	2 21
26	12 45	2 21
27	12 46	2 21
28	12 47	2 21
29	12 48	2 21
30	12 49	2 21

	JULY	
1	12♈50	2N21
2	12 50	2 21
3	12 51	2 21
4	12 52	2 21
5	12 52	2 21
6	12 53	2 21
7	12 53	2 21
8	12 54	2 21
9	12 54	2 21
10	12 54	2 21
11	12 55	2 21
12	12 55	2 22
13	12 55	2 22
14	12 55	2 22
15	12 55	2 22
16	12 55R	2 22
17	12 55	2 22
18	12 55	2 22
19	12 55	2 22
20	12 55	2 22
21	12 55	2 22
22	12 54	2 22
23	12 54	2 22
24	12 54	2 22
25	12 53	2 22
26	12 53	2 22
27	12 52	2 22
28	12 51	2 22
29	12 51	2 23
30	12 50	2 23
31	12 49	2 23

	AUGUST	
1	12♈48R	2N23
2	12 48	2 23
3	12 47	2 23
4	12 46	2 23
5	12 45	2 23
6	12 44	2 23
7	12 43	2 23
8	12 41	2 23
9	12 40	2 23
10	12 39	2 23
11	12 38	2 23
12	12 36	2 23
13	12 35	2 23
14	12 34	2 23
15	12 32	2 23
16	12 31	2 23
17	12 29	2 23
18	12 27	2 23
19	12 26	2 23
20	12 24	2 23
21	12 22	2 23
22	12 21	2 23
23	12 19	2 24
24	12 17	2 24
25	12 15	2 24
26	12 13	2 24
27	12 11	2 24
28	12 09	2 24
29	12 07	2 24
30	12 05	2 24
31	12 03	2 24

	SEPTEMBER	
1	12♈01R	2N24
2	11 59	2 24
3	11 57	2 24
4	11 54	2 24
5	11 52	2 24
6	11 50	2 24
7	11 47	2 24
8	11 45	2 24
9	11 43	2 24
10	11 40	2 24
11	11 38	2 24
12	11 35	2 24
13	11 33	2 24
14	11 31	2 24
15	11 28	2 23
16	11 26	2 23
17	11 23	2 23
18	11 20	2 23
19	11 18	2 23
20	11 15	2 23
21	11 13	2 23
22	11 10	2 23
23	11 07	2 23
24	11 05	2 23
25	11 02	2 23
26	10 59	2 23
27	10 57	2 23
28	10 54	2 23
29	10 51	2 23
30	10 49	2 23

	OCTOBER	
1	10♈46R	2N23
2	10 43	2 23
3	10 40	2 23
4	10 38	2 23
5	10 35	2 23
6	10 32	2 22
7	10 30	2 22
8	10 27	2 22
9	10 24	2 22
10	10 22	2 22
11	10 19	2 22
12	10 16	2 22
13	10 13	2 22
14	10 11	2 22
15	10 08	2 22
16	10 06	2 22
17	10 03	2 21
18	10 00	2 21
19	9 58	2 21
20	9 55	2 21
21	9 53	2 21
22	9 50	2 21
23	9 48	2 21
24	9 45	2 21
25	9 43	2 21
26	9 40	2 20
27	9 38	2 20
28	9 35	2 20
29	9 33	2 20
30	9 31	2 20
31	9 28	2 20

	NOVEMBER	
1	9♈26R	2N20
2	9 24	2 20
3	9 22	2 19
4	9 19	2 19
5	9 17	2 19
6	9 15	2 19
7	9 13	2 19
8	9 11	2 19
9	9 09	2 19
10	9 07	2 18
11	9 05	2 18
12	9 03	2 18
13	9 01	2 18
14	8 59	2 18
15	8 58	2 18
16	8 56	2 17
17	8 54	2 17
18	8 53	2 17
19	8 51	2 17
20	8 49	2 17
21	8 48	2 17
22	8 46	2 16
23	8 45	2 16
24	8 44	2 16
25	8 42	2 16
26	8 41	2 16
27	8 40	2 16
28	8 39	2 15
29	8 37	2 15
30	8 36	2 15

	DECEMBER	
1	8♈35R	2N15
2	8 34	2 15
3	8 33	2 15
4	8 32	2 14
5	8 32	2 14
6	8 31	2 14
7	8 30	2 14
8	8 29	2 14
9	8 29	2 13
10	8 28	2 13
11	8 28	2 13
12	8 27	2 13
13	8 27	2 13
14	8 27	2 12
15	8 26	2 12
16	8 26	2 12
17	8 26	2 12
18	8 26	2 12
19	8 26	2 12
20	8 26D	2 11
21	8 26	2 11
22	8 26	2 11
23	8 26	2 11
24	8 26	2 11
25	8 26	2 10
26	8 27	2 10
27	8 27	2 10
28	8 28	2 10
29	8 28	2 10
30	8 29	2 10
31	8 29	2 09

2022

♅	JANUARY	
1	8♈30	2N09
2	8 31	2 09
3	8 31	2 09
4	8 32	2 09
5	8 33	2 08
6	8 34	2 08
7	8 35	2 08
8	8 36	2 08
9	8 37	2 08
10	8 38	2 08
11	8 39	2 07
12	8 41	2 07
13	8 42	2 07
14	8 43	2 07
15	8 45	2 07
16	8 46	2 06
17	8 48	2 06
18	8 49	2 06
19	8 51	2 06
20	8 52	2 06
21	8 54	2 06
22	8 56	2 05
23	8 57	2 05
24	8 59	2 05
25	9 01	2 05
26	9 03	2 05
27	9 05	2 05
28	9 07	2 04
29	9 09	2 04
30	9 11	2 04
31	9 13	2 04

	MARCH	
1	10♈32	2N00
2	10 35	2 00
3	10 38	2 00
4	10 41	2 00
5	10 44	1 59
6	10 48	1 59
7	10 51	1 59
8	10 54	1 59
9	10 57	1 59
10	11 01	1 59
11	11 04	1 59
12	11 07	1 59
13	11 11	1 59
14	11 14	1 59
15	11 18	1 58
16	11 21	1 58
17	11 24	1 58
18	11 28	1 58
19	11 31	1 58
20	11 35	1 58
21	11 38	1 58
22	11 42	1 58
23	11 45	1 58
24	11 49	1 58
25	11 52	1 58
26	11 56	1 57
27	11 59	1 57
28	12 03	1 57
29	12 06	1 57
30	12 10	1 57
31	12 13	1 57

	MAY	
1	14♈00	1N56
2	14 03	1 56
3	14 06	1 56
4	14 09	1 56
5	14 12	1 56
6	14 15	1 56
7	14 19	1 56
8	14 22	1 56
9	14 25	1 56
10	14 28	1 56
11	14 31	1 56
12	14 34	1 56
13	14 37	1 56
14	14 40	1 56
15	14 42	1 56
16	14 45	1 56
17	14 48	1 56
18	14 51	1 56
19	14 54	1 56
20	14 56	1 56
21	14 59	1 56
22	15 02	1 56
23	15 04	1 56
24	15 07	1 56
25	15 10	1 56
26	15 12	1 56
27	15 15	1 56
28	15 17	1 56
29	15 20	1 56
30	15 22	1 56
31	15 24	1 56

	JULY	
1	16♈17	1N57
2	16 17	1 57
3	16 18	1 57
4	16 19	1 57
5	16 20	1 57
6	16 21	1 57
7	16 21	1 57
8	16 22	1 57
9	16 23	1 57
10	16 23	1 57
11	16 24	1 57
12	16 24	1 57
13	16 24	1 57
14	16 25	1 57
15	16 25	1 57
16	16 25	1 57
17	16 25	1 57
18	16 25	1 57
19	16 25	1 57
20	16 26	1 57
21	16 25**R**	1 57
22	16 25	1 57
23	16 25	1 58
24	16 25	1 58
25	16 25	1 58
26	16 24	1 58
27	16 24	1 58
28	16 24	1 58
29	16 23	1 58
30	16 23	1 58
31	16 22	1 58

	SEPTEMBER	
1	15♈39**R**	1N58
2	15 37	1 58
3	15 35	1 58
4	15 33	1 58
5	15 31	1 58
6	15 29	1 58
7	15 26	1 58
8	15 24	1 58
9	15 22	1 58
10	15 20	1 58
11	15 17	1 58
12	15 15	1 58
13	15 13	1 58
14	15 10	1 58
15	15 08	1 58
16	15 05	1 58
17	15 03	1 58
18	15 00	1 58
19	14 58	1 58
20	14 55	1 58
21	14 53	1 58
22	14 50	1 58
23	14 48	1 58
24	14 45	1 58
25	14 42	1 58
26	14 40	1 58
27	14 37	1 58
28	14 34	1 58
29	14 32	1 58
30	14 29	1 58

	NOVEMBER	
1	13♈05**R**	1N55
2	13 02	1 55
3	13 00	1 54
4	12 58	1 54
5	12 56	1 54
6	12 53	1 54
7	12 51	1 54
8	12 49	1 54
9	12 47	1 54
10	12 45	1 54
11	12 42	1 53
12	12 40	1 53
13	12 38	1 53
14	12 36	1 53
15	12 35	1 53
16	12 33	1 53
17	12 31	1 53
18	12 29	1 52
19	12 27	1 52
20	12 25	1 52
21	12 24	1 52
22	12 22	1 52
23	12 20	1 52
24	12 19	1 52
25	12 17	1 51
26	12 16	1 51
27	12 15	1 51
28	12 13	1 51
29	12 12	1 51
30	12 11	1 51

♅	FEBRUARY	
1	9♈16	2N04
2	9 18	2 04
3	9 20	2 03
4	9 22	2 03
5	9 25	2 03
6	9 27	2 03
7	9 30	2 03
8	9 32	2 03
9	9 35	2 03
10	9 37	2 02
11	9 40	2 02
12	9 42	2 02
13	9 45	2 02
14	9 48	2 02
15	9 50	2 02
16	9 53	2 02
17	9 56	2 01
18	9 59	2 01
19	10 02	2 01
20	10 04	2 01
21	10 07	2 01
22	10 10	2 01
23	10 13	2 01
24	10 16	2 01
25	10 19	2 00
26	10 22	2 00
27	10 25	2 00
28	10 29	2 00

	APRIL	
1	12♈17	1N57
2	12 20	1 57
3	12 24	1 57
4	12 27	1 57
5	12 31	1 57
6	12 34	1 57
7	12 38	1 57
8	12 41	1 57
9	12 45	1 57
10	12 48	1 57
11	12 52	1 56
12	12 55	1 56
13	12 59	1 56
14	13 02	1 56
15	13 06	1 56
16	13 09	1 56
17	13 13	1 56
18	13 16	1 56
19	13 20	1 56
20	13 23	1 56
21	13 26	1 56
22	13 30	1 56
23	13 33	1 56
24	13 37	1 56
25	13 40	1 56
26	13 43	1 56
27	13 47	1 56
28	13 50	1 56
29	13 53	1 56
30	13 56	1 56

	JUNE	
1	15♈27	1N56
2	15 29	1 56
3	15 31	1 56
4	15 33	1 56
5	15 36	1 56
6	15 38	1 56
7	15 40	1 56
8	15 42	1 56
9	15 44	1 56
10	15 46	1 56
11	15 48	1 56
12	15 50	1 56
13	15 51	1 56
14	15 53	1 56
15	15 55	1 56
16	15 57	1 56
17	15 58	1 56
18	16 00	1 56
19	16 02	1 56
20	16 03	1 56
21	16 04	1 56
22	16 06	1 56
23	16 07	1 56
24	16 09	1 56
25	16 10	1 56
26	16 11	1 57
27	16 12	1 57
28	16 13	1 57
29	16 14	1 57
30	16 16	1 57

	AUGUST	
1	16♈22**R**	1N58
2	16 21	1 58
3	16 20	1 58
4	16 19	1 58
5	16 19	1 58
6	16 18	1 58
7	16 17	1 58
8	16 16	1 58
9	16 15	1 58
10	16 14	1 58
11	16 13	1 58
12	16 12	1 58
13	16 10	1 58
14	16 09	1 58
15	16 08	1 58
16	16 06	1 58
17	16 05	1 58
18	16 04	1 58
19	16 02	1 58
20	16 01	1 58
21	15 59	1 58
22	15 57	1 58
23	15 56	1 58
24	15 54	1 58
25	15 52	1 58
26	15 51	1 58
27	15 49	1 58
28	15 47	1 58
29	15 45	1 58
30	15 43	1 58
31	15 41	1 58

	OCTOBER	
1	14♈26**R**	1N57
2	14 24	1 57
3	14 21	1 57
4	14 18	1 57
5	14 15	1 57
6	14 13	1 57
7	14 10	1 57
8	14 07	1 57
9	14 05	1 57
10	14 02	1 57
11	13 59	1 57
12	13 56	1 57
13	13 54	1 57
14	13 51	1 57
15	13 48	1 56
16	13 46	1 56
17	13 43	1 56
18	13 40	1 56
19	13 38	1 56
20	13 35	1 56
21	13 32	1 56
22	13 30	1 56
23	13 27	1 56
24	13 25	1 56
25	13 22	1 55
26	13 20	1 55
27	13 17	1 55
28	13 15	1 55
29	13 12	1 55
30	13 10	1 55
31	13 07	1 55

	DECEMBER	
1	12♈09**R**	1N50
2	12 08	1 50
3	12 07	1 50
4	12 06	1 50
5	12 05	1 50
6	12 04	1 50
7	12 03	1 50
8	12 02	1 49
9	12 01	1 49
10	12 01	1 49
11	12 00	1 49
12	11 59	1 49
13	11 59	1 49
14	11 58	1 48
15	11 58	1 48
16	11 57	1 48
17	11 57	1 48
18	11 56	1 48
19	11 56	1 48
20	11 56	1 47
21	11 56	1 47
22	11 56	1 47
23	11 56**D**	1 47
24	11 56	1 47
25	11 56	1 47
26	11 56	1 46
27	11 56	1 46
28	11 56	1 46
29	11 56	1 46
30	11 57	1 46
31	11 57	1 46

2023

♅	JANUARY		
1	11♈	58	1N45
2	11	58	1 45
3	11	59	1 45
4	11	59	1 45
5	12	00	1 45
6	12	01	1 45
7	12	01	1 44
8	12	02	1 44
9	12	03	1 44
10	12	04	1 44
11	12	05	1 44
12	12	06	1 44
13	12	07	1 43
14	12	08	1 43
15	12	10	1 43
16	12	11	1 43
17	12	12	1 43
18	12	14	1 43
19	12	15	1 43
20	12	16	1 42
21	12	18	1 42
22	12	19	1 42
23	12	21	1 42
24	12	23	1 42
25	12	24	1 42
26	12	26	1 41
27	12	28	1 41
28	12	30	1 41
29	12	32	1 41
30	12	34	1 41
31	12	36	1 41

	MARCH		
1	13♈	50	1N37
2	13	53	1 37
3	13	56	1 37
4	14	00	1 37
5	14	03	1 36
6	14	06	1 36
7	14	09	1 36
8	14	12	1 36
9	14	15	1 36
10	14	19	1 36
11	14	22	1 36
12	14	25	1 36
13	14	29	1 36
14	14	32	1 36
15	14	35	1 35
16	14	39	1 35
17	14	42	1 35
18	14	45	1 35
19	14	49	1 35
20	14	52	1 35
21	14	56	1 35
22	14	59	1 35
23	15	03	1 35
24	15	06	1 35
25	15	09	1 35
26	15	13	1 35
27	15	16	1 34
28	15	20	1 34
29	15	23	1 34
30	15	27	1 34
31	15	30	1 34

	MAY		
1	17♈	18	1N32
2	17	21	1 32
3	17	25	1 32
4	17	28	1 32
5	17	31	1 32
6	17	34	1 32
7	17	38	1 32
8	17	41	1 32
9	17	44	1 32
10	17	47	1 32
11	17	50	1 32
12	17	53	1 32
13	17	56	1 32
14	17	59	1 32
15	18	02	1 32
16	18	05	1 32
17	18	08	1 32
18	18	11	1 32
19	18	14	1 32
20	18	17	1 32
21	18	20	1 32
22	18	23	1 32
23	18	25	1 32
24	18	28	1 32
25	18	31	1 32
26	18	34	1 32
27	18	36	1 32
28	18	39	1 32
29	18	41	1 32
30	18	44	1 32
31	18	46	1 32

	JULY		
1	19♈	44	1N32
2	19	45	1 32
3	19	46	1 32
4	19	47	1 32
5	19	48	1 32
6	19	49	1 32
7	19	50	1 32
8	19	51	1 32
9	19	52	1 32
10	19	52	1 32
11	19	53	1 32
12	19	54	1 32
13	19	54	1 32
14	19	55	1 32
15	19	55	1 32
16	19	56	1 32
17	19	56	1 32
18	19	56	1 32
19	19	57	1 32
20	19	57	1 32
21	19	57	1 32
22	19	57	1 32
23	19	57	1 32
24	19	57R	1 32
25	19	57	1 32
26	19	57	1 32
27	19	57	1 33
28	19	57	1 33
29	19	57	1 33
30	19	56	1 33
31	19	56	1 33

	SEPTEMBER		
1	19♈	18R	1N33
2	19	17	1 33
3	19	15	1 33
4	19	13	1 33
5	19	11	1 33
6	19	09	1 32
7	19	06	1 32
8	19	04	1 32
9	19	02	1 32
10	19	00	1 32
11	18	58	1 32
12	18	56	1 32
13	18	53	1 32
14	18	51	1 32
15	18	49	1 32
16	18	46	1 32
17	18	44	1 32
18	18	41	1 32
19	18	39	1 32
20	18	36	1 32
21	18	34	1 32
22	18	31	1 32
23	18	29	1 32
24	18	26	1 32
25	18	24	1 32
26	18	21	1 32
27	18	19	1 32
28	18	16	1 32
29	18	13	1 32
30	18	11	1 32

	NOVEMBER		
1	16♈	45R	1N29
2	16	43	1 29
3	16	40	1 29
4	16	38	1 29
5	16	36	1 29
6	16	33	1 28
7	16	31	1 28
8	16	28	1 28
9	16	26	1 28
10	16	24	1 28
11	16	22	1 28
12	16	20	1 28
13	16	17	1 28
14	16	15	1 28
15	16	13	1 27
16	16	11	1 27
17	16	09	1 27
18	16	07	1 27
19	16	05	1 27
20	16	03	1 27
21	16	01	1 27
22	16	00	1 27
23	15	58	1 26
24	15	56	1 26
25	15	54	1 26
26	15	53	1 26
27	15	51	1 26
28	15	50	1 26
29	15	48	1 26
30	15	47	1 26

♅	FEBRUARY		
1	12♈	38	1N41
2	12	40	1 40
3	12	42	1 40
4	12	44	1 40
5	12	46	1 40
6	12	48	1 40
7	12	51	1 40
8	12	53	1 40
9	12	55	1 39
10	12	58	1 39
11	13	00	1 39
12	13	03	1 39
13	13	05	1 39
14	13	08	1 39
15	13	10	1 39
16	13	13	1 38
17	13	16	1 38
18	13	18	1 38
19	13	21	1 38
20	13	24	1 38
21	13	27	1 38
22	13	30	1 38
23	13	32	1 38
24	13	35	1 38
25	13	38	1 37
26	13	41	1 37
27	13	44	1 37
28	13	47	1 37

	APRIL		
1	15♈	34	1N34
2	15	38	1 34
3	15	41	1 34
4	15	45	1 34
5	15	48	1 34
6	15	52	1 34
7	15	55	1 34
8	15	59	1 34
9	16	02	1 34
10	16	06	1 33
11	16	09	1 33
12	16	13	1 33
13	16	16	1 33
14	16	20	1 33
15	16	23	1 33
16	16	27	1 33
17	16	30	1 33
18	16	34	1 33
19	16	37	1 33
20	16	41	1 33
21	16	44	1 33
22	16	48	1 33
23	16	51	1 33
24	16	55	1 33
25	16	58	1 33
26	17	01	1 33
27	17	05	1 33
28	17	08	1 33
29	17	11	1 33
30	17	15	1 33

	JUNE		
1	18♈	49	1N32
2	18	51	1 32
3	18	54	1 32
4	18	56	1 32
5	18	58	1 32
6	19	01	1 32
7	19	03	1 32
8	19	05	1 32
9	19	07	1 32
10	19	10	1 32
11	19	12	1 32
12	19	14	1 32
13	19	16	1 32
14	19	18	1 32
15	19	20	1 32
16	19	21	1 32
17	19	23	1 32
18	19	25	1 32
19	19	27	1 32
20	19	28	1 32
21	19	30	1 32
22	19	32	1 32
23	19	33	1 32
24	19	35	1 32
25	19	36	1 32
26	19	38	1 32
27	19	39	1 32
28	19	40	1 32
29	19	42	1 32
30	19	43	1 32

	AUGUST		
1	19♈	55R	1N33
2	19	55	1 33
3	19	54	1 33
4	19	54	1 33
5	19	53	1 33
6	19	53	1 33
7	19	52	1 33
8	19	51	1 33
9	19	50	1 33
10	19	49	1 33
11	19	49	1 33
12	19	48	1 33
13	19	47	1 33
14	19	45	1 33
15	19	44	1 33
16	19	43	1 33
17	19	42	1 33
18	19	41	1 33
19	19	39	1 33
20	19	38	1 33
21	19	37	1 33
22	19	35	1 33
23	19	34	1 33
24	19	32	1 33
25	19	31	1 33
26	19	29	1 33
27	19	27	1 33
28	19	26	1 33
29	19	24	1 33
30	19	22	1 33
31	19	20	1 33

	OCTOBER		
1	18♈	08R	1N32
2	18	05	1 31
3	18	03	1 31
4	18	00	1 31
5	17	57	1 31
6	17	55	1 31
7	17	52	1 31
8	17	49	1 31
9	17	46	1 31
10	17	44	1 31
11	17	41	1 31
12	17	38	1 31
13	17	36	1 31
14	17	33	1 31
15	17	30	1 31
16	17	27	1 31
17	17	25	1 30
18	17	22	1 30
19	17	19	1 30
20	17	17	1 30
21	17	14	1 30
22	17	11	1 30
23	17	09	1 30
24	17	06	1 30
25	17	03	1 30
26	17	01	1 30
27	16	58	1 30
28	16	55	1 29
29	16	53	1 29
30	16	50	1 29
31	16	48	1 29

	DECEMBER		
1	15♈	45R	1N25
2	15	44	1 25
3	15	43	1 25
4	15	41	1 25
5	15	40	1 25
6	15	39	1 25
7	15	38	1 25
8	15	37	1 24
9	15	36	1 24
10	15	35	1 24
11	15	34	1 24
12	15	33	1 24
13	15	32	1 24
14	15	31	1 24
15	15	31	1 23
16	15	30	1 23
17	15	29	1 23
18	15	29	1 23
19	15	28	1 23
20	15	28	1 23
21	15	28	1 23
22	15	27	1 22
23	15	27	1 22
24	15	27	1 22
25	15	27	1 22
26	15	27	1 22
27	15	27D	1 22
28	15	27	1 22
29	15	27	1 21
30	15	27	1 21
31	15	27	1 21

2024

⚷	JANUARY		MARCH		MAY		JULY		SEPTEMBER		NOVEMBER	
1	15♈27	1N21	17♈14	1N13	20♈41	1N09	23♈15	1N07	22♈58**R**	1N06	20♈26**R**	1N03
2	15 28	1 21	17 17	1 13	20 45	1 09	23 16	1 07	22 56	1 06	20 23	1 02
3	15 28	1 21	17 20	1 13	20 48	1 09	23 17	1 07	22 54	1 06	20 21	1 02
4	15 28	1 21	17 23	1 13	20 51	1 09	23 18	1 07	22 52	1 06	20 18	1 02
5	15 29	1 20	17 26	1 13	20 55	1 08	23 19	1 07	22 50	1 06	20 16	1 02
6	15 29	1 20	17 29	1 13	20 58	1 08	23 21	1 07	22 49	1 06	20 13	1 02
7	15 30	1 20	17 32	1 13	21 01	1 08	23 22	1 07	22 47	1 06	20 11	1 02
8	15 30	1 20	17 35	1 13	21 05	1 08	23 23	1 07	22 45	1 06	20 08	1 02
9	15 31	1 20	17 38	1 12	21 08	1 08	23 23	1 07	22 42	1 06	20 06	1 02
10	15 32	1 20	17 42	1 12	21 11	1 08	23 24	1 07	22 40	1 06	20 04	1 02
11	15 33	1 20	17 45	1 12	21 14	1 08	23 25	1 07	22 38	1 06	20 01	1 02
12	15 34	1 19	17 48	1 12	21 17	1 08	23 26	1 07	22 36	1 06	19 59	1 01
13	15 34	1 19	17 51	1 12	21 21	1 08	23 27	1 07	22 34	1 06	19 57	1 01
14	15 35	1 19	17 55	1 12	21 24	1 08	23 27	1 07	22 32	1 06	19 55	1 01
15	15 36	1 19	17 58	1 12	21 27	1 08	23 28	1 07	22 29	1 06	19 52	1 01
16	15 38	1 19	18 01	1 12	21 30	1 08	23 29	1 07	22 27	1 06	19 50	1 01
17	15 39	1 19	18 05	1 12	21 33	1 08	23 29	1 07	22 25	1 06	19 48	1 01
18	15 40	1 19	18 08	1 12	21 36	1 08	23 30	1 07	22 22	1 06	19 46	1 01
19	15 41	1 18	18 11	1 11	21 39	1 08	23 30	1 07	22 20	1 06	19 44	1 01
20	15 42	1 18	18 15	1 11	21 42	1 08	23 30	1 07	22 18	1 06	19 42	1 01
21	15 44	1 18	18 18	1 11	21 45	1 08	23 31	1 07	22 15	1 06	19 40	1 01
22	15 45	1 18	18 22	1 11	21 48	1 08	23 31	1 07	22 13	1 05	19 38	1 00
23	15 46	1 18	18 25	1 11	21 51	1 08	23 31	1 07	22 10	1 05	19 36	1 00
24	15 48	1 18	18 28	1 11	21 54	1 08	23 31	1 07	22 08	1 05	19 34	1 00
25	15 49	1 18	18 32	1 11	21 56	1 08	23 31	1 07	22 05	1 05	19 32	1 00
26	15 51	1 17	18 35	1 11	21 59	1 08	23 32	1 07	22 03	1 05	19 31	1 00
27	15 53	1 17	18 39	1 11	22 02	1 08	23 32**R**	1 07	22 00	1 05	19 29	1 00
28	15 54	1 17	18 42	1 11	22 05	1 08	23 32	1 07	21 57	1 05	19 27	1 00
29	15 56	1 17	18 46	1 11	22 07	1 08	23 31	1 07	21 55	1 05	19 25	1 00
30	15 58	1 17	18 49	1 11	22 10	1 08	23 31	1 07	21 52	1 05	19 24	1 00
31	16 00	1 17	18 53	1 11	22 13	1 08	23 31	1 07				

⚷	FEBRUARY		APRIL		JUNE		AUGUST		OCTOBER		DECEMBER	
1	16♈01	1N17	18♈56	1N10	22♈15	1N08	23♈31**R**	1N07	21♈50**R**	1N05	19♈22**R**	0N59
2	16 03	1 17	19 00	1 10	22 18	1 08	23 30	1 07	21 47	1 05	19 21	0 59
3	16 05	1 16	19 03	1 10	22 20	1 08	23 30	1 07	21 44	1 05	19 19	0 59
4	16 07	1 16	19 07	1 10	22 23	1 08	23 30	1 07	21 41	1 05	19 18	0 59
5	16 09	1 16	19 10	1 10	22 25	1 08	23 29	1 07	21 39	1 05	19 17	0 59
6	16 12	1 16	19 14	1 10	22 28	1 08	23 29	1 07	21 36	1 05	19 15	0 59
7	16 14	1 16	19 18	1 10	22 30	1 07	23 28	1 07	21 33	1 05	19 14	0 59
8	16 16	1 16	19 21	1 10	22 32	1 07	23 28	1 07	21 31	1 05	19 13	0 59
9	16 18	1 16	19 25	1 10	22 35	1 07	23 27	1 07	21 28	1 04	19 12	0 58
10	16 20	1 16	19 28	1 10	22 37	1 07	23 26	1 07	21 25	1 04	19 11	0 58
11	16 23	1 15	19 32	1 10	22 39	1 07	23 25	1 07	21 22	1 04	19 09	0 58
12	16 25	1 15	19 35	1 10	22 41	1 07	23 25	1 07	21 20	1 04	19 08	0 58
13	16 27	1 15	19 39	1 10	22 44	1 07	23 24	1 07	21 17	1 04	19 07	0 58
14	16 30	1 15	19 42	1 10	22 46	1 07	23 23	1 07	21 14	1 04	19 07	0 58
15	16 32	1 15	19 46	1 10	22 48	1 07	23 22	1 07	21 11	1 04	19 06	0 58
16	16 35	1 15	19 49	1 09	22 50	1 07	23 21	1 07	21 09	1 04	19 05	0 58
17	16 37	1 15	19 53	1 09	22 52	1 07	23 20	1 07	21 06	1 04	19 04	0 57
18	16 40	1 15	19 57	1 09	22 54	1 07	23 19	1 07	21 03	1 04	19 04	0 57
19	16 43	1 14	20 00	1 09	22 55	1 07	23 17	1 07	21 00	1 04	19 03	0 57
20	16 45	1 14	20 04	1 09	22 57	1 07	23 16	1 07	20 58	1 04	19 02	0 57
21	16 48	1 14	20 07	1 09	22 59	1 07	23 15	1 07	20 55	1 04	19 02	0 57
22	16 51	1 14	20 11	1 09	23 01	1 07	23 14	1 07	20 52	1 03	19 01	0 57
23	16 53	1 14	20 14	1 09	23 03	1 07	23 12	1 07	20 50	1 03	19 01	0 57
24	16 56	1 14	20 17	1 09	23 04	1 07	23 11	1 06	20 47	1 03	19 01	0 57
25	16 59	1 14	20 21	1 09	23 06	1 07	23 09	1 06	20 44	1 03	19 00	0 56
26	17 02	1 14	20 24	1 09	23 07	1 07	23 08	1 06	20 42	1 03	19 00	0 56
27	17 05	1 14	20 28	1 09	23 09	1 07	23 06	1 06	20 39	1 03	19 00	0 56
28	17 08	1 13	20 31	1 09	23 10	1 07	23 05	1 06	20 36	1 03	19 00	0 56
29	17 11	1 13	20 35	1 09	23 12	1 07	23 03	1 06	20 34	1 03	19 00	0 56
30			20 38	1 09	23 13	1 07	23 01	1 06	20 31	1 03	19 00**D**	0 56
31							23 00	1 06	20 28	1 03	19 00	0 56

♅	JANUARY	
1	19♈00	0N56
2	19 00	0 56
3	19 00	0 55
4	19 00	0 55
5	19 01	0 55
6	19 01	0 55
7	19 01	0 55
8	19 02	0 55
9	19 02	0 55
10	19 03	0 55
11	19 04	0 54
12	19 04	0 54
13	19 05	0 54
14	19 06	0 54
15	19 07	0 54
16	19 08	0 54
17	19 09	0 54
18	19 10	0 54
19	19 11	0 53
20	19 12	0 53
21	19 13	0 53
22	19 14	0 53
23	19 16	0 53
24	19 17	0 53
25	19 18	0 53
26	19 20	0 53
27	19 21	0 53
28	19 23	0 52
29	19 25	0 52
30	19 26	0 52
31	19 28	0 52

	MARCH	
1	20♈36	0N49
2	20 39	0 49
3	20 42	0 49
4	20 45	0 49
5	20 48	0 49
6	20 51	0 49
7	20 54	0 48
8	20 57	0 48
9	21 00	0 48
10	21 03	0 48
11	21 07	0 48
12	21 10	0 48
13	21 13	0 48
14	21 16	0 48
15	21 19	0 48
16	21 23	0 48
17	21 26	0 48
18	21 29	0 47
19	21 33	0 47
20	21 36	0 47
21	21 39	0 47
22	21 43	0 47
23	21 46	0 47
24	21 50	0 47
25	21 53	0 47
26	21 57	0 47
27	22 00	0 47
28	22 03	0 47
29	22 07	0 47
30	22 10	0 46
31	22 14	0 46

	MAY	
1	24♈04	0N44
2	24 07	0 44
3	24 11	0 44
4	24 14	0 44
5	24 18	0 44
6	24 21	0 44
7	24 24	0 44
8	24 28	0 44
9	24 31	0 44
10	24 34	0 44
11	24 38	0 44
12	24 41	0 44
13	24 44	0 44
14	24 47	0 44
15	24 51	0 44
16	24 54	0 44
17	24 57	0 44
18	25 00	0 43
19	25 03	0 43
20	25 06	0 43
21	25 09	0 43
22	25 13	0 43
23	25 16	0 43
24	25 19	0 43
25	25 21	0 43
26	25 24	0 43
27	25 27	0 43
28	25 30	0 43
29	25 33	0 43
30	25 36	0 43
31	25 39	0 43

	JULY	
1	26♈46	0N42
2	26 48	0 42
3	26 49	0 42
4	26 51	0 42
5	26 52	0 42
6	26 53	0 42
7	26 55	0 42
8	26 56	0 42
9	26 57	0 41
10	26 58	0 41
11	26 59	0 41
12	27 00	0 41
13	27 01	0 41
14	27 02	0 41
15	27 03	0 41
16	27 04	0 41
17	27 04	0 41
18	27 05	0 41
19	27 06	0 41
20	27 06	0 41
21	27 07	0 41
22	27 07	0 41
23	27 08	0 41
24	27 08	0 41
25	27 08	0 41
26	27 09	0 41
27	27 09	0 41
28	27 09	0 41
29	27 09	0 41
30	27 09	0 41
31	27 09**R**	0 41

	SEPTEMBER	
1	26♈42**R**	0N39
2	26 41	0 39
3	26 39	0 39
4	26 37	0 39
5	26 35	0 39
6	26 34	0 39
7	26 32	0 39
8	26 30	0 39
9	26 28	0 39
10	26 26	0 39
11	26 24	0 39
12	26 22	0 39
13	26 20	0 39
14	26 18	0 39
15	26 16	0 39
16	26 13	0 39
17	26 11	0 39
18	26 09	0 39
19	26 07	0 39
20	26 04	0 38
21	26 02	0 38
22	26 00	0 38
23	25 57	0 38
24	25 55	0 38
25	25 52	0 38
26	25 50	0 38
27	25 47	0 38
28	25 45	0 38
29	25 42	0 38
30	25 40	0 38

	NOVEMBER	
1	24♈12**R**	0N35
2	24 10	0 35
3	24 07	0 35
4	24 05	0 35
5	24 02	0 35
6	23 59	0 35
7	23 57	0 35
8	23 54	0 35
9	23 52	0 35
10	23 49	0 35
11	23 47	0 35
12	23 44	0 35
13	23 42	0 34
14	23 40	0 34
15	23 37	0 34
16	23 35	0 34
17	23 33	0 34
18	23 30	0 34
19	23 28	0 34
20	23 26	0 34
21	23 24	0 34
22	23 22	0 34
23	23 20	0 34
24	23 18	0 33
25	23 16	0 33
26	23 14	0 33
27	23 12	0 33
28	23 10	0 33
29	23 08	0 33
30	23 06	0 33

♅	FEBRUARY	
1	19♈30	0N52
2	19 31	0 52
3	19 33	0 52
4	19 35	0 52
5	19 37	0 51
6	19 39	0 51
7	19 41	0 51
8	19 43	0 51
9	19 45	0 51
10	19 48	0 51
11	19 50	0 51
12	19 52	0 51
13	19 54	0 51
14	19 57	0 51
15	19 59	0 50
16	20 01	0 50
17	20 04	0 50
18	20 06	0 50
19	20 09	0 50
20	20 11	0 50
21	20 14	0 50
22	20 17	0 50
23	20 19	0 50
24	20 22	0 49
25	20 25	0 49
26	20 28	0 49
27	20 30	0 49
28	20 33	0 49

	APRIL	
1	22♈17	0N46
2	22 21	0 46
3	22 25	0 46
4	22 28	0 46
5	22 32	0 46
6	22 35	0 46
7	22 39	0 46
8	22 42	0 46
9	22 46	0 46
10	22 49	0 46
11	22 53	0 46
12	22 57	0 46
13	23 00	0 45
14	23 04	0 45
15	23 07	0 45
16	23 11	0 45
17	23 14	0 45
18	23 18	0 45
19	23 22	0 45
20	23 25	0 45
21	23 29	0 45
22	23 32	0 45
23	23 36	0 45
24	23 39	0 45
25	23 43	0 45
26	23 46	0 45
27	23 50	0 45
28	23 53	0 45
29	23 57	0 44
30	24 00	0 44

	JUNE	
1	25♈41	0N43
2	25 44	0 43
3	25 47	0 43
4	25 49	0 43
5	25 52	0 43
6	25 55	0 43
7	25 57	0 43
8	26 00	0 43
9	26 02	0 43
10	26 05	0 42
11	26 07	0 42
12	26 09	0 42
13	26 12	0 42
14	26 14	0 42
15	26 16	0 42
16	26 18	0 42
17	26 21	0 42
18	26 23	0 42
19	26 25	0 42
20	26 27	0 42
21	26 29	0 42
22	26 31	0 42
23	26 33	0 42
24	26 35	0 42
25	26 36	0 42
26	26 38	0 42
27	26 40	0 42
28	26 42	0 42
29	26 43	0 42
30	26 45	0 42

	AUGUST	
1	27♈09**R**	0N41
2	27 09	0 41
3	27 09	0 41
4	27 09	0 41
5	27 09	0 41
6	27 08	0 41
7	27 08	0 40
8	27 07	0 40
9	27 07	0 40
10	27 06	0 40
11	27 06	0 40
12	27 05	0 40
13	27 05	0 40
14	27 04	0 40
15	27 03	0 40
16	27 02	0 40
17	27 01	0 40
18	27 00	0 40
19	26 59	0 40
20	26 58	0 40
21	26 57	0 40
22	26 56	0 40
23	26 55	0 40
24	26 54	0 40
25	26 53	0 40
26	26 51	0 40
27	26 50	0 40
28	26 48	0 40
29	26 47	0 40
30	26 45	0 40
31	26 44	0 40

	OCTOBER	
1	25♈37**R**	0N38
2	25 34	0 38
3	25 32	0 38
4	25 29	0 38
5	25 26	0 38
6	25 24	0 37
7	25 21	0 37
8	25 18	0 37
9	25 16	0 37
10	25 13	0 37
11	25 10	0 37
12	25 07	0 37
13	25 05	0 37
14	25 02	0 37
15	24 59	0 37
16	24 56	0 37
17	24 54	0 37
18	24 51	0 37
19	24 48	0 37
20	24 45	0 36
21	24 42	0 36
22	24 40	0 36
23	24 37	0 36
24	24 34	0 36
25	24 31	0 36
26	24 29	0 36
27	24 26	0 36
28	24 23	0 36
29	24 20	0 36
30	24 18	0 36
31	24 15	0 36

	DECEMBER	
1	23♈05**R**	0N33
2	23 03	0 33
3	23 01	0 33
4	23 00	0 32
5	22 58	0 32
6	22 57	0 32
7	22 55	0 32
8	22 54	0 32
9	22 52	0 32
10	22 51	0 32
11	22 50	0 32
12	22 49	0 32
13	22 47	0 32
14	22 46	0 31
15	22 45	0 31
16	22 44	0 31
17	22 43	0 31
18	22 42	0 31
19	22 41	0 31
20	22 41	0 31
21	22 40	0 31
22	22 39	0 31
23	22 39	0 31
24	22 38	0 30
25	22 38	0 30
26	22 37	0 30
27	22 37	0 30
28	22 36	0 30
29	22 36	0 30
30	22 36	0 30
31	22 36	0 30

2026

⚷	JANUARY		
1	22♈	36R	0N30
2	22	35	0 30
3	22	35D	0 29
4	22	35	0 29
5	22	36	0 29
6	22	36	0 29
7	22	36	0 29
8	22	36	0 29
9	22	37	0 29
10	22	37	0 29
11	22	37	0 29
12	22	38	0 29
13	22	38	0 28
14	22	39	0 28
15	22	40	0 28
16	22	40	0 28
17	22	41	0 28
18	22	42	0 28
19	22	43	0 28
20	22	44	0 28
21	22	45	0 28
22	22	46	0 28
23	22	47	0 27
24	22	48	0 27
25	22	49	0 27
26	22	51	0 27
27	22	52	0 27
28	22	53	0 27
29	22	55	0 27
30	22	56	0 27
31	22	58	0 27

⚷	FEBRUARY		
1	22♈	59	0N27
2	23	01	0 26
3	23	03	0 26
4	23	04	0 26
5	23	06	0 26
6	23	08	0 26
7	23	10	0 26
8	23	12	0 26
9	23	14	0 26
10	23	16	0 26
11	23	18	0 26
12	23	20	0 26
13	23	22	0 25
14	23	24	0 25
15	23	27	0 25
16	23	29	0 25
17	23	31	0 25
18	23	34	0 25
19	23	36	0 25
20	23	38	0 25
21	23	41	0 25
22	23	43	0 25
23	23	46	0 25
24	23	49	0 24
25	23	51	0 24
26	23	54	0 24
27	23	57	0 24
28	23	59	0 24

	MARCH		
1	24♈	02	0N24
2	24	05	0 24
3	24	08	0 24
4	24	11	0 24
5	24	14	0 24
6	24	17	0 24
7	24	20	0 24
8	24	23	0 23
9	24	26	0 23
10	24	29	0 23
11	24	32	0 23
12	24	35	0 23
13	24	38	0 23
14	24	41	0 23
15	24	44	0 23
16	24	48	0 23
17	24	51	0 23
18	24	54	0 23
19	24	57	0 23
20	25	01	0 23
21	25	04	0 22
22	25	07	0 22
23	25	11	0 22
24	25	14	0 22
25	25	18	0 22
26	25	21	0 22
27	25	24	0 22
28	25	28	0 22
29	25	31	0 22
30	25	35	0 22
31	25	38	0 22

	APRIL		
1	25♈	42	0N22
2	25	45	0 22
3	25	49	0 21
4	25	52	0 21
5	25	56	0 21
6	26	00	0 21
7	26	03	0 21
8	26	07	0 21
9	26	10	0 21
10	26	14	0 21
11	26	18	0 21
12	26	21	0 21
13	26	25	0 21
14	26	28	0 21
15	26	32	0 21
16	26	36	0 21
17	26	39	0 20
18	26	43	0 20
19	26	46	0 20
20	26	50	0 20
21	26	54	0 20
22	26	57	0 20
23	27	01	0 20
24	27	04	0 20
25	27	08	0 20
26	27	12	0 20
27	27	15	0 20
28	27	19	0 20
29	27	22	0 20
30	27	26	0 20

	MAY		
1	27♈	29	0N20
2	27	33	0 19
3	27	36	0 19
4	27	40	0 19
5	27	43	0 19
6	27	47	0 19
7	27	50	0 19
8	27	54	0 19
9	27	57	0 19
10	28	01	0 19
11	28	04	0 19
12	28	08	0 19
13	28	11	0 19
14	28	14	0 19
15	28	18	0 19
16	28	21	0 19
17	28	24	0 19
18	28	28	0 18
19	28	31	0 18
20	28	34	0 18
21	28	37	0 18
22	28	40	0 18
23	28	44	0 18
24	28	47	0 18
25	28	50	0 18
26	28	53	0 18
27	28	56	0 18
28	28	59	0 18
29	29	02	0 18
30	29	05	0 18
31	29	08	0 18

	JUNE		
1	29♈	11	0N18
2	29	14	0 18
3	29	17	0 17
4	29	19	0 17
5	29	22	0 17
6	29	25	0 17
7	29	28	0 17
8	29	30	0 17
9	29	33	0 17
10	29	36	0 17
11	29	38	0 17
12	29	41	0 17
13	29	43	0 17
14	29	46	0 17
15	29	48	0 17
16	29	51	0 17
17	29	53	0 17
18	29	55	0 17
19	29	58	0 17
20	0♉	00	0 16
21	0	02	0 16
22	0	04	0 16
23	0	06	0 16
24	0	08	0 16
25	0	10	0 16
26	0	12	0 16
27	0	14	0 16
28	0	16	0 16
29	0	18	0 16
30	0	20	0 16

	JULY		
1	0♉	21	0N16
2	0	23	0 16
3	0	25	0 16
4	0	26	0 16
5	0	28	0 16
6	0	30	0 16
7	0	31	0 16
8	0	32	0 15
9	0	34	0 15
10	0	35	0 15
11	0	36	0 15
12	0	38	0 15
13	0	39	0 15
14	0	40	0 15
15	0	41	0 15
16	0	42	0 15
17	0	43	0 15
18	0	44	0 15
19	0	45	0 15
20	0	46	0 15
21	0	46	0 15
22	0	47	0 15
23	0	48	0 15
24	0	48	0 15
25	0	49	0 14
26	0	49	0 14
27	0	50	0 14
28	0	50	0 14
29	0	51	0 14
30	0	51	0 14
31	0	51	0 14

	AUGUST		
1	0♉	51	0N14
2	0	51	0 14
3	0	51	0 14
4	0	52	0 14
5	0	51R	0 14
6	0	51	0 14
7	0	51	0 14
8	0	51	0 14
9	0	51	0 14
10	0	51	0 13
11	0	50	0 13
12	0	50	0 13
13	0	49	0 13
14	0	49	0 13
15	0	48	0 13
16	0	48	0 13
17	0	47	0 13
18	0	46	0 13
19	0	45	0 13
20	0	45	0 13
21	0	44	0 13
22	0	43	0 13
23	0	42	0 13
24	0	41	0 13
25	0	40	0 13
26	0	38	0 12
27	0	37	0 12
28	0	36	0 12
29	0	35	0 12
30	0	33	0 12
31	0	32	0 12

	SEPTEMBER		
1	0♉	31R	0N12
2	0	29	0 12
3	0	28	0 12
4	0	26	0 12
5	0	24	0 12
6	0	23	0 12
7	0	21	0 12
8	0	19	0 12
9	0	18	0 12
10	0	16	0 11
11	0	14	0 11
12	0	12	0 11
13	0	10	0 11
14	0	08	0 11
15	0	06	0 11
16	0	04	0 11
17	0	02	0 11
18	0	00	0 11
19	29♈	57	0 11
20	29	55	0 11
21	29	53	0 11
22	29	51	0 11
23	29	48	0 11
24	29	46	0 10
25	29	44	0 10
26	29	41	0 10
27	29	39	0 10
28	29	36	0 10
29	29	34	0 10
30	29	31	0 10

	OCTOBER		
1	29♈	29R	0N10
2	29	26	0 10
3	29	24	0 10
4	29	21	0 10
5	29	19	0 10
6	29	16	0 10
7	29	13	0 10
8	29	11	0 09
9	29	08	0 09
10	29	05	0 09
11	29	02	0 09
12	29	00	0 09
13	28	57	0 09
14	28	54	0 09
15	28	51	0 09
16	28	49	0 09
17	28	46	0 09
18	28	43	0 09
19	28	40	0 09
20	28	37	0 09
21	28	35	0 08
22	28	32	0 08
23	28	29	0 08
24	28	26	0 08
25	28	23	0 08
26	28	21	0 08
27	28	18	0 08
28	28	15	0 08
29	28	12	0 08
30	28	09	0 08
31	28	07	0 08

	NOVEMBER		
1	28♈	04R	0N08
2	28	01	0 08
3	27	59	0 07
4	27	56	0 07
5	27	53	0 07
6	27	50	0 07
7	27	48	0 07
8	27	45	0 07
9	27	42	0 07
10	27	40	0 07
11	27	37	0 07
12	27	35	0 07
13	27	32	0 07
14	27	30	0 07
15	27	27	0 06
16	27	25	0 06
17	27	22	0 06
18	27	20	0 06
19	27	18	0 06
20	27	15	0 06
21	27	13	0 06
22	27	11	0 06
23	27	08	0 06
24	27	06	0 06
25	27	04	0 06
26	27	02	0 06
27	27	00	0 06
28	26	58	0 05
29	26	56	0 05
30	26	54	0 05

	DECEMBER		
1	26♈	52R	0N05
2	26	50	0 05
3	26	48	0 05
4	26	46	0 05
5	26	45	0 05
6	26	43	0 05
7	26	41	0 05
8	26	40	0 05
9	26	38	0 05
10	26	36	0 04
11	26	35	0 04
12	26	34	0 04
13	26	32	0 04
14	26	31	0 04
15	26	30	0 04
16	26	28	0 04
17	26	27	0 04
18	26	26	0 04
19	26	25	0 04
20	26	24	0 04
21	26	23	0 04
22	26	22	0 04
23	26	21	0 03
24	26	21	0 03
25	26	20	0 03
26	26	19	0 03
27	26	19	0 03
28	26	18	0 03
29	26	17	0 03
30	26	17	0 03
31	26	17	0 03

⚷	JANUARY	MARCH	MAY	JULY	SEPTEMBER	NOVEMBER
1	26♈16R 0N03	27♈33 0S01	0♉59 0S05	4♉01 0S10	4♉24R 0S15	2♉02R 0S20
2	26 16 0 03	27 35 0 01	1 03 0 05	4 03 0 10	4 23 0 15	1 59 0 20
3	26 16 0 03	27 38 0 01	1 06 0 05	4 05 0 10	4 22 0 15	1 56 0 20
4	26 16 0 02	27 41 0 01	1 10 0 05	4 07 0 10	4 20 0 15	1 53 0 20
5	26 15 0 02	27 44 0 01	1 14 0 05	4 09 0 10	4 19 0 15	1 50 0 20
6	26 15D 0 02	27 47 0 01	1 17 0 05	4 10 0 10	4 17 0 15	1 48 0 21
7	26 15 0 02	27 49 0 01	1 21 0 05	4 12 0 10	4 16 0 15	1 45 0 21
8	26 15 0 02	27 52 0 01	1 24 0 05	4 14 0 10	4 14 0 16	1 42 0 21
9	26 16 0 02	27 55 0 01	1 28 0 05	4 15 0 10	4 13 0 16	1 39 0 21
10	26 16 0 02	27 58 0 01	1 32 0 06	4 17 0 10	4 11 0 16	1 37 0 21
11	26 16 0 02	28 01 0 01	1 35 0 06	4 18 0 10	4 09 0 16	1 34 0 21
12	26 16 0 02	28 04 0 01	1 39 0 06	4 20 0 10	4 07 0 16	1 31 0 21
13	26 17 0 02	28 07 0 01	1 42 0 06	4 21 0 11	4 06 0 16	1 29 0 21
14	26 17 0 02	28 11 0 02	1 46 0 06	4 23 0 11	4 04 0 16	1 26 0 21
15	26 17 0 02	28 14 0 02	1 49 0 06	4 24 0 11	4 02 0 16	1 23 0 21
16	26 18 0 02	28 17 0 02	1 52 0 06	4 25 0 11	4 00 0 16	1 21 0 21
17	26 19 0 02	28 20 0 02	1 56 0 06	4 26 0 11	3 58 0 16	1 18 0 21
18	26 19 0 01	28 23 0 02	1 59 0 06	4 27 0 11	3 56 0 16	1 16 0 21
19	26 20 0 01	28 26 0 02	2 03 0 06	4 29 0 11	3 54 0 17	1 13 0 21
20	26 21 0 01	28 30 0 02	2 06 0 06	4 30 0 11	3 52 0 17	1 11 0 22
21	26 21 0 01	28 33 0 02	2 09 0 06	4 31 0 11	3 50 0 17	1 08 0 22
22	26 22 0 01	28 36 0 02	2 13 0 06	4 32 0 11	3 48 0 17	1 06 0 22
23	26 23 0 01	28 40 0 02	2 16 0 07	4 32 0 11	3 45 0 17	1 03 0 22
24	26 24 0 01	28 43 0 02	2 19 0 07	4 33 0 11	3 43 0 17	1 01 0 22
25	26 25 0 01	28 46 0 02	2 23 0 07	4 34 0 12	3 41 0 17	0 59 0 22
26	26 26 0 01	28 50 0 02	2 26 0 07	4 35 0 12	3 39 0 17	0 56 0 22
27	26 27 0 01	28 53 0 02	2 29 0 07	4 36 0 12	3 36 0 17	0 54 0 22
28	26 29 0 01	28 57 0 03	2 32 0 07	4 36 0 12	3 34 0 17	0 52 0 22
29	26 30 0 01	29 00 0 03	2 35 0 07	4 37 0 12	3 31 0 17	0 50 0 22
30	26 31 0 01	29 04 0 03	2 38 0 07	4 37 0 12	3 29 0 17	0 48 0 22
31	26 32 0 00	29 07 0 03	2 42 0 07	4 38 0 12		

⚷	FEBRUARY	APRIL	JUNE	AUGUST	OCTOBER	DECEMBER
1	26♈34 0N00	29♈11 0S03	2♉45 0S07	4♉38 0S12	3♉27R 0S18	0♉45R 0S22
2	26 35 0 00	29 14 0 03	2 48 0 07	4 39 0 12	3 24 0 18	0 43 0 22
3	26 37 0 00	29 18 0 03	2 51 0 07	4 39 0 12	3 22 0 18	0 41 0 22
4	26 38 0 00	29 21 0 03	2 54 0 07	4 39 0 12	3 19 0 18	0 39 0 22
5	26 40 0 00	29 25 0 03	2 57 0 07	4 39 0 12	3 16 0 18	0 37 0 23
6	26 42 0 00	29 28 0 03	3 00 0 08	4 39 0 13	3 14 0 18	0 35 0 23
7	26 43 0 00	29 32 0 03	3 02 0 08	4 40 0 13	3 11 0 18	0 34 0 23
8	26 45 0 00	29 35 0 03	3 05 0 08	4 40R 0 13	3 09 0 18	0 32 0 23
9	26 47 0 00	29 39 0 03	3 08 0 08	4 40 0 13	3 06 0 18	0 30 0 23
10	26 49 0 00	29 43 0 03	3 11 0 08	4 39 0 13	3 03 0 18	0 28 0 23
11	26 51 0 00	29 46 0 04	3 14 0 08	4 39 0 13	3 01 0 18	0 27 0 23
12	26 53 0 00	29 50 0 04	3 16 0 08	4 39 0 13	2 58 0 19	0 25 0 23
13	26 55 0 00	29 54 0 04	3 19 0 08	4 39 0 13	2 55 0 19	0 23 0 23
14	26 57 0S00	29 57 0 04	3 22 0 08	4 39 0 13	2 52 0 19	0 22 0 23
15	26 59 0 00	0♉01 0 04	3 24 0 08	4 38 0 13	2 50 0 19	0 20 0 23
16	27 01 0 00	0 05 0 04	3 27 0 08	4 38 0 13	2 47 0 19	0 19 0 23
17	27 03 0 00	0 08 0 04	3 30 0 08	4 37 0 14	2 44 0 19	0 18 0 23
18	27 05 0 00	0 12 0 04	3 32 0 08	4 37 0 14	2 41 0 19	0 16 0 23
19	27 08 0 00	0 15 0 04	3 35 0 09	4 36 0 14	2 38 0 19	0 15 0 23
20	27 10 0 00	0 19 0 04	3 37 0 09	4 36 0 14	2 36 0 19	0 14 0 23
21	27 12 0 00	0 23 0 04	3 39 0 09	4 35 0 14	2 33 0 19	0 13 0 23
22	27 15 0 00	0 26 0 04	3 42 0 09	4 34 0 14	2 30 0 19	0 11 0 24
23	27 17 0 00	0 30 0 04	3 44 0 09	4 34 0 14	2 27 0 19	0 10 0 24
24	27 20 0 00	0 34 0 04	3 46 0 09	4 33 0 14	2 24 0 20	0 09 0 24
25	27 22 0 00	0 37 0 04	3 49 0 09	4 32 0 14	2 22 0 20	0 08 0 24
26	27 25 0 00	0 41 0 05	3 51 0 09	4 31 0 14	2 19 0 20	0 07 0 24
27	27 27 0 00	0 45 0 05	3 53 0 09	4 30 0 14	2 16 0 20	0 07 0 24
28	27 30 0 01	0 48 0 05	3 55 0 09	4 29 0 15	2 13 0 20	0 06 0 24
29		0 52 0 05	3 57 0 09	4 28 0 15	2 10 0 20	0 05 0 24
30		0 56 0 05	3 59 0 09	4 27 0 15	2 07 0 20	0 04 0 24
31				4 26 0 15	2 04 0 20	0 04 0 24

2028

♅	JANUARY	
1	0♉03R	0S24
2	0 03	0 24
3	0 02	0 24
4	0 02	0 24
5	0 01	0 24
6	0 01	0 24
7	0 01	0 24
8	0 01	0 24
9	0 01	0 25
10	0 01D	0 25
11	0 01	0 25
12	0 01	0 25
13	0 01	0 25
14	0 01	0 25
15	0 01	0 25
16	0 02	0 25
17	0 02	0 25
18	0 02	0 25
19	0 03	0 25
20	0 03	0 25
21	0 04	0 25
22	0 05	0 25
23	0 05	0 25
24	0 06	0 25
25	0 07	0 25
26	0 08	0 25
27	0 09	0 25
28	0 10	0 26
29	0 11	0 26
30	0 12	0 26
31	0 13	0 26

	MARCH	
1	1♉11	0S27
2	1 14	0 27
3	1 17	0 27
4	1 19	0 27
5	1 22	0 27
6	1 25	0 27
7	1 28	0 28
8	1 31	0 28
9	1 33	0 28
10	1 36	0 28
11	1 39	0 28
12	1 42	0 28
13	1 45	0 28
14	1 48	0 28
15	1 52	0 28
16	1 55	0 28
17	1 58	0 28
18	2 01	0 28
19	2 04	0 28
20	2 08	0 28
21	2 11	0 28
22	2 14	0 28
23	2 17	0 28
24	2 21	0 29
25	2 24	0 29
26	2 27	0 29
27	2 31	0 29
28	2 34	0 29
29	2 38	0 29
30	2 41	0 29
31	2 45	0 29

	MAY	
1	4♉38	0S31
2	4 42	0 31
3	4 46	0 31
4	4 49	0 31
5	4 53	0 31
6	4 57	0 31
7	5 00	0 32
8	5 04	0 32
9	5 08	0 32
10	5 11	0 32
11	5 15	0 32
12	5 18	0 32
13	5 22	0 32
14	5 26	0 32
15	5 29	0 32
16	5 33	0 32
17	5 36	0 32
18	5 40	0 32
19	5 43	0 32
20	5 47	0 33
21	5 50	0 33
22	5 54	0 33
23	5 57	0 33
24	6 01	0 33
25	6 04	0 33
26	6 07	0 33
27	6 11	0 33
28	6 14	0 33
29	6 17	0 33
30	6 21	0 33
31	6 24	0 34

	JULY	
1	7♉49	0S37
2	7 51	0 37
3	7 53	0 37
4	7 55	0 37
5	7 57	0 37
6	7 59	0 37
7	8 01	0 37
8	8 02	0 37
9	8 04	0 37
10	8 06	0 38
11	8 08	0 38
12	8 09	0 38
13	8 11	0 38
14	8 13	0 38
15	8 14	0 38
16	8 15	0 38
17	8 17	0 38
18	8 18	0 38
19	8 20	0 39
20	8 21	0 39
21	8 22	0 39
22	8 23	0 39
23	8 24	0 39
24	8 25	0 39
25	8 26	0 39
26	8 27	0 39
27	8 28	0 39
28	8 29	0 40
29	8 30	0 40
30	8 30	0 40
31	8 31	0 40

	SEPTEMBER	
1	8♉23R	0S44
2	8 22	0 44
3	8 21	0 44
4	8 20	0 44
5	8 19	0 44
6	8 17	0 44
7	8 16	0 44
8	8 14	0 44
9	8 13	0 45
10	8 11	0 45
11	8 10	0 45
12	8 08	0 45
13	8 07	0 45
14	8 05	0 45
15	8 03	0 45
16	8 01	0 45
17	7 59	0 45
18	7 57	0 46
19	7 56	0 46
20	7 54	0 46
21	7 51	0 46
22	7 49	0 46
23	7 47	0 46
24	7 45	0 46
25	7 43	0 46
26	7 41	0 46
27	7 38	0 47
28	7 36	0 47
29	7 34	0 47
30	7 32	0 47

	NOVEMBER	
1	6♉04R	0S50
2	6 01	0 50
3	5 58	0 50
4	5 56	0 50
5	5 53	0 50
6	5 50	0 50
7	5 47	0 50
8	5 44	0 50
9	5 41	0 50
10	5 39	0 51
11	5 36	0 51
12	5 33	0 51
13	5 30	0 51
14	5 27	0 51
15	5 25	0 51
16	5 22	0 51
17	5 19	0 51
18	5 17	0 51
19	5 14	0 51
20	5 11	0 51
21	5 09	0 51
22	5 06	0 51
23	5 04	0 51
24	5 01	0 51
25	4 59	0 51
26	4 56	0 52
27	4 54	0 52
28	4 52	0 52
29	4 49	0 52
30	4 47	0 52

♅	FEBRUARY	
1	0♉14	0S26
2	0 15	0 26
3	0 17	0 26
4	0 18	0 26
5	0 20	0 26
6	0 21	0 26
7	0 23	0 26
8	0 24	0 26
9	0 26	0 26
10	0 28	0 26
11	0 29	0 26
12	0 31	0 26
13	0 33	0 26
14	0 35	0 26
15	0 37	0 26
16	0 39	0 26
17	0 41	0 27
18	0 43	0 27
19	0 45	0 27
20	0 47	0 27
21	0 49	0 27
22	0 52	0 27
23	0 54	0 27
24	0 56	0 27
25	0 59	0 27
26	1 01	0 27
27	1 04	0 27
28	1 06	0 27
29	1 09	0 27

	APRIL	
1	2♉48	0S29
2	2 52	0 29
3	2 55	0 29
4	2 59	0 29
5	3 02	0 29
6	3 06	0 29
7	3 10	0 29
8	3 13	0 29
9	3 17	0 30
10	3 21	0 30
11	3 24	0 30
12	3 28	0 30
13	3 31	0 30
14	3 35	0 30
15	3 39	0 30
16	3 43	0 30
17	3 46	0 30
18	3 50	0 30
19	3 54	0 30
20	3 57	0 30
21	4 01	0 30
22	4 05	0 30
23	4 08	0 30
24	4 12	0 31
25	4 16	0 31
26	4 20	0 31
27	4 23	0 31
28	4 27	0 31
29	4 31	0 31
30	4 35	0 31

	JUNE	
1	6♉27	0S34
2	6 30	0 34
3	6 33	0 34
4	6 37	0 34
5	6 40	0 34
6	6 43	0 34
7	6 46	0 34
8	6 49	0 34
9	6 52	0 34
10	6 55	0 34
11	6 58	0 35
12	7 01	0 35
13	7 03	0 35
14	7 06	0 35
15	7 09	0 35
16	7 12	0 35
17	7 15	0 35
18	7 17	0 35
19	7 20	0 35
20	7 23	0 35
21	7 25	0 36
22	7 28	0 36
23	7 30	0 36
24	7 33	0 36
25	7 35	0 36
26	7 37	0 36
27	7 40	0 36
28	7 42	0 36
29	7 44	0 36
30	7 46	0 36

	AUGUST	
1	8♉32	0S40
2	8 32	0 40
3	8 33	0 40
4	8 33	0 40
5	8 34	0 40
6	8 34	0 41
7	8 34	0 41
8	8 34	0 41
9	8 35	0 41
10	8 35	0 41
11	8 35	0 41
12	8 35R	0 41
13	8 35	0 41
14	8 35	0 42
15	8 35	0 42
16	8 34	0 42
17	8 34	0 42
18	8 34	0 42
19	8 33	0 42
20	8 33	0 42
21	8 32	0 42
22	8 32	0 42
23	8 31	0 43
24	8 31	0 43
25	8 30	0 43
26	8 29	0 43
27	8 28	0 43
28	8 27	0 43
29	8 27	0 43
30	8 26	0 43
31	8 25	0 44

	OCTOBER	
1	7♉29R	0S47
2	7 27	0 47
3	7 24	0 47
4	7 22	0 47
5	7 19	0 47
6	7 17	0 47
7	7 14	0 48
8	7 11	0 48
9	7 09	0 48
10	7 06	0 48
11	7 04	0 48
12	7 01	0 48
13	6 58	0 48
14	6 55	0 48
15	6 53	0 48
16	6 50	0 48
17	6 47	0 49
18	6 44	0 49
19	6 41	0 49
20	6 39	0 49
21	6 36	0 49
22	6 33	0 49
23	6 30	0 49
24	6 27	0 49
25	6 24	0 49
26	6 21	0 49
27	6 19	0 49
28	6 16	0 50
29	6 13	0 50
30	6 10	0 50
31	6 07	0 50

	DECEMBER	
1	4♉45R	0S52
2	4 42	0 52
3	4 40	0 52
4	4 38	0 52
5	4 36	0 52
6	4 34	0 52
7	4 32	0 52
8	4 30	0 52
9	4 28	0 52
10	4 26	0 52
11	4 24	0 52
12	4 22	0 52
13	4 21	0 52
14	4 19	0 52
15	4 17	0 52
16	4 16	0 52
17	4 14	0 52
18	4 13	0 53
19	4 11	0 53
20	4 10	0 53
21	4 08	0 53
22	4 07	0 53
23	4 06	0 53
24	4 05	0 53
25	4 03	0 53
26	4 02	0 53
27	4 01	0 53
28	4 00	0 53
29	3 59	0 53
30	3 59	0 53
31	3 58	0 53

2029

♅	JANUARY	
1	3♉57R	0S53
2	3 56	0 53
3	3 56	0 53
4	3 55	0 53
5	3 55	0 53
6	3 54	0 53
7	3 54	0 53
8	3 53	0 53
9	3 53	0 53
10	3 53	0 53
11	3 53	0 53
12	3 53	0 53
13	3 53D	0 53
14	3 53	0 53
15	3 53	0 53
16	3 53	0 53
17	3 53	0 53
18	3 53	0 53
19	3 54	0 54
20	3 54	0 54
21	3 54	0 54
22	3 55	0 54
23	3 55	0 54
24	3 56	0 54
25	3 57	0 54
26	3 57	0 54
27	3 58	0 54
28	3 59	0 54
29	4 00	0 54
30	4 01	0 54
31	4 02	0 54

	MARCH	
1	4♉54	0S55
2	4 57	0 55
3	4 59	0 55
4	5 02	0 55
5	5 05	0 55
6	5 07	0 55
7	5 10	0 55
8	5 13	0 55
9	5 16	0 55
10	5 18	0 55
11	5 21	0 55
12	5 24	0 55
13	5 27	0 55
14	5 30	0 55
15	5 33	0 55
16	5 36	0 55
17	5 39	0 55
18	5 43	0 55
19	5 46	0 55
20	5 49	0 55
21	5 52	0 55
22	5 55	0 55
23	5 59	0 55
24	6 02	0 56
25	6 05	0 56
26	6 09	0 56
27	6 12	0 56
28	6 15	0 56
29	6 19	0 56
30	6 22	0 56
31	6 26	0 56

	MAY	
1	8♉20	0S58
2	8 24	0 58
3	8 28	0 58
4	8 32	0 58
5	8 35	0 58
6	8 39	0 58
7	8 43	0 58
8	8 47	0 58
9	8 50	0 58
10	8 54	0 59
11	8 58	0 59
12	9 02	0 59
13	9 05	0 59
14	9 09	0 59
15	9 13	0 59
16	9 16	0 59
17	9 20	0 59
18	9 24	0 59
19	9 27	0 59
20	9 31	0 59
21	9 35	1 00
22	9 38	1 00
23	9 42	1 00
24	9 45	1 00
25	9 49	1 00
26	9 53	1 00
27	9 56	1 00
28	10 00	1 00
29	10 03	1 00
30	10 06	1 00
31	10 10	1 00

	JULY	
1	11♉41	1S04
2	11 44	1 04
3	11 46	1 04
4	11 48	1 04
5	11 50	1 05
6	11 53	1 05
7	11 55	1 05
8	11 57	1 05
9	11 59	1 05
10	12 01	1 05
11	12 03	1 05
12	12 05	1 05
13	12 07	1 06
14	12 08	1 06
15	12 10	1 06
16	12 12	1 06
17	12 14	1 06
18	12 15	1 06
19	12 17	1 06
20	12 18	1 07
21	12 20	1 07
22	12 21	1 07
23	12 23	1 07
24	12 24	1 07
25	12 25	1 07
26	12 26	1 07
27	12 27	1 08
28	12 29	1 08
29	12 30	1 08
30	12 31	1 08
31	12 32	1 08

	SEPTEMBER	
1	12♉32R	1S13
2	12 31	1 13
3	12 30	1 13
4	12 29	1 13
5	12 28	1 13
6	12 27	1 14
7	12 26	1 14
8	12 25	1 14
9	12 23	1 14
10	12 22	1 14
11	12 21	1 14
12	12 19	1 14
13	12 18	1 15
14	12 16	1 15
15	12 15	1 15
16	12 13	1 15
17	12 11	1 15
18	12 10	1 15
19	12 08	1 15
20	12 06	1 16
21	12 04	1 16
22	12 02	1 16
23	12 00	1 16
24	11 58	1 16
25	11 56	1 16
26	11 54	1 16
27	11 52	1 17
28	11 50	1 17
29	11 48	1 17
30	11 45	1 17

	NOVEMBER	
1	10♉19R	1S20
2	10 16	1 20
3	10 13	1 21
4	10 10	1 21
5	10 07	1 21
6	10 04	1 21
7	10 01	1 21
8	9 59	1 21
9	9 56	1 21
10	9 53	1 21
11	9 50	1 21
12	9 47	1 21
13	9 44	1 21
14	9 41	1 21
15	9 38	1 21
16	9 35	1 22
17	9 33	1 22
18	9 30	1 22
19	9 27	1 22
20	9 24	1 22
21	9 22	1 22
22	9 19	1 22
23	9 16	1 22
24	9 14	1 22
25	9 11	1 22
26	9 08	1 22
27	9 06	1 22
28	9 03	1 22
29	9 01	1 22
30	8 58	1 22

♅	FEBRUARY	
1	4♉03	0S54
2	4 04	0 54
3	4 05	0 54
4	4 07	0 54
5	4 08	0 54
6	4 09	0 54
7	4 11	0 54
8	4 12	0 54
9	4 14	0 54
10	4 15	0 54
11	4 17	0 54
12	4 18	0 54
13	4 20	0 54
14	4 22	0 54
15	4 24	0 54
16	4 26	0 54
17	4 27	0 54
18	4 29	0 54
19	4 31	0 54
20	4 34	0 54
21	4 36	0 54
22	4 38	0 54
23	4 40	0 54
24	4 42	0 54
25	4 45	0 54
26	4 47	0 55
27	4 49	0 55
28	4 52	0 55

	APRIL	
1	6♉29	0S56
2	6 33	0 56
3	6 36	0 56
4	6 40	0 56
5	6 43	0 56
6	6 47	0 56
7	6 51	0 56
8	6 54	0 56
9	6 58	0 56
10	7 01	0 56
11	7 05	0 56
12	7 09	0 57
13	7 12	0 57
14	7 16	0 57
15	7 20	0 57
16	7 24	0 57
17	7 27	0 57
18	7 31	0 57
19	7 35	0 57
20	7 39	0 57
21	7 42	0 57
22	7 46	0 57
23	7 50	0 57
24	7 54	0 57
25	7 58	0 57
26	8 01	0 57
27	8 05	0 58
28	8 09	0 58
29	8 13	0 58
30	8 16	0 58

	JUNE	
1	10♉13	1S01
2	10 17	1 01
3	10 20	1 01
4	10 23	1 01
5	10 27	1 01
6	10 30	1 01
7	10 33	1 01
8	10 36	1 01
9	10 40	1 01
10	10 43	1 02
11	10 46	1 02
12	10 49	1 02
13	10 52	1 02
14	10 55	1 02
15	10 58	1 02
16	11 01	1 02
17	11 04	1 02
18	11 07	1 02
19	11 10	1 03
20	11 13	1 03
21	11 15	1 03
22	11 18	1 03
23	11 21	1 03
24	11 24	1 03
25	11 26	1 03
26	11 29	1 03
27	11 31	1 04
28	11 34	1 04
29	11 36	1 04
30	11 39	1 04

	AUGUST	
1	12♉32	1S08
2	12 33	1 08
3	12 34	1 09
4	12 35	1 09
5	12 35	1 09
6	12 36	1 09
7	12 37	1 09
8	12 37	1 09
9	12 38	1 09
10	12 38	1 10
11	12 38	1 10
12	12 39	1 10
13	12 39	1 10
14	12 39	1 10
15	12 39	1 10
16	12 39R	1 11
17	12 39	1 11
18	12 39	1 11
19	12 39	1 11
20	12 39	1 11
21	12 38	1 11
22	12 38	1 11
23	12 38	1 12
24	12 37	1 12
25	12 37	1 12
26	12 36	1 12
27	12 36	1 12
28	12 35	1 12
29	12 34	1 12
30	12 34	1 13
31	12 33	1 13

	OCTOBER	
1	11♉43R	1S17
2	11 41	1 17
3	11 38	1 17
4	11 36	1 17
5	11 34	1 18
6	11 31	1 18
7	11 29	1 18
8	11 26	1 18
9	11 24	1 18
10	11 21	1 18
11	11 18	1 18
12	11 16	1 18
13	11 13	1 18
14	11 10	1 19
15	11 08	1 19
16	11 05	1 19
17	11 02	1 19
18	10 59	1 19
19	10 57	1 19
20	10 54	1 19
21	10 51	1 19
22	10 48	1 19
23	10 45	1 20
24	10 42	1 20
25	10 39	1 20
26	10 37	1 20
27	10 34	1 20
28	10 31	1 20
29	10 28	1 20
30	10 25	1 20
31	10 22	1 20

	DECEMBER	
1	8♉56R	1S22
2	8 53	1 22
3	8 51	1 22
4	8 49	1 22
5	8 46	1 22
6	8 44	1 22
7	8 42	1 22
8	8 40	1 23
9	8 37	1 23
10	8 35	1 23
11	8 33	1 23
12	8 31	1 23
13	8 29	1 23
14	8 27	1 23
15	8 25	1 23
16	8 24	1 23
17	8 22	1 23
18	8 20	1 23
19	8 18	1 23
20	8 17	1 23
21	8 15	1 23
22	8 14	1 23
23	8 12	1 23
24	8 11	1 23
25	8 09	1 23
26	8 08	1 23
27	8 07	1 23
28	8 05	1 23
29	8 04	1 23
30	8 03	1 23
31	8 02	1 23

2030

♅	JANUARY	
1	8♉01R	1S23
2	8 00	1 23
3	7 59	1 23
4	7 58	1 23
5	7 58	1 23
6	7 57	1 23
7	7 56	1 23
8	7 56	1 23
9	7 55	1 23
10	7 55	1 23
11	7 54	1 23
12	7 54	1 23
13	7 54	1 23
14	7 53	1 23
15	7 53	1 23
16	7 53	1 23
17	7 53D	1 23
18	7 53	1 23
19	7 53	1 23
20	7 53	1 23
21	7 53	1 23
22	7 54	1 23
23	7 54	1 23
24	7 54	1 23
25	7 55	1 23
26	7 55	1 23
27	7 56	1 23
28	7 56	1 23
29	7 57	1 23
30	7 58	1 23
31	7 59	1 23

	MARCH	
1	8♉46	1S23
2	8 48	1 23
3	8 51	1 23
4	8 53	1 23
5	8 56	1 23
6	8 58	1 23
7	9 01	1 23
8	9 04	1 23
9	9 06	1 23
10	9 09	1 23
11	9 12	1 23
12	9 15	1 23
13	9 18	1 23
14	9 20	1 23
15	9 23	1 23
16	9 26	1 23
17	9 29	1 23
18	9 32	1 23
19	9 36	1 23
20	9 39	1 23
21	9 42	1 23
22	9 45	1 23
23	9 48	1 23
24	9 51	1 23
25	9 55	1 23
26	9 58	1 23
27	10 01	1 23
28	10 05	1 24
29	10 08	1 24
30	10 12	1 24
31	10 15	1 24

	MAY	
1	12♉11	1S25
2	12 14	1 25
3	12 18	1 25
4	12 22	1 26
5	12 26	1 26
6	12 30	1 26
7	12 34	1 26
8	12 38	1 26
9	12 42	1 26
10	12 45	1 26
11	12 49	1 26
12	12 53	1 26
13	12 57	1 26
14	13 01	1 26
15	13 05	1 26
16	13 08	1 27
17	13 12	1 27
18	13 16	1 27
19	13 20	1 27
20	13 24	1 27
21	13 27	1 27
22	13 31	1 27
23	13 35	1 27
24	13 39	1 27
25	13 42	1 27
26	13 46	1 28
27	13 50	1 28
28	13 53	1 28
29	13 57	1 28
30	14 01	1 28
31	14 04	1 28

	JULY	
1	15♉43	1S32
2	15 45	1 32
3	15 48	1 32
4	15 50	1 33
5	15 53	1 33
6	15 55	1 33
7	15 58	1 33
8	16 00	1 33
9	16 02	1 33
10	16 05	1 33
11	16 07	1 34
12	16 09	1 34
13	16 11	1 34
14	16 13	1 34
15	16 15	1 34
16	16 17	1 34
17	16 19	1 35
18	16 21	1 35
19	16 23	1 35
20	16 25	1 35
21	16 27	1 35
22	16 28	1 35
23	16 30	1 35
24	16 31	1 36
25	16 33	1 36
26	16 35	1 36
27	16 36	1 36
28	16 37	1 36
29	16 39	1 37
30	16 40	1 37
31	16 41	1 37

	SEPTEMBER	
1	16♉51R	1S43
2	16 50	1 43
3	16 49	1 43
4	16 49	1 43
5	16 48	1 43
6	16 47	1 44
7	16 46	1 44
8	16 45	1 44
9	16 44	1 44
10	16 43	1 44
11	16 42	1 45
12	16 40	1 45
13	16 39	1 45
14	16 38	1 45
15	16 36	1 45
16	16 35	1 45
17	16 34	1 46
18	16 32	1 46
19	16 30	1 46
20	16 29	1 46
21	16 27	1 46
22	16 25	1 46
23	16 24	1 47
24	16 22	1 47
25	16 20	1 47
26	16 18	1 47
27	16 16	1 47
28	16 14	1 47
29	16 12	1 48
30	16 10	1 48

	NOVEMBER	
1	14♉45R	1S52
2	14 42	1 52
3	14 40	1 52
4	14 37	1 52
5	14 34	1 52
6	14 31	1 52
7	14 28	1 52
8	14 25	1 53
9	14 22	1 53
10	14 19	1 53
11	14 16	1 53
12	14 13	1 53
13	14 10	1 53
14	14 07	1 53
15	14 04	1 53
16	14 01	1 53
17	13 58	1 53
18	13 55	1 53
19	13 52	1 53
20	13 49	1 53
21	13 46	1 53
22	13 43	1 53
23	13 40	1 54
24	13 38	1 54
25	13 35	1 54
26	13 32	1 54
27	13 29	1 54
28	13 27	1 54
29	13 24	1 54
30	13 21	1 54

♅	FEBRUARY	
1	8♉00	1S23
2	8 00	1 23
3	8 01	1 23
4	8 02	1 23
5	8 04	1 23
6	8 05	1 23
7	8 06	1 23
8	8 07	1 23
9	8 08	1 23
10	8 10	1 23
11	8 11	1 23
12	8 13	1 23
13	8 14	1 23
14	8 16	1 23
15	8 18	1 23
16	8 19	1 23
17	8 21	1 23
18	8 23	1 23
19	8 25	1 23
20	8 27	1 23
21	8 28	1 23
22	8 31	1 23
23	8 33	1 23
24	8 35	1 23
25	8 37	1 23
26	8 39	1 23
27	8 41	1 23
28	8 44	1 23

	APRIL	
1	10♉18	1S24
2	10 22	1 24
3	10 25	1 24
4	10 29	1 24
5	10 33	1 24
6	10 36	1 24
7	10 40	1 24
8	10 43	1 24
9	10 47	1 24
10	10 51	1 24
11	10 54	1 24
12	10 58	1 24
13	11 02	1 24
14	11 06	1 24
15	11 09	1 24
16	11 13	1 24
17	11 17	1 24
18	11 21	1 24
19	11 24	1 25
20	11 28	1 25
21	11 32	1 25
22	11 36	1 25
23	11 40	1 25
24	11 44	1 25
25	11 47	1 25
26	11 51	1 25
27	11 55	1 25
28	11 59	1 25
29	12 03	1 25
30	12 07	1 25

	JUNE	
1	14♉08	1S28
2	14 11	1 28
3	14 15	1 28
4	14 18	1 29
5	14 22	1 29
6	14 25	1 29
7	14 29	1 29
8	14 32	1 29
9	14 36	1 29
10	14 39	1 29
11	14 42	1 29
12	14 46	1 29
13	14 49	1 30
14	14 52	1 30
15	14 55	1 30
16	14 59	1 30
17	15 02	1 30
18	15 05	1 30
19	15 08	1 30
20	15 11	1 31
21	15 14	1 31
22	15 17	1 31
23	15 20	1 31
24	15 23	1 31
25	15 26	1 31
26	15 29	1 31
27	15 32	1 32
28	15 34	1 32
29	15 37	1 32
30	15 40	1 32

	AUGUST	
1	16♉42	1S37
2	16 44	1 37
3	16 45	1 38
4	16 46	1 38
5	16 47	1 38
6	16 47	1 38
7	16 48	1 38
8	16 49	1 38
9	16 50	1 39
10	16 50	1 39
11	16 51	1 39
12	16 52	1 39
13	16 52	1 39
14	16 53	1 39
15	16 53	1 40
16	16 53	1 40
17	16 54	1 40
18	16 54	1 40
19	16 54	1 40
20	16 54	1 41
21	16 54R	1 41
22	16 54	1 41
23	16 54	1 41
24	16 54	1 41
25	16 54	1 41
26	16 53	1 42
27	16 53	1 42
28	16 53	1 42
29	16 52	1 42
30	16 52	1 42
31	16 51	1 43

	OCTOBER	
1	16♉08R	1S48
2	16 06	1 48
3	16 03	1 48
4	16 01	1 48
5	15 59	1 48
6	15 56	1 49
7	15 54	1 49
8	15 52	1 49
9	15 49	1 49
10	15 47	1 49
11	15 44	1 49
12	15 42	1 49
13	15 39	1 50
14	15 36	1 50
15	15 34	1 50
16	15 31	1 50
17	15 28	1 50
18	15 26	1 50
19	15 23	1 50
20	15 20	1 51
21	15 17	1 51
22	15 15	1 51
23	15 12	1 51
24	15 09	1 51
25	15 06	1 51
26	15 03	1 51
27	15 00	1 51
28	14 57	1 51
29	14 54	1 52
30	14 51	1 52
31	14 48	1 52

	DECEMBER	
1	13♉19R	1S54
2	13 16	1 54
3	13 13	1 54
4	13 11	1 54
5	13 08	1 54
6	13 06	1 54
7	13 03	1 54
8	13 01	1 54
9	12 59	1 54
10	12 56	1 54
11	12 54	1 54
12	12 52	1 54
13	12 50	1 54
14	12 47	1 54
15	12 45	1 54
16	12 43	1 54
17	12 41	1 54
18	12 39	1 54
19	12 37	1 54
20	12 35	1 54
21	12 33	1 54
22	12 32	1 54
23	12 30	1 54
24	12 28	1 54
25	12 27	1 54
26	12 25	1 54
27	12 23	1 54
28	12 22	1 54
29	12 21	1 54
30	12 19	1 54
31	12 18	1 54

♅	JANUARY	
1	12♉17R	1S54
2	12 15	1 54
3	12 14	1 54
4	12 13	1 54
5	12 12	1 54
6	12 11	1 54
7	12 10	1 54
8	12 09	1 54
9	12 09	1 54
10	12 08	1 54
11	12 07	1 54
12	12 07	1 54
13	12 06	1 54
14	12 06	1 54
15	12 05	1 54
16	12 05	1 54
17	12 04	1 54
18	12 04	1 54
19	12 04	1 54
20	12 04	1 54
21	12 04D	1 54
22	12 04	1 53
23	12 04	1 53
24	12 04	1 53
25	12 04	1 53
26	12 04	1 53
27	12 05	1 53
28	12 05	1 53
29	12 06	1 53
30	12 06	1 53
31	12 07	1 53

	MARCH	
1	12♉48	1S52
2	12 50	1 52
3	12 53	1 52
4	12 55	1 52
5	12 57	1 52
6	13 00	1 52
7	13 02	1 52
8	13 05	1 52
9	13 08	1 52
10	13 10	1 52
11	13 13	1 52
12	13 16	1 52
13	13 18	1 52
14	13 21	1 52
15	13 24	1 52
16	13 27	1 52
17	13 30	1 52
18	13 33	1 52
19	13 36	1 52
20	13 39	1 52
21	13 42	1 52
22	13 45	1 52
23	13 48	1 52
24	13 51	1 52
25	13 54	1 52
26	13 58	1 52
27	14 01	1 52
28	14 04	1 52
29	14 08	1 52
30	14 11	1 52
31	14 14	1 52

	MAY	
1	16♉11	1S53
2	16 15	1 54
3	16 19	1 54
4	16 23	1 54
5	16 27	1 54
6	16 31	1 54
7	16 35	1 54
8	16 39	1 54
9	16 43	1 54
10	16 47	1 54
11	16 51	1 54
12	16 55	1 54
13	16 59	1 54
14	17 03	1 54
15	17 07	1 55
16	17 10	1 55
17	17 14	1 55
18	17 18	1 55
19	17 22	1 55
20	17 26	1 55
21	17 30	1 55
22	17 34	1 55
23	17 38	1 55
24	17 42	1 55
25	17 46	1 56
26	17 50	1 56
27	17 54	1 56
28	17 57	1 56
29	18 01	1 56
30	18 05	1 56
31	18 09	1 56

	JULY	
1	19♉54	2S01
2	19 57	2 01
3	20 00	2 01
4	20 03	2 01
5	20 06	2 01
6	20 08	2 02
7	20 11	2 02
8	20 14	2 02
9	20 16	2 02
10	20 19	2 02
11	20 21	2 02
12	20 24	2 03
13	20 26	2 03
14	20 29	2 03
15	20 31	2 03
16	20 33	2 03
17	20 36	2 04
18	20 38	2 04
19	20 40	2 04
20	20 42	2 04
21	20 44	2 04
22	20 46	2 05
23	20 48	2 05
24	20 50	2 05
25	20 52	2 05
26	20 54	2 05
27	20 55	2 06
28	20 57	2 06
29	20 59	2 06
30	21 00	2 06
31	21 02	2 06

	SEPTEMBER	
1	21♉21R	2S13
2	21 21	2 13
3	21 20	2 14
4	21 20	2 14
5	21 19	2 14
6	21 19	2 14
7	21 18	2 15
8	21 17	2 15
9	21 17	2 15
10	21 16	2 15
11	21 15	2 15
12	21 14	2 16
13	21 13	2 16
14	21 12	2 16
15	21 11	2 16
16	21 10	2 16
17	21 08	2 17
18	21 07	2 17
19	21 06	2 17
20	21 04	2 17
21	21 03	2 17
22	21 01	2 18
23	21 00	2 18
24	20 58	2 18
25	20 57	2 18
26	20 55	2 18
27	20 53	2 19
28	20 51	2 19
29	20 49	2 19
30	20 47	2 19

	NOVEMBER	
1	19♉26R	2S24
2	19 23	2 24
3	19 20	2 25
4	19 17	2 25
5	19 14	2 25
6	19 11	2 25
7	19 08	2 25
8	19 05	2 25
9	19 02	2 25
10	18 59	2 25
11	18 55	2 25
12	18 52	2 25
13	18 49	2 26
14	18 46	2 26
15	18 43	2 26
16	18 40	2 26
17	18 37	2 26
18	18 34	2 26
19	18 31	2 26
20	18 28	2 26
21	18 25	2 26
22	18 22	2 26
23	18 19	2 26
24	18 16	2 26
25	18 13	2 26
26	18 10	2 26
27	18 07	2 26
28	18 04	2 26
29	18 01	2 26
30	17 59	2 27

♅	FEBRUARY	
1	12♉07	1S53
2	12 08	1 53
3	12 09	1 53
4	12 09	1 53
5	12 10	1 53
6	12 11	1 53
7	12 12	1 53
8	12 13	1 53
9	12 14	1 53
10	12 15	1 53
11	12 17	1 53
12	12 18	1 53
13	12 19	1 53
14	12 21	1 53
15	12 22	1 53
16	12 24	1 53
17	12 25	1 53
18	12 27	1 53
19	12 29	1 53
20	12 30	1 53
21	12 32	1 53
22	12 34	1 53
23	12 36	1 52
24	12 38	1 52
25	12 40	1 52
26	12 42	1 52
27	12 44	1 52
28	12 46	1 52

	APRIL	
1	14♉18	1S52
2	14 21	1 52
3	14 25	1 52
4	14 28	1 52
5	14 32	1 52
6	14 36	1 52
7	14 39	1 52
8	14 43	1 52
9	14 46	1 52
10	14 50	1 52
11	14 54	1 53
12	14 57	1 53
13	15 01	1 53
14	15 05	1 53
15	15 09	1 53
16	15 12	1 53
17	15 16	1 53
18	15 20	1 53
19	15 24	1 53
20	15 28	1 53
21	15 32	1 53
22	15 36	1 53
23	15 39	1 53
24	15 43	1 53
25	15 47	1 53
26	15 51	1 53
27	15 55	1 53
28	15 59	1 53
29	16 03	1 53
30	16 07	1 53

	JUNE	
1	18♉13	1S56
2	18 16	1 56
3	18 20	1 57
4	18 24	1 57
5	18 27	1 57
6	18 31	1 57
7	18 35	1 57
8	18 38	1 57
9	18 42	1 57
10	18 46	1 58
11	18 49	1 58
12	18 53	1 58
13	18 56	1 58
14	19 00	1 58
15	19 03	1 58
16	19 07	1 58
17	19 10	1 58
18	19 13	1 59
19	19 17	1 59
20	19 20	1 59
21	19 23	1 59
22	19 27	1 59
23	19 30	1 59
24	19 33	2 00
25	19 36	2 00
26	19 39	2 00
27	19 42	2 00
28	19 45	2 00
29	19 48	2 00
30	19 51	2 01

	AUGUST	
1	21♉03	2S07
2	21 05	2 07
3	21 06	2 07
4	21 08	2 07
5	21 09	2 07
6	21 10	2 08
7	21 11	2 08
8	21 12	2 08
9	21 13	2 08
10	21 14	2 08
11	21 15	2 09
12	21 16	2 09
13	21 17	2 09
14	21 18	2 09
15	21 18	2 10
16	21 19	2 10
17	21 20	2 10
18	21 20	2 10
19	21 21	2 10
20	21 21	2 11
21	21 21	2 11
22	21 22	2 11
23	21 22	2 11
24	21 22	2 11
25	21 22	2 12
26	21 22R	2 12
27	21 22	2 12
28	21 22	2 12
29	21 22	2 13
30	21 22	2 13
31	21 22	2 13

	OCTOBER	
1	20♉45R	2S19
2	20 43	2 20
3	20 41	2 20
4	20 39	2 20
5	20 37	2 20
6	20 35	2 20
7	20 33	2 21
8	20 30	2 21
9	20 28	2 21
10	20 26	2 21
11	20 23	2 21
12	20 21	2 21
13	20 18	2 22
14	20 16	2 22
15	20 13	2 22
16	20 11	2 22
17	20 08	2 22
18	20 06	2 22
19	20 03	2 23
20	20 00	2 23
21	19 57	2 23
22	19 55	2 23
23	19 52	2 23
24	19 49	2 23
25	19 46	2 23
26	19 43	2 24
27	19 40	2 24
28	19 38	2 24
29	19 35	2 24
30	19 32	2 24
31	19 29	2 24

	DECEMBER	
1	17♉56R	2S27
2	17 53	2 27
3	17 50	2 27
4	17 47	2 27
5	17 45	2 27
6	17 42	2 27
7	17 39	2 27
8	17 37	2 27
9	17 34	2 27
10	17 32	2 27
11	17 29	2 27
12	17 27	2 27
13	17 24	2 27
14	17 22	2 27
15	17 19	2 27
16	17 17	2 27
17	17 15	2 27
18	17 12	2 27
19	17 10	2 27
20	17 08	2 27
21	17 06	2 27
22	17 04	2 27
23	17 02	2 27
24	17 00	2 27
25	16 58	2 27
26	16 56	2 27
27	16 54	2 27
28	16 53	2 26
29	16 51	2 26
30	16 49	2 26
31	16 48	2 26

2032

⚷	JANUARY	
1	16♉46R	2S26
2	16 45	2 26
3	16 43	2 26
4	16 42	2 26
5	16 41	2 26
6	16 39	2 26
7	16 38	2 26
8	16 37	2 26
9	16 36	2 26
10	16 35	2 26
11	16 34	2 26
12	16 33	2 26
13	16 32	2 26
14	16 31	2 26
15	16 31	2 26
16	16 30	2 26
17	16 30	2 26
18	16 29	2 25
19	16 29	2 25
20	16 28	2 25
21	16 28	2 25
22	16 28	2 25
23	16 27	2 25
24	16 27	2 25
25	16 27	2 25
26	16 27D	2 25
27	16 27	2 25
28	16 27	2 25
29	16 27	2 25
30	16 28	2 25
31	16 28	2 25

	MARCH	
1	17♉05	2S23
2	17 07	2 23
3	17 10	2 23
4	17 12	2 23
5	17 14	2 23
6	17 17	2 22
7	17 19	2 22
8	17 21	2 22
9	17 24	2 22
10	17 26	2 22
11	17 29	2 22
12	17 32	2 22
13	17 34	2 22
14	17 37	2 22
15	17 40	2 22
16	17 43	2 22
17	17 45	2 22
18	17 48	2 22
19	17 51	2 22
20	17 54	2 22
21	17 57	2 22
22	18 00	2 22
23	18 03	2 22
24	18 07	2 22
25	18 10	2 22
26	18 13	2 22
27	18 16	2 22
28	18 20	2 22
29	18 23	2 22
30	18 26	2 22
31	18 30	2 22

	MAY	
1	20♉27	2S23
2	20 31	2 23
3	20 35	2 23
4	20 40	2 23
5	20 44	2 23
6	20 48	2 23
7	20 52	2 23
8	20 56	2 23
9	21 00	2 23
10	21 04	2 23
11	21 08	2 23
12	21 12	2 23
13	21 16	2 23
14	21 20	2 23
15	21 25	2 24
16	21 29	2 24
17	21 33	2 24
18	21 37	2 24
19	21 41	2 24
20	21 45	2 24
21	21 49	2 24
22	21 53	2 24
23	21 57	2 24
24	22 01	2 24
25	22 05	2 24
26	22 09	2 25
27	22 13	2 25
28	22 17	2 25
29	22 21	2 25
30	22 25	2 25
31	22 29	2 25

	JULY	
1	24♉22	2S30
2	24 25	2 30
3	24 28	2 30
4	24 31	2 31
5	24 34	2 31
6	24 37	2 31
7	24 40	2 31
8	24 43	2 31
9	24 46	2 32
10	24 49	2 32
11	24 52	2 32
12	24 54	2 32
13	24 57	2 32
14	25 00	2 33
15	25 02	2 33
16	25 05	2 33
17	25 07	2 33
18	25 10	2 33
19	25 12	2 34
20	25 15	2 34
21	25 17	2 34
22	25 19	2 34
23	25 22	2 35
24	25 24	2 35
25	25 26	2 35
26	25 28	2 35
27	25 30	2 35
28	25 32	2 36
29	25 34	2 36
30	25 36	2 36
31	25 38	2 36

	SEPTEMBER	
1	26♉06R	2S44
2	26 06	2 45
3	26 06	2 45
4	26 06	2 45
5	26 05	2 45
6	26 05	2 46
7	26 05	2 46
8	26 04	2 46
9	26 04	2 46
10	26 03	2 47
11	26 02	2 47
12	26 02	2 47
13	26 01	2 47
14	26 00	2 48
15	25 59	2 48
16	25 58	2 48
17	25 57	2 48
18	25 56	2 49
19	25 55	2 49
20	25 54	2 49
21	25 52	2 49
22	25 51	2 50
23	25 50	2 50
24	25 48	2 50
25	25 47	2 50
26	25 45	2 51
27	25 44	2 51
28	25 42	2 51
29	25 40	2 51
30	25 39	2 52

	NOVEMBER	
1	24♉20R	2S58
2	24 17	2 58
3	24 14	2 58
4	24 11	2 58
5	24 08	2 58
6	24 05	2 58
7	24 02	2 59
8	23 58	2 59
9	23 55	2 59
10	23 52	2 59
11	23 49	2 59
12	23 46	2 59
13	23 43	2 59
14	23 40	2 59
15	23 37	2 59
16	23 33	2 59
17	23 30	3 00
18	23 27	3 00
19	23 24	3 00
20	23 21	3 00
21	23 18	3 00
22	23 15	3 00
23	23 12	3 00
24	23 08	3 00
25	23 05	3 00
26	23 02	3 00
27	22 59	3 00
28	22 56	3 00
29	22 53	3 00
30	22 50	3 00

⚷	FEBRUARY	
1	16♉28	2S25
2	16 29	2 24
3	16 29	2 24
4	16 30	2 24
5	16 30	2 24
6	16 31	2 24
7	16 32	2 24
8	16 33	2 24
9	16 33	2 24
10	16 34	2 24
11	16 35	2 24
12	16 36	2 24
13	16 38	2 24
14	16 39	2 24
15	16 40	2 24
16	16 41	2 24
17	16 43	2 23
18	16 44	2 23
19	16 45	2 23
20	16 47	2 23
21	16 49	2 23
22	16 50	2 23
23	16 52	2 23
24	16 54	2 23
25	16 55	2 23
26	16 57	2 23
27	16 59	2 23
28	17 01	2 23
29	17 03	2 23

	APRIL	
1	18♉33	2S22
2	18 37	2 22
3	18 40	2 22
4	18 44	2 22
5	18 47	2 22
6	18 51	2 22
7	18 54	2 22
8	18 58	2 22
9	19 02	2 22
10	19 05	2 22
11	19 09	2 22
12	19 13	2 22
13	19 16	2 22
14	19 20	2 22
15	19 24	2 22
16	19 28	2 22
17	19 32	2 22
18	19 36	2 22
19	19 39	2 22
20	19 43	2 22
21	19 47	2 22
22	19 51	2 22
23	19 55	2 22
24	19 59	2 22
25	20 03	2 22
26	20 07	2 22
27	20 11	2 22
28	20 15	2 22
29	20 19	2 22
30	20 23	2 22

	JUNE	
1	22♉33	2S25
2	22 37	2 25
3	22 41	2 26
4	22 45	2 26
5	22 49	2 26
6	22 53	2 26
7	22 57	2 26
8	23 01	2 26
9	23 04	2 26
10	23 08	2 26
11	23 12	2 27
12	23 16	2 27
13	23 19	2 27
14	23 23	2 27
15	23 27	2 27
16	23 30	2 27
17	23 34	2 28
18	23 38	2 28
19	23 41	2 28
20	23 45	2 28
21	23 48	2 28
22	23 52	2 28
23	23 55	2 29
24	23 59	2 29
25	24 02	2 29
26	24 05	2 29
27	24 09	2 29
28	24 12	2 29
29	24 15	2 30
30	24 19	2 30

	AUGUST	
1	25♉39	2S37
2	25 41	2 37
3	25 43	2 37
4	25 44	2 37
5	25 46	2 38
6	25 48	2 38
7	25 49	2 38
8	25 50	2 38
9	25 52	2 39
10	25 53	2 39
11	25 54	2 39
12	25 55	2 39
13	25 56	2 40
14	25 58	2 40
15	25 59	2 40
16	25 59	2 40
17	26 00	2 41
18	26 01	2 41
19	26 02	2 41
20	26 03	2 41
21	26 03	2 42
22	26 04	2 42
23	26 04	2 42
24	26 05	2 42
25	26 05	2 43
26	26 05	2 43
27	26 06	2 43
28	26 06	2 43
29	26 06	2 44
30	26 06	2 44
31	26 06R	2 44

	OCTOBER	
1	25♉37R	2S52
2	25 35	2 52
3	25 33	2 52
4	25 31	2 53
5	25 29	2 53
6	25 27	2 53
7	25 25	2 53
8	25 23	2 53
9	25 21	2 54
10	25 19	2 54
11	25 16	2 54
12	25 14	2 54
13	25 12	2 54
14	25 09	2 55
15	25 07	2 55
16	25 04	2 55
17	25 02	2 55
18	24 59	2 55
19	24 56	2 56
20	24 54	2 56
21	24 51	2 56
22	24 48	2 56
23	24 46	2 56
24	24 43	2 56
25	24 40	2 57
26	24 37	2 57
27	24 34	2 57
28	24 32	2 57
29	24 29	2 57
30	24 26	2 57
31	24 23	2 58

	DECEMBER	
1	22♉47R	3S00
2	22 44	3 00
3	22 41	3 00
4	22 38	3 00
5	22 35	3 00
6	22 33	3 00
7	22 30	3 01
8	22 27	3 01
9	22 24	3 01
10	22 21	3 01
11	22 19	3 01
12	22 16	3 01
13	22 13	3 01
14	22 11	3 01
15	22 08	3 00
16	22 06	3 00
17	22 03	3 00
18	22 01	3 00
19	21 58	3 00
20	21 56	3 00
21	21 54	3 00
22	21 51	3 00
23	21 49	3 00
24	21 47	3 00
25	21 45	3 00
26	21 43	3 00
27	21 41	3 00
28	21 39	3 00
29	21 37	3 00
30	21 35	3 00
31	21 33	3 00

♅	JANUARY	
1	21♉31R	3S00
2	21 29	3 00
3	21 28	3 00
4	21 26	3 00
5	21 25	3 00
6	21 23	2 59
7	21 22	2 59
8	21 20	2 59
9	21 19	2 59
10	21 18	2 59
11	21 16	2 59
12	21 15	2 59
13	21 14	2 59
14	21 13	2 59
15	21 12	2 59
16	21 11	2 59
17	21 11	2 59
18	21 10	2 58
19	21 09	2 58
20	21 08	2 58
21	21 08	2 58
22	21 07	2 58
23	21 07	2 58
24	21 06	2 58
25	21 06	2 58
26	21 06	2 58
27	21 06	2 58
28	21 06	2 57
29	21 06D	2 57
30	21 06	2 57
31	21 06	2 57

♅	FEBRUARY	
1	21♉06	2S57
2	21 06	2 57
3	21 06	2 57
4	21 07	2 57
5	21 07	2 57
6	21 07	2 57
7	21 08	2 56
8	21 09	2 56
9	21 09	2 56
10	21 10	2 56
11	21 11	2 56
12	21 12	2 56
13	21 13	2 56
14	21 14	2 56
15	21 15	2 56
16	21 16	2 56
17	21 17	2 55
18	21 18	2 55
19	21 19	2 55
20	21 21	2 55
21	21 22	2 55
22	21 24	2 55
23	21 25	2 55
24	21 27	2 55
25	21 28	2 55
26	21 30	2 55
27	21 32	2 54
28	21 34	2 54

	MARCH	
1	21♉36	2S54
2	21 38	2 54
3	21 40	2 54
4	21 42	2 54
5	21 44	2 54
6	21 46	2 54
7	21 48	2 54
8	21 50	2 54
9	21 53	2 54
10	21 55	2 54
11	21 58	2 53
12	22 00	2 53
13	22 03	2 53
14	22 05	2 53
15	22 08	2 53
16	22 11	2 53
17	22 13	2 53
18	22 16	2 53
19	22 19	2 53
20	22 22	2 53
21	22 25	2 53
22	22 28	2 53
23	22 31	2 53
24	22 34	2 53
25	22 37	2 53
26	22 40	2 52
27	22 43	2 52
28	22 46	2 52
29	22 50	2 52
30	22 53	2 52
31	22 56	2 52

	APRIL	
1	23♉00	2S52
2	23 03	2 52
3	23 06	2 52
4	23 10	2 52
5	23 13	2 52
6	23 17	2 52
7	23 21	2 52
8	23 24	2 52
9	23 28	2 52
10	23 31	2 52
11	23 35	2 52
12	23 39	2 52
13	23 43	2 52
14	23 46	2 52
15	23 50	2 52
16	23 54	2 52
17	23 58	2 52
18	24 02	2 52
19	24 06	2 52
20	24 10	2 52
21	24 14	2 52
22	24 18	2 52
23	24 22	2 52
24	24 26	2 52
25	24 30	2 52
26	24 34	2 52
27	24 38	2 52
28	24 42	2 52
29	24 46	2 52
30	24 50	2 52

	MAY	
1	24♉54	2S52
2	24 58	2 52
3	25 03	2 52
4	25 07	2 52
5	25 11	2 52
6	25 15	2 52
7	25 19	2 52
8	25 24	2 53
9	25 28	2 53
10	25 32	2 53
11	25 36	2 53
12	25 40	2 53
13	25 45	2 53
14	25 49	2 53
15	25 53	2 53
16	25 57	2 53
17	26 02	2 53
18	26 06	2 53
19	26 10	2 53
20	26 14	2 53
21	26 19	2 53
22	26 23	2 54
23	26 27	2 54
24	26 31	2 54
25	26 36	2 54
26	26 40	2 54
27	26 44	2 54
28	26 48	2 54
29	26 52	2 54
30	26 57	2 54
31	27 01	2 55

	JUNE	
1	27♉05	2S55
2	27 09	2 55
3	27 13	2 55
4	27 17	2 55
5	27 21	2 55
6	27 26	2 55
7	27 30	2 55
8	27 34	2 56
9	27 38	2 56
10	27 42	2 56
11	27 46	2 56
12	27 50	2 56
13	27 54	2 56
14	27 58	2 56
15	28 02	2 57
16	28 06	2 57
17	28 10	2 57
18	28 13	2 57
19	28 17	2 57
20	28 21	2 57
21	28 25	2 58
22	28 29	2 58
23	28 32	2 58
24	28 36	2 58
25	28 40	2 58
26	28 43	2 59
27	28 47	2 59
28	28 51	2 59
29	28 54	2 59
30	28 58	2 59

	JULY	
1	29♉01	3S00
2	29 05	3 00
3	29 08	3 00
4	29 12	3 00
5	29 15	3 00
6	29 18	3 01
7	29 22	3 01
8	29 25	3 01
9	29 28	3 01
10	29 31	3 01
11	29 34	3 02
12	29 37	3 02
13	29 41	3 02
14	29 44	3 02
15	29 46	3 03
16	29 49	3 03
17	29 52	3 03
18	29 55	3 03
19	29 58	3 04
20	0♊01	3 04
21	0 03	3 04
22	0 06	3 04
23	0 09	3 04
24	0 11	3 05
25	0 14	3 05
26	0 16	3 05
27	0 19	3 06
28	0 21	3 06
29	0 23	3 06
30	0 26	3 06
31	0 28	3 07

	AUGUST	
1	0♊30	3S07
2	0 32	3 07
3	0 34	3 07
4	0 36	3 08
5	0 38	3 08
6	0 40	3 08
7	0 42	3 08
8	0 43	3 09
9	0 45	3 09
10	0 47	3 09
11	0 48	3 10
12	0 50	3 10
13	0 52	3 10
14	0 53	3 10
15	0 54	3 11
16	0 56	3 11
17	0 57	3 11
18	0 58	3 12
19	0 59	3 12
20	1 00	3 12
21	1 01	3 12
22	1 02	3 13
23	1 03	3 13
24	1 04	3 13
25	1 05	3 14
26	1 05	3 14
27	1 06	3 14
28	1 07	3 15
29	1 07	3 15
30	1 08	3 15
31	1 08	3 15

	SEPTEMBER	
1	1♊08	3S16
2	1 09	3 16
3	1 09	3 16
4	1 09	3 17
5	1 09	3 17
6	1 09R	3 17
7	1 09	3 18
8	1 09	3 18
9	1 09	3 18
10	1 08	3 18
11	1 08	3 19
12	1 08	3 19
13	1 07	3 19
14	1 07	3 20
15	1 06	3 20
16	1 06	3 20
17	1 05	3 21
18	1 04	3 21
19	1 03	3 21
20	1 03	3 21
21	1 02	3 22
22	1 01	3 22
23	1 00	3 22
24	0 58	3 23
25	0 57	3 23
26	0 56	3 23
27	0 55	3 23
28	0 53	3 24
29	0 52	3 24
30	0 50	3 24

	OCTOBER	
1	0♊49R	3S25
2	0 47	3 25
3	0 46	3 25
4	0 44	3 25
5	0 42	3 26
6	0 40	3 26
7	0 39	3 26
8	0 37	3 26
9	0 35	3 27
10	0 33	3 27
11	0 31	3 27
12	0 28	3 27
13	0 26	3 28
14	0 24	3 28
15	0 22	3 28
16	0 19	3 28
17	0 17	3 29
18	0 15	3 29
19	0 12	3 29
20	0 10	3 29
21	0 07	3 30
22	0 05	3 30
23	0 02	3 30
24	29♉59	3 30
25	29 57	3 30
26	29 54	3 31
27	29 51	3 31
28	29 48	3 31
29	29 45	3 31
30	29 43	3 31
31	29 40	3 32

	NOVEMBER	
1	29♉37R	3S32
2	29 34	3 32
3	29 31	3 32
4	29 28	3 32
5	29 25	3 32
6	29 22	3 33
7	29 19	3 33
8	29 16	3 33
9	29 12	3 33
10	29 09	3 33
11	29 06	3 33
12	29 03	3 34
13	29 00	3 34
14	28 57	3 34
15	28 53	3 34
16	28 50	3 34
17	28 47	3 34
18	28 44	3 34
19	28 41	3 34
20	28 37	3 34
21	28 34	3 35
22	28 31	3 35
23	28 28	3 35
24	28 24	3 35
25	28 21	3 35
26	28 18	3 35
27	28 15	3 35
28	28 12	3 35
29	28 08	3 35
30	28 05	3 35

	DECEMBER	
1	28♉02R	3S35
2	27 59	3 35
3	27 56	3 35
4	27 53	3 35
5	27 50	3 35
6	27 47	3 35
7	27 44	3 35
8	27 40	3 35
9	27 37	3 35
10	27 34	3 35
11	27 32	3 35
12	27 29	3 35
13	27 26	3 35
14	27 23	3 35
15	27 20	3 35
16	27 17	3 35
17	27 14	3 35
18	27 12	3 35
19	27 09	3 35
20	27 06	3 35
21	27 04	3 35
22	27 01	3 35
23	26 59	3 35
24	26 56	3 35
25	26 54	3 35
26	26 51	3 35
27	26 49	3 35
28	26 47	3 35
29	26 44	3 35
30	26 42	3 35
31	26 40	3 35

2034

♅	JANUARY	
1	26♉38**R**	3S35
2	26 36	3 34
3	26 34	3 34
4	26 32	3 34
5	26 30	3 34
6	26 28	3 34
7	26 27	3 34
8	26 25	3 34
9	26 23	3 34
10	26 22	3 34
11	26 20	3 34
12	26 19	3 33
13	26 17	3 33
14	26 16	3 33
15	26 15	3 33
16	26 13	3 33
17	26 12	3 33
18	26 11	3 33
19	26 10	3 33
20	26 09	3 33
21	26 08	3 32
22	26 07	3 32
23	26 07	3 32
24	26 06	3 32
25	26 05	3 32
26	26 05	3 32
27	26 04	3 32
28	26 04	3 31
29	26 03	3 31
30	26 03	3 31
31	26 03	3 31

	MARCH	
1	26♉25	3S27
2	26 26	3 27
3	26 28	3 27
4	26 30	3 27
5	26 32	3 26
6	26 34	3 26
7	26 36	3 26
8	26 38	3 26
9	26 40	3 26
10	26 42	3 26
11	26 45	3 26
12	26 47	3 26
13	26 49	3 25
14	26 52	3 25
15	26 54	3 25
16	26 57	3 25
17	26 59	3 25
18	27 02	3 25
19	27 05	3 25
20	27 07	3 25
21	27 10	3 25
22	27 13	3 24
23	27 16	3 24
24	27 19	3 24
25	27 22	3 24
26	27 25	3 24
27	27 28	3 24
28	27 31	3 24
29	27 34	3 24
30	27 37	3 24
31	27 41	3 24

	MAY	
1	29♉39	3S23
2	29 43	3 23
3	29 47	3 23
4	29 51	3 23
5	29 56	3 23
6	0♊00	3 23
7	0 04	3 23
8	0 08	3 23
9	0 13	3 23
10	0 17	3 23
11	0 21	3 23
12	0 26	3 23
13	0 30	3 23
14	0 35	3 23
15	0 39	3 23
16	0 43	3 23
17	0 48	3 23
18	0 52	3 23
19	0 57	3 23
20	1 01	3 23
21	1 05	3 23
22	1 10	3 24
23	1 14	3 24
24	1 19	3 24
25	1 23	3 24
26	1 27	3 24
27	1 32	3 24
28	1 36	3 24
29	1 41	3 24
30	1 45	3 24
31	1 49	3 24

	JULY	
1	3♊59	3S29
2	4 02	3 30
3	4 06	3 30
4	4 10	3 30
5	4 14	3 30
6	4 17	3 30
7	4 21	3 31
8	4 25	3 31
9	4 28	3 31
10	4 32	3 31
11	4 35	3 32
12	4 39	3 32
13	4 42	3 32
14	4 46	3 32
15	4 49	3 33
16	4 52	3 33
17	4 55	3 33
18	4 59	3 33
19	5 02	3 34
20	5 05	3 34
21	5 08	3 34
22	5 11	3 34
23	5 14	3 35
24	5 17	3 35
25	5 20	3 35
26	5 23	3 35
27	5 26	3 36
28	5 28	3 36
29	5 31	3 36
30	5 34	3 37
31	5 37	3 37

	SEPTEMBER	
1	6♊31	3S47
2	6 32	3 48
3	6 32	3 48
4	6 33	3 48
5	6 33	3 49
6	6 34	3 49
7	6 34	3 49
8	6 34	3 50
9	6 35	3 50
10	6 35	3 50
11	6 35	3 51
12	6 35**R**	3 51
13	6 35	3 51
14	6 35	3 52
15	6 34	3 52
16	6 34	3 52
17	6 34	3 53
18	6 34	3 53
19	6 33	3 53
20	6 33	3 54
21	6 32	3 54
22	6 31	3 55
23	6 31	3 55
24	6 30	3 55
25	6 29	3 56
26	6 28	3 56
27	6 27	3 56
28	6 26	3 57
29	6 25	3 57
30	6 24	3 57

	NOVEMBER	
1	5♊18**R**	4S06
2	5 15	4 07
3	5 12	4 07
4	5 09	4 07
5	5 06	4 07
6	5 03	4 07
7	5 00	4 08
8	4 57	4 08
9	4 54	4 08
10	4 51	4 08
11	4 48	4 08
12	4 44	4 09
13	4 41	4 09
14	4 38	4 09
15	4 35	4 09
16	4 32	4 09
17	4 28	4 09
18	4 25	4 10
19	4 22	4 10
20	4 19	4 10
21	4 15	4 10
22	4 12	4 10
23	4 09	4 10
24	4 05	4 10
25	4 02	4 10
26	3 59	4 10
27	3 55	4 11
28	3 52	4 11
29	3 49	4 11
30	3 45	4 11

♅	FEBRUARY	
1	26♉03**R**	3S31
2	26 02	3 31
3	26 02**D**	3 31
4	26 02	3 30
5	26 03	3 30
6	26 03	3 30
7	26 03	3 30
8	26 03	3 30
9	26 04	3 30
10	26 04	3 30
11	26 04	3 29
12	26 05	3 29
13	26 06	3 29
14	26 06	3 29
15	26 07	3 29
16	26 08	3 29
17	26 09	3 29
18	26 10	3 28
19	26 11	3 28
20	26 12	3 28
21	26 13	3 28
22	26 14	3 28
23	26 16	3 28
24	26 17	3 28
25	26 18	3 27
26	26 20	3 27
27	26 21	3 27
28	26 23	3 27

	APRIL	
1	27♉44	3S24
2	27 47	3 23
3	27 51	3 23
4	27 54	3 23
5	27 57	3 23
6	28 01	3 23
7	28 04	3 23
8	28 08	3 23
9	28 12	3 23
10	28 15	3 23
11	28 19	3 23
12	28 23	3 23
13	28 26	3 23
14	28 30	3 23
15	28 34	3 23
16	28 38	3 23
17	28 42	3 23
18	28 46	3 23
19	28 50	3 23
20	28 53	3 23
21	28 57	3 23
22	29 01	3 23
23	29 06	3 23
24	29 10	3 23
25	29 14	3 23
26	29 18	3 23
27	29 22	3 23
28	29 26	3 23
29	29 30	3 23
30	29 34	3 23

	JUNE	
1	1♊54	3S24
2	1 58	3 25
3	2 03	3 25
4	2 07	3 25
5	2 11	3 25
6	2 16	3 25
7	2 20	3 25
8	2 24	3 25
9	2 29	3 25
10	2 33	3 26
11	2 37	3 26
12	2 41	3 26
13	2 46	3 26
14	2 50	3 26
15	2 54	3 26
16	2 58	3 27
17	3 03	3 27
18	3 07	3 27
19	3 11	3 27
20	3 15	3 27
21	3 19	3 27
22	3 23	3 28
23	3 27	3 28
24	3 31	3 28
25	3 35	3 28
26	3 39	3 28
27	3 43	3 29
28	3 47	3 29
29	3 51	3 29
30	3 55	3 29

	AUGUST	
1	5♊39	3S37
2	5 42	3 38
3	5 44	3 38
4	5 46	3 38
5	5 49	3 38
6	5 51	3 39
7	5 53	3 39
8	5 56	3 39
9	5 58	3 40
10	6 00	3 40
11	6 02	3 40
12	6 04	3 41
13	6 06	3 41
14	6 08	3 41
15	6 09	3 42
16	6 11	3 42
17	6 13	3 42
18	6 15	3 43
19	6 16	3 43
20	6 18	3 43
21	6 19	3 44
22	6 20	3 44
23	6 22	3 44
24	6 23	3 45
25	6 24	3 45
26	6 25	3 45
27	6 26	3 46
28	6 27	3 46
29	6 28	3 46
30	6 29	3 47
31	6 30	3 47

	OCTOBER	
1	6♊23**R**	3S58
2	6 22	3 58
3	6 20	3 58
4	6 19	3 59
5	6 17	3 59
6	6 16	3 59
7	6 14	3 59
8	6 13	4 00
9	6 11	4 00
10	6 09	4 00
11	6 07	4 01
12	6 06	4 01
13	6 04	4 01
14	6 02	4 02
15	6 00	4 02
16	5 58	4 02
17	5 55	4 02
18	5 53	4 03
19	5 51	4 03
20	5 49	4 03
21	5 46	4 04
22	5 44	4 04
23	5 42	4 04
24	5 39	4 04
25	5 36	4 05
26	5 34	4 05
27	5 31	4 05
28	5 29	4 05
29	5 26	4 06
30	5 23	4 06
31	5 20	4 06

	DECEMBER	
1	3♊42**R**	4S11
2	3 39	4 11
3	3 35	4 11
4	3 32	4 11
5	3 29	4 11
6	3 26	4 11
7	3 22	4 11
8	3 19	4 11
9	3 16	4 11
10	3 13	4 11
11	3 09	4 11
12	3 06	4 11
13	3 03	4 11
14	3 00	4 11
15	2 57	4 11
16	2 54	4 11
17	2 51	4 11
18	2 48	4 11
19	2 45	4 11
20	2 42	4 11
21	2 39	4 11
22	2 36	4 11
23	2 33	4 11
24	2 31	4 11
25	2 28	4 11
26	2 25	4 11
27	2 23	4 11
28	2 20	4 11
29	2 17	4 11
30	2 15	4 11
31	2 12	4 10

⚷	JANUARY	
1	2♊10R	4S10
2	2 08	4 10
3	2 05	4 10
4	2 03	4 10
5	2 01	4 10
6	1 58	4 10
7	1 56	4 10
8	1 54	4 10
9	1 52	4 10
10	1 50	4 09
11	1 48	4 09
12	1 47	4 09
13	1 45	4 09
14	1 43	4 09
15	1 41	4 09
16	1 40	4 09
17	1 38	4 08
18	1 37	4 08
19	1 35	4 08
20	1 34	4 08
21	1 33	4 08
22	1 32	4 08
23	1 30	4 07
24	1 29	4 07
25	1 28	4 07
26	1 27	4 07
27	1 27	4 07
28	1 26	4 07
29	1 25	4 06
30	1 24	4 06
31	1 24	4 06

	MARCH	
1	1♊36	4S01
2	1 38	4 00
3	1 39	4 00
4	1 41	4 00
5	1 43	4 00
6	1 44	4 00
7	1 46	4 00
8	1 48	3 59
9	1 50	3 59
10	1 52	3 59
11	1 54	3 59
12	1 56	3 59
13	1 58	3 59
14	2 00	3 58
15	2 03	3 58
16	2 05	3 58
17	2 07	3 58
18	2 10	3 58
19	2 12	3 58
20	2 15	3 57
21	2 17	3 57
22	2 20	3 57
23	2 23	3 57
24	2 26	3 57
25	2 28	3 57
26	2 31	3 57
27	2 34	3 56
28	2 37	3 56
29	2 40	3 56
30	2 43	3 56
31	2 47	3 56

	MAY	
1	4♊44	3S54
2	4 48	3 54
3	4 52	3 53
4	4 57	3 53
5	5 01	3 53
6	5 05	3 53
7	5 10	3 53
8	5 14	3 53
9	5 19	3 53
10	5 23	3 53
11	5 28	3 53
12	5 32	3 53
13	5 37	3 54
14	5 41	3 54
15	5 46	3 54
16	5 50	3 54
17	5 55	3 54
18	5 59	3 54
19	6 04	3 54
20	6 08	3 54
21	6 13	3 54
22	6 18	3 54
23	6 22	3 54
24	6 27	3 54
25	6 31	3 54
26	6 36	3 54
27	6 40	3 54
28	6 45	3 54
29	6 50	3 54
30	6 54	3 54
31	6 59	3 55

	JULY	
1	9♊17	3S59
2	9 21	3 59
3	9 25	4 00
4	9 30	4 00
5	9 34	4 00
6	9 38	4 00
7	9 42	4 01
8	9 46	4 01
9	9 50	4 01
10	9 54	4 01
11	9 58	4 02
12	10 01	4 02
13	10 05	4 02
14	10 09	4 02
15	10 13	4 03
16	10 17	4 03
17	10 20	4 03
18	10 24	4 03
19	10 27	4 04
20	10 31	4 04
21	10 35	4 04
22	10 38	4 04
23	10 41	4 05
24	10 45	4 05
25	10 48	4 05
26	10 52	4 06
27	10 55	4 06
28	10 58	4 06
29	11 01	4 07
30	11 04	4 07
31	11 07	4 07

	SEPTEMBER	
1	12♊17	4S19
2	12 18	4 19
3	12 19	4 19
4	12 20	4 20
5	12 21	4 20
6	12 22	4 20
7	12 23	4 21
8	12 24	4 21
9	12 25	4 22
10	12 25	4 22
11	12 26	4 22
12	12 26	4 23
13	12 27	4 23
14	12 27	4 24
15	12 27	4 24
16	12 28	4 24
17	12 28	4 25
18	12 28	4 25
19	12 28R	4 26
20	12 28	4 26
21	12 28	4 26
22	12 28	4 27
23	12 27	4 27
24	12 27	4 28
25	12 27	4 28
26	12 26	4 28
27	12 26	4 29
28	12 25	4 29
29	12 24	4 30
30	12 24	4 30

	NOVEMBER	
1	11♊27R	4S41
2	11 24	4 41
3	11 21	4 42
4	11 18	4 42
5	11 16	4 42
6	11 13	4 42
7	11 10	4 43
8	11 07	4 43
9	11 04	4 43
10	11 01	4 43
11	10 58	4 44
12	10 55	4 44
13	10 52	4 44
14	10 49	4 44
15	10 45	4 45
16	10 42	4 45
17	10 39	4 45
18	10 36	4 45
19	10 32	4 45
20	10 29	4 46
21	10 26	4 46
22	10 22	4 46
23	10 19	4 46
24	10 16	4 46
25	10 12	4 46
26	10 09	4 47
27	10 06	4 47
28	10 02	4 47
29	9 59	4 47
30	9 55	4 47

⚷	FEBRUARY	
1	1♊23R	4S06
2	1 23	4 06
3	1 22	4 06
4	1 22	4 05
5	1 22	4 05
6	1 21	4 05
7	1 21	4 05
8	1 21D	4 05
9	1 21	4 04
10	1 21	4 04
11	1 22	4 04
12	1 22	4 04
13	1 22	4 04
14	1 22	4 03
15	1 23	4 03
16	1 23	4 03
17	1 24	4 03
18	1 25	4 03
19	1 25	4 03
20	1 26	4 02
21	1 27	4 02
22	1 28	4 02
23	1 29	4 02
24	1 30	4 02
25	1 31	4 01
26	1 32	4 01
27	1 34	4 01
28	1 35	4 01

	APRIL	
1	2♊50	3S56
2	2 53	3 56
3	2 56	3 56
4	3 00	3 55
5	3 03	3 55
6	3 06	3 55
7	3 10	3 55
8	3 13	3 55
9	3 17	3 55
10	3 20	3 55
11	3 24	3 55
12	3 28	3 55
13	3 31	3 55
14	3 35	3 54
15	3 39	3 54
16	3 43	3 54
17	3 47	3 54
18	3 50	3 54
19	3 54	3 54
20	3 58	3 54
21	4 02	3 54
22	4 06	3 54
23	4 10	3 54
24	4 14	3 54
25	4 19	3 54
26	4 23	3 54
27	4 27	3 54
28	4 31	3 54
29	4 35	3 54
30	4 40	3 54

	JUNE	
1	7♊04	3S55
2	7 08	3 55
3	7 13	3 55
4	7 17	3 55
5	7 22	3 55
6	7 27	3 55
7	7 31	3 55
8	7 36	3 55
9	7 40	3 55
10	7 45	3 56
11	7 49	3 56
12	7 54	3 56
13	7 58	3 56
14	8 03	3 56
15	8 07	3 56
16	8 12	3 56
17	8 16	3 57
18	8 21	3 57
19	8 25	3 57
20	8 30	3 57
21	8 34	3 57
22	8 39	3 57
23	8 43	3 58
24	8 47	3 58
25	8 52	3 58
26	8 56	3 58
27	9 00	3 58
28	9 05	3 59
29	9 09	3 59
30	9 13	3 59

	AUGUST	
1	11♊10	4S07
2	11 13	4 08
3	11 16	4 08
4	11 19	4 08
5	11 22	4 09
6	11 25	4 09
7	11 28	4 09
8	11 30	4 10
9	11 33	4 10
10	11 35	4 10
11	11 38	4 11
12	11 40	4 11
13	11 43	4 11
14	11 45	4 12
15	11 47	4 12
16	11 50	4 13
17	11 52	4 13
18	11 54	4 13
19	11 56	4 14
20	11 58	4 14
21	12 00	4 14
22	12 02	4 15
23	12 04	4 15
24	12 05	4 15
25	12 07	4 16
26	12 09	4 16
27	12 10	4 17
28	12 12	4 17
29	12 13	4 17
30	12 15	4 18
31	12 16	4 18

	OCTOBER	
1	12♊23R	4S30
2	12 22	4 31
3	12 21	4 31
4	12 20	4 32
5	12 19	4 32
6	12 18	4 32
7	12 17	4 33
8	12 15	4 33
9	12 14	4 33
10	12 13	4 34
11	12 11	4 34
12	12 10	4 35
13	12 08	4 35
14	12 06	4 35
15	12 05	4 36
16	12 03	4 36
17	12 01	4 36
18	11 59	4 37
19	11 57	4 37
20	11 55	4 37
21	11 53	4 38
22	11 51	4 38
23	11 49	4 38
24	11 46	4 39
25	11 44	4 39
26	11 42	4 39
27	11 39	4 40
28	11 37	4 40
29	11 34	4 40
30	11 32	4 41
31	11 29	4 41

	DECEMBER	
1	9♊52R	4S47
2	9 48	4 47
3	9 45	4 47
4	9 42	4 47
5	9 38	4 47
6	9 35	4 48
7	9 31	4 48
8	9 28	4 48
9	9 24	4 48
10	9 21	4 48
11	9 18	4 48
12	9 14	4 48
13	9 11	4 48
14	9 07	4 48
15	9 04	4 48
16	9 01	4 48
17	8 58	4 48
18	8 54	4 48
19	8 51	4 48
20	8 48	4 48
21	8 45	4 48
22	8 42	4 48
23	8 38	4 48
24	8 35	4 48
25	8 32	4 48
26	8 29	4 48
27	8 26	4 48
28	8 23	4 47
29	8 20	4 47
30	8 17	4 47
31	8 15	4 47

2036

⚷	JANUARY	
1	8♊12R	4S47
2	8 09	4 47
3	8 06	4 47
4	8 04	4 47
5	8 01	4 47
6	7 59	4 47
7	7 56	4 46
8	7 54	4 46
9	7 51	4 46
10	7 49	4 46
11	7 47	4 46
12	7 44	4 46
13	7 42	4 46
14	7 40	4 45
15	7 38	4 45
16	7 36	4 45
17	7 34	4 45
18	7 32	4 45
19	7 30	4 45
20	7 29	4 44
21	7 27	4 44
22	7 25	4 44
23	7 24	4 44
24	7 22	4 44
25	7 21	4 43
26	7 19	4 43
27	7 18	4 43
28	7 17	4 43
29	7 16	4 43
30	7 15	4 42
31	7 14	4 42

	MARCH	
1	7♊17	4S35
2	7 18	4 35
3	7 19	4 35
4	7 20	4 34
5	7 22	4 34
6	7 23	4 34
7	7 25	4 34
8	7 27	4 33
9	7 28	4 33
10	7 30	4 33
11	7 32	4 33
12	7 34	4 33
13	7 36	4 32
14	7 38	4 32
15	7 40	4 32
16	7 42	4 32
17	7 44	4 31
18	7 46	4 31
19	7 49	4 31
20	7 51	4 31
21	7 54	4 31
22	7 56	4 30
23	7 59	4 30
24	8 01	4 30
25	8 04	4 30
26	8 07	4 30
27	8 10	4 29
28	8 13	4 29
29	8 15	4 29
30	8 18	4 29
31	8 21	4 29

	MAY	
1	10♊18	4S25
2	10 23	4 25
3	10 27	4 25
4	10 32	4 25
5	10 36	4 25
6	10 40	4 25
7	10 45	4 24
8	10 49	4 24
9	10 54	4 24
10	10 59	4 24
11	11 03	4 24
12	11 08	4 24
13	11 12	4 24
14	11 17	4 24
15	11 22	4 24
16	11 26	4 24
17	11 31	4 24
18	11 36	4 24
19	11 40	4 24
20	11 45	4 24
21	11 50	4 24
22	11 55	4 24
23	11 59	4 24
24	12 04	4 24
25	12 09	4 24
26	12 14	4 24
27	12 19	4 25
28	12 23	4 25
29	12 28	4 25
30	12 33	4 25
31	12 38	4 25

	JULY	
1	15♊05	4S29
2	15 10	4 29
3	15 14	4 29
4	15 19	4 30
5	15 23	4 30
6	15 28	4 30
7	15 32	4 30
8	15 37	4 31
9	15 41	4 31
10	15 45	4 31
11	15 50	4 31
12	15 54	4 32
13	15 58	4 32
14	16 02	4 32
15	16 06	4 32
16	16 10	4 33
17	16 15	4 33
18	16 19	4 33
19	16 23	4 33
20	16 27	4 34
21	16 31	4 34
22	16 35	4 34
23	16 38	4 35
24	16 42	4 35
25	16 46	4 35
26	16 50	4 36
27	16 54	4 36
28	16 57	4 36
29	17 01	4 36
30	17 04	4 37
31	17 08	4 37

	SEPTEMBER	
1	18♊33	4S50
2	18 35	4 50
3	18 36	4 50
4	18 38	4 51
5	18 39	4 51
6	18 41	4 52
7	18 42	4 52
8	18 43	4 53
9	18 45	4 53
10	18 46	4 53
11	18 47	4 54
12	18 48	4 54
13	18 49	4 55
14	18 50	4 55
15	18 50	4 56
16	18 51	4 56
17	18 52	4 57
18	18 52	4 57
19	18 53	4 58
20	18 53	4 58
21	18 54	4 58
22	18 54	4 59
23	18 54	4 59
24	18 54	5 00
25	18 54R	5 00
26	18 54	5 01
27	18 54	5 01
28	18 54	5 02
29	18 54	5 02
30	18 53	5 02

	NOVEMBER	
1	18♊07R	5S16
2	18 04	5 16
3	18 02	5 16
4	17 59	5 17
5	17 57	5 17
6	17 54	5 17
7	17 51	5 18
8	17 48	5 18
9	17 46	5 18
10	17 43	5 19
11	17 40	5 19
12	17 37	5 19
13	17 34	5 20
14	17 31	5 20
15	17 28	5 20
16	17 25	5 20
17	17 21	5 21
18	17 18	5 21
19	17 15	5 21
20	17 12	5 21
21	17 08	5 22
22	17 05	5 22
23	17 02	5 22
24	16 58	5 22
25	16 55	5 22
26	16 51	5 23
27	16 48	5 23
28	16 45	5 23
29	16 41	5 23
30	16 38	5 23

⚷	FEBRUARY	
1	7♊13R	4S42
2	7 12	4 42
3	7 11	4 42
4	7 10	4 41
5	7 10	4 41
6	7 09	4 41
7	7 09	4 41
8	7 08	4 40
9	7 08	4 40
10	7 07	4 40
11	7 07	4 40
12	7 07	4 39
13	7 07	4 39
14	7 07D	4 39
15	7 07	4 39
16	7 07	4 38
17	7 07	4 38
18	7 08	4 38
19	7 08	4 38
20	7 08	4 38
21	7 09	4 37
22	7 09	4 37
23	7 10	4 37
24	7 11	4 37
25	7 12	4 36
26	7 12	4 36
27	7 13	4 36
28	7 14	4 36
29	7 15	4 35

	APRIL	
1	8♊25	4S28
2	8 28	4 28
3	8 31	4 28
4	8 34	4 28
5	8 37	4 28
6	8 41	4 28
7	8 44	4 27
8	8 48	4 27
9	8 51	4 27
10	8 55	4 27
11	8 58	4 27
12	9 02	4 27
13	9 06	4 27
14	9 09	4 26
15	9 13	4 26
16	9 17	4 26
17	9 21	4 26
18	9 25	4 26
19	9 28	4 26
20	9 32	4 26
21	9 36	4 26
22	9 40	4 26
23	9 45	4 25
24	9 49	4 25
25	9 53	4 25
26	9 57	4 25
27	10 01	4 25
28	10 05	4 25
29	10 10	4 25
30	10 14	4 25

	JUNE	
1	12♊43	4S25
2	12 48	4 25
3	12 52	4 25
4	12 57	4 25
5	13 02	4 25
6	13 07	4 25
7	13 12	4 25
8	13 17	4 25
9	13 21	4 26
10	13 26	4 26
11	13 31	4 26
12	13 36	4 26
13	13 41	4 26
14	13 46	4 26
15	13 50	4 26
16	13 55	4 26
17	14 00	4 27
18	14 05	4 27
19	14 09	4 27
20	14 14	4 27
21	14 19	4 27
22	14 24	4 27
23	14 28	4 27
24	14 33	4 28
25	14 38	4 28
26	14 42	4 28
27	14 47	4 28
28	14 52	4 28
29	14 56	4 29
30	15 01	4 29

	AUGUST	
1	17♊11	4S37
2	17 15	4 38
3	17 18	4 38
4	17 22	4 39
5	17 25	4 39
6	17 28	4 39
7	17 31	4 40
8	17 35	4 40
9	17 38	4 40
10	17 41	4 41
11	17 44	4 41
12	17 47	4 41
13	17 50	4 42
14	17 52	4 42
15	17 55	4 43
16	17 58	4 43
17	18 01	4 43
18	18 03	4 44
19	18 06	4 44
20	18 08	4 45
21	18 11	4 45
22	18 13	4 45
23	18 15	4 46
24	18 18	4 46
25	18 20	4 47
26	18 22	4 47
27	18 24	4 47
28	18 26	4 48
29	18 28	4 48
30	18 30	4 49
31	18 31	4 49

	OCTOBER	
1	18♊53R	5S03
2	18 53	5 03
3	18 52	5 04
4	18 51	5 04
5	18 51	5 05
6	18 50	5 05
7	18 49	5 06
8	18 48	5 06
9	18 47	5 06
10	18 46	5 07
11	18 45	5 07
12	18 44	5 08
13	18 43	5 08
14	18 42	5 09
15	18 40	5 09
16	18 39	5 09
17	18 37	5 10
18	18 36	5 10
19	18 34	5 11
20	18 32	5 11
21	18 31	5 12
22	18 29	5 12
23	18 27	5 12
24	18 25	5 13
25	18 23	5 13
26	18 21	5 13
27	18 19	5 14
28	18 16	5 14
29	18 14	5 15
30	18 12	5 15
31	18 09	5 15

	DECEMBER	
1	16♊34R	5S23
2	16 31	5 24
3	16 27	5 24
4	16 23	5 24
5	16 20	5 24
6	16 16	5 24
7	16 13	5 24
8	16 09	5 24
9	16 06	5 24
10	16 02	5 24
11	15 58	5 25
12	15 55	5 25
13	15 51	5 25
14	15 48	5 25
15	15 44	5 25
16	15 41	5 25
17	15 37	5 25
18	15 34	5 25
19	15 30	5 25
20	15 27	5 25
21	15 23	5 25
22	15 20	5 25
23	15 17	5 25
24	15 13	5 25
25	15 10	5 25
26	15 07	5 25
27	15 03	5 25
28	15 00	5 25
29	14 57	5 25
30	14 54	5 24
31	14 50	5 24

♅	JANUARY			
1	14♊	47R	5S	24
2	14	44	5	24
3	14	41	5	24
4	14	38	5	24
5	14	35	5	24
6	14	32	5	24
7	14	30	5	24
8	14	27	5	23
9	14	24	5	23
10	14	21	5	23
11	14	19	5	23
12	14	16	5	23
13	14	13	5	23
14	14	11	5	22
15	14	08	5	22
16	14	06	5	22
17	14	04	5	22
18	14	02	5	22
19	13	59	5	22
20	13	57	5	21
21	13	55	5	21
22	13	53	5	21
23	13	51	5	21
24	13	49	5	20
25	13	47	5	20
26	13	46	5	20
27	13	44	5	20
28	13	42	5	19
29	13	41	5	19
30	13	39	5	19
31	13	38	5	19

♅	FEBRUARY			
1	13♊	37R	5S	18
2	13	35	5	18
3	13	34	5	18
4	13	33	5	18
5	13	32	5	17
6	13	31	5	17
7	13	30	5	17
8	13	29	5	17
9	13	28	5	16
10	13	28	5	16
11	13	27	5	16
12	13	27	5	15
13	13	26	5	15
14	13	26	5	15
15	13	25	5	15
16	13	25	5	14
17	13	25	5	14
18	13	25	5	14
19	13	25D	5	13
20	13	25	5	13
21	13	25	5	13
22	13	25	5	12
23	13	26	5	12
24	13	26	5	12
25	13	26	5	12
26	13	27	5	11
27	13	28	5	11
28	13	28	5	11

	MARCH			
1	13♊	29	5S	10
2	13	30	5	10
3	13	31	5	10
4	13	32	5	09
5	13	33	5	09
6	13	34	5	09
7	13	35	5	09
8	13	36	5	08
9	13	38	5	08
10	13	39	5	08
11	13	41	5	07
12	13	42	5	07
13	13	44	5	07
14	13	46	5	07
15	13	47	5	06
16	13	49	5	06
17	13	51	5	06
18	13	53	5	05
19	13	55	5	05
20	13	57	5	05
21	13	59	5	05
22	14	02	5	04
23	14	04	5	04
24	14	06	5	04
25	14	09	5	03
26	14	11	5	03
27	14	14	5	03
28	14	17	5	03
29	14	19	5	02
30	14	22	5	02
31	14	25	5	02

	APRIL			
1	14♊	28	5S	02
2	14	31	5	01
3	14	34	5	01
4	14	37	5	01
5	14	40	5	01
6	14	43	5	01
7	14	46	5	00
8	14	50	5	00
9	14	53	5	00
10	14	56	5	00
11	15	00	4	59
12	15	03	4	59
13	15	07	4	59
14	15	11	4	59
15	15	14	4	59
16	15	18	4	58
17	15	22	4	58
18	15	25	4	58
19	15	29	4	58
20	15	33	4	58
21	15	37	4	58
22	15	41	4	57
23	15	45	4	57
24	15	49	4	57
25	15	53	4	57
26	15	57	4	57
27	16	02	4	57
28	16	06	4	56
29	16	10	4	56
30	16	14	4	56

	MAY			
1	16♊	19	4S	56
2	16	23	4	56
3	16	28	4	56
4	16	32	4	56
5	16	37	4	56
6	16	41	4	55
7	16	46	4	55
8	16	50	4	55
9	16	55	4	55
10	16	59	4	55
11	17	04	4	55
12	17	09	4	55
13	17	14	4	55
14	17	18	4	55
15	17	23	4	55
16	17	28	4	55
17	17	33	4	55
18	17	37	4	55
19	17	42	4	55
20	17	47	4	55
21	17	52	4	55
22	17	57	4	54
23	18	02	4	54
24	18	07	4	54
25	18	12	4	54
26	18	17	4	54
27	18	22	4	54
28	18	27	4	54
29	18	32	4	54
30	18	37	4	54
31	18	42	4	54

	JUNE			
1	18♊	47	4S	55
2	18	52	4	55
3	18	57	4	55
4	19	02	4	55
5	19	07	4	55
6	19	13	4	55
7	19	18	4	55
8	19	23	4	55
9	19	28	4	55
10	19	33	4	55
11	19	38	4	55
12	19	43	4	55
13	19	48	4	55
14	19	53	4	55
15	19	58	4	55
16	20	04	4	56
17	20	09	4	56
18	20	14	4	56
19	20	19	4	56
20	20	24	4	56
21	20	29	4	56
22	20	34	4	56
23	20	39	4	56
24	20	44	4	57
25	20	49	4	57
26	20	54	4	57
27	20	59	4	57
28	21	04	4	57
29	21	09	4	57
30	21	14	4	58

	JULY			
1	21♊	19	4S	58
2	21	24	4	58
3	21	29	4	58
4	21	34	4	58
5	21	39	4	59
6	21	44	4	59
7	21	49	4	59
8	21	53	4	59
9	21	58	4	59
10	22	03	5	00
11	22	08	5	00
12	22	13	5	00
13	22	17	5	00
14	22	22	5	01
15	22	27	5	01
16	22	31	5	01
17	22	36	5	01
18	22	40	5	02
19	22	45	5	02
20	22	49	5	02
21	22	54	5	02
22	22	58	5	03
23	23	03	5	03
24	23	07	5	03
25	23	11	5	04
26	23	16	5	04
27	23	20	5	04
28	23	24	5	05
29	23	28	5	05
30	23	32	5	05
31	23	36	5	06

	AUGUST			
1	23♊	41	5S	06
2	23	45	5	06
3	23	49	5	07
4	23	52	5	07
5	23	56	5	07
6	24	00	5	08
7	24	04	5	08
8	24	08	5	08
9	24	11	5	09
10	24	15	5	09
11	24	19	5	10
12	24	22	5	10
13	24	26	5	10
14	24	29	5	11
15	24	32	5	11
16	24	36	5	12
17	24	39	5	12
18	24	42	5	12
19	24	45	5	13
20	24	49	5	13
21	24	52	5	14
22	24	55	5	14
23	24	58	5	15
24	25	00	5	15
25	25	03	5	15
26	25	06	5	16
27	25	09	5	16
28	25	11	5	17
29	25	14	5	17
30	25	16	5	18
31	25	19	5	18

	SEPTEMBER			
1	25♊	21	5S	19
2	25	24	5	19
3	25	26	5	19
4	25	28	5	20
5	25	30	5	20
6	25	32	5	21
7	25	34	5	21
8	25	36	5	22
9	25	38	5	22
10	25	40	5	23
11	25	41	5	23
12	25	43	5	24
13	25	45	5	24
14	25	46	5	25
15	25	48	5	25
16	25	49	5	26
17	25	50	5	26
18	25	51	5	27
19	25	53	5	27
20	25	54	5	28
21	25	55	5	28
22	25	55	5	29
23	25	56	5	29
24	25	57	5	30
25	25	58	5	30
26	25	58	5	31
27	25	59	5	31
28	25	59	5	32
29	26	00	5	32
30	26	00	5	33

	OCTOBER			
1	26♊	00	5S	33
2	26	00	5	34
3	26	00	5	34
4	26	01	5	35
5	26	00R	5	35
6	26	00	5	36
7	26	00	5	36
8	26	00	5	37
9	25	59	5	38
10	25	59	5	38
11	25	58	5	39
12	25	58	5	39
13	25	57	5	40
14	25	56	5	40
15	25	55	5	41
16	25	55	5	41
17	25	54	5	41
18	25	52	5	42
19	25	51	5	42
20	25	50	5	43
21	25	49	5	43
22	25	47	5	44
23	25	46	5	44
24	25	45	5	45
25	25	43	5	45
26	25	41	5	46
27	25	40	5	46
28	25	38	5	47
29	25	36	5	47
30	25	34	5	48
31	25	32	5	48

	NOVEMBER			
1	25♊	30R	5S	48
2	25	28	5	49
3	25	26	5	49
4	25	24	5	50
5	25	21	5	50
6	25	19	5	51
7	25	16	5	51
8	25	14	5	51
9	25	11	5	52
10	25	09	5	52
11	25	06	5	53
12	25	03	5	53
13	25	01	5	53
14	24	58	5	54
15	24	55	5	54
16	24	52	5	54
17	24	49	5	55
18	24	46	5	55
19	24	43	5	55
20	24	40	5	56
21	24	37	5	56
22	24	33	5	56
23	24	30	5	57
24	24	27	5	57
25	24	24	5	57
26	24	20	5	57
27	24	17	5	58
28	24	13	5	58
29	24	10	5	58
30	24	07	5	58

	DECEMBER			
1	24♊	03R	5S	59
2	24	00	5	59
3	23	56	5	59
4	23	52	5	59
5	23	49	5	59
6	23	45	6	00
7	23	42	6	00
8	23	38	6	00
9	23	34	6	00
10	23	31	6	00
11	23	27	6	00
12	23	23	6	01
13	23	19	6	01
14	23	16	6	01
15	23	12	6	01
16	23	08	6	01
17	23	05	6	01
18	23	01	6	01
19	22	57	6	01
20	22	54	6	01
21	22	50	6	01
22	22	46	6	01
23	22	43	6	01
24	22	39	6	01
25	22	35	6	01
26	22	32	6	01
27	22	28	6	01
28	22	24	6	01
29	22	21	6	01
30	22	17	6	01
31	22	14	6	01

2038

⚷	JANUARY	
1	22♊10R	6S01
2	22 07	6 01
3	22 03	6 01
4	22 00	6 01
5	21 57	6 01
6	21 53	6 01
7	21 50	6 01
8	21 47	6 00
9	21 44	6 00
10	21 41	6 00
11	21 37	6 00
12	21 34	6 00
13	21 31	6 00
14	21 28	5 59
15	21 26	5 59
16	21 23	5 59
17	21 20	5 59
18	21 17	5 59
19	21 14	5 59
20	21 12	5 58
21	21 09	5 58
22	21 07	5 58
23	21 04	5 58
24	21 02	5 57
25	20 59	5 57
26	20 57	5 57
27	20 55	5 57
28	20 53	5 56
29	20 51	5 56
30	20 49	5 56
31	20 47	5 55

⚷	FEBRUARY	
1	20♊45R	5S55
2	20 43	5 55
3	20 41	5 55
4	20 40	5 54
5	20 38	5 54
6	20 37	5 54
7	20 35	5 53
8	20 34	5 53
9	20 32	5 53
10	20 31	5 52
11	20 30	5 52
12	20 29	5 52
13	20 28	5 51
14	20 27	5 51
15	20 26	5 51
16	20 25	5 50
17	20 25	5 50
18	20 24	5 50
19	20 24	5 49
20	20 23	5 49
21	20 23	5 49
22	20 23	5 48
23	20 22	5 48
24	20 22	5 48
25	20 22D	5 47
26	20 22	5 47
27	20 22	5 46
28	20 23	5 46

	MARCH	
1	20♊23	5S46
2	20 23	5 45
3	20 24	5 45
4	20 24	5 45
5	20 25	5 44
6	20 25	5 44
7	20 26	5 43
8	20 27	5 43
9	20 28	5 43
10	20 29	5 42
11	20 30	5 42
12	20 31	5 42
13	20 32	5 41
14	20 34	5 41
15	20 35	5 41
16	20 36	5 40
17	20 38	5 40
18	20 40	5 39
19	20 41	5 39
20	20 43	5 39
21	20 45	5 38
22	20 47	5 38
23	20 49	5 38
24	20 51	5 37
25	20 53	5 37
26	20 55	5 37
27	20 57	5 36
28	21 00	5 36
29	21 02	5 36
30	21 05	5 35
31	21 07	5 35

	APRIL	
1	21♊10	5S35
2	21 12	5 34
3	21 15	5 34
4	21 18	5 34
5	21 21	5 33
6	21 24	5 33
7	21 27	5 33
8	21 30	5 32
9	21 33	5 32
10	21 36	5 32
11	21 40	5 32
12	21 43	5 31
13	21 46	5 31
14	21 50	5 31
15	21 53	5 30
16	21 57	5 30
17	22 00	5 30
18	22 04	5 30
19	22 08	5 29
20	22 11	5 29
21	22 15	5 29
22	22 19	5 29
23	22 23	5 28
24	22 27	5 28
25	22 31	5 28
26	22 35	5 28
27	22 39	5 27
28	22 43	5 27
29	22 48	5 27
30	22 52	5 27

	MAY	
1	22♊56	5S27
2	23 01	5 26
3	23 05	5 26
4	23 09	5 26
5	23 14	5 26
6	23 18	5 26
7	23 23	5 26
8	23 28	5 25
9	23 32	5 25
10	23 37	5 25
11	23 42	5 25
12	23 46	5 25
13	23 51	5 25
14	23 56	5 24
15	24 01	5 24
16	24 06	5 24
17	24 11	5 24
18	24 15	5 24
19	24 20	5 24
20	24 25	5 24
21	24 30	5 24
22	24 35	5 24
23	24 41	5 24
24	24 46	5 23
25	24 51	5 23
26	24 56	5 23
27	25 01	5 23
28	25 06	5 23
29	25 11	5 23
30	25 17	5 23
31	25 22	5 23

	JUNE	
1	25♊27	5S23
2	25 33	5 23
3	25 38	5 23
4	25 43	5 23
5	25 48	5 23
6	25 54	5 23
7	25 59	5 23
8	26 05	5 23
9	26 10	5 23
10	26 15	5 23
11	26 21	5 23
12	26 26	5 23
13	26 31	5 23
14	26 37	5 23
15	26 42	5 23
16	26 48	5 23
17	26 53	5 23
18	26 59	5 23
19	27 04	5 23
20	27 09	5 23
21	27 15	5 24
22	27 20	5 24
23	27 26	5 24
24	27 31	5 24
25	27 37	5 24
26	27 42	5 24
27	27 47	5 24
28	27 53	5 24
29	27 58	5 24
30	28 04	5 25

	JULY	
1	28♊09	5S25
2	28 14	5 25
3	28 20	5 25
4	28 25	5 25
5	28 30	5 25
6	28 36	5 26
7	28 41	5 26
8	28 46	5 26
9	28 52	5 26
10	28 57	5 26
11	29 02	5 27
12	29 07	5 27
13	29 12	5 27
14	29 18	5 27
15	29 23	5 27
16	29 28	5 28
17	29 33	5 28
18	29 38	5 28
19	29 43	5 28
20	29 48	5 29
21	29 53	5 29
22	29 58	5 29
23	0♋03	5 29
24	0 08	5 30
25	0 13	5 30
26	0 18	5 30
27	0 23	5 31
28	0 28	5 31
29	0 32	5 31
30	0 37	5 31
31	0 42	5 32

	AUGUST	
1	0♋46	5S32
2	0 51	5 32
3	0 56	5 33
4	1 00	5 33
5	1 05	5 33
6	1 09	5 34
7	1 14	5 34
8	1 18	5 35
9	1 22	5 35
10	1 27	5 35
11	1 31	5 36
12	1 35	5 36
13	1 39	5 36
14	1 43	5 37
15	1 47	5 37
16	1 51	5 38
17	1 55	5 38
18	1 59	5 39
19	2 03	5 39
20	2 07	5 39
21	2 11	5 40
22	2 14	5 40
23	2 18	5 41
24	2 22	5 41
25	2 25	5 42
26	2 29	5 42
27	2 32	5 42
28	2 36	5 43
29	2 39	5 43
30	2 42	5 44
31	2 45	5 44

	SEPTEMBER	
1	2♋48	5S45
2	2 51	5 45
3	2 54	5 46
4	2 57	5 46
5	3 00	5 47
6	3 03	5 47
7	3 06	5 48
8	3 09	5 48
9	3 11	5 49
10	3 14	5 49
11	3 16	5 50
12	3 19	5 50
13	3 21	5 51
14	3 23	5 51
15	3 25	5 52
16	3 27	5 53
17	3 29	5 53
18	3 31	5 54
19	3 33	5 54
20	3 35	5 55
21	3 37	5 55
22	3 39	5 56
23	3 40	5 56
24	3 42	5 57
25	3 43	5 57
26	3 44	5 58
27	3 46	5 59
28	3 47	5 59
29	3 48	6 00
30	3 49	6 00

	OCTOBER	
1	3♋50	6S01
2	3 51	6 01
3	3 52	6 02
4	3 53	6 03
5	3 53	6 03
6	3 54	6 04
7	3 54	6 04
8	3 55	6 05
9	3 55	6 05
10	3 55	6 06
11	3 55	6 07
12	3 56	6 07
13	3 56R	6 08
14	3 56	6 08
15	3 55	6 09
16	3 55	6 09
17	3 55	6 10
18	3 54	6 11
19	3 54	6 11
20	3 53	6 12
21	3 53	6 12
22	3 52	6 13
23	3 51	6 13
24	3 50	6 14
25	3 49	6 14
26	3 48	6 15
27	3 47	6 15
28	3 46	6 16
29	3 45	6 17
30	3 43	6 17
31	3 42	6 18

	NOVEMBER	
1	3♋41R	6S18
2	3 39	6 19
3	3 37	6 19
4	3 36	6 20
5	3 34	6 20
6	3 32	6 21
7	3 30	6 21
8	3 28	6 22
9	3 26	6 22
10	3 24	6 23
11	3 21	6 23
12	3 19	6 24
13	3 17	6 24
14	3 14	6 25
15	3 12	6 25
16	3 09	6 25
17	3 07	6 26
18	3 04	6 26
19	3 01	6 27
20	2 58	6 27
21	2 56	6 28
22	2 53	6 28
23	2 50	6 28
24	2 47	6 29
25	2 44	6 29
26	2 40	6 29
27	2 37	6 30
28	2 34	6 30
29	2 31	6 30
30	2 27	6 31

	DECEMBER	
1	2♋24R	6S31
2	2 21	6 31
3	2 17	6 32
4	2 14	6 32
5	2 10	6 32
6	2 07	6 33
7	2 03	6 33
8	1 59	6 33
9	1 56	6 33
10	1 52	6 34
11	1 48	6 34
12	1 45	6 34
13	1 41	6 34
14	1 37	6 34
15	1 33	6 35
16	1 30	6 35
17	1 26	6 35
18	1 22	6 35
19	1 18	6 35
20	1 14	6 35
21	1 10	6 35
22	1 07	6 36
23	1 03	6 36
24	0 59	6 36
25	0 55	6 36
26	0 51	6 36
27	0 47	6 36
28	0 43	6 36
29	0 40	6 36
30	0 36	6 36
31	0 32	6 36

2039

⚷	JANUARY	
1	0♋28R	6S36
2	0 24	6 36
3	0 21	6 36
4	0 17	6 36
5	0 13	6 36
6	0 09	6 36
7	0 06	6 36
8	0 02	6 36
9	29♊58	6 35
10	29 55	6 35
11	29 51	6 35
12	29 48	6 35
13	29 44	6 35
14	29 41	6 35
15	29 37	6 35
16	29 34	6 35
17	29 31	6 34
18	29 28	6 34
19	29 24	6 34
20	29 21	6 34
21	29 18	6 34
22	29 15	6 33
23	29 12	6 33
24	29 09	6 33
25	29 06	6 33
26	29 03	6 32
27	29 00	6 32
28	28 58	6 32
29	28 55	6 32
30	28 52	6 31
31	28 50	6 31

	MARCH	
1	28♊08R	6S20
2	28 08	6 20
3	28 08	6 19
4	28 08D	6 19
5	28 08	6 18
6	28 08	6 18
7	28 08	6 17
8	28 08	6 17
9	28 09	6 16
10	28 09	6 16
11	28 10	6 16
12	28 10	6 15
13	28 11	6 15
14	28 12	6 14
15	28 13	6 14
16	28 14	6 13
17	28 15	6 13
18	28 16	6 12
19	28 17	6 12
20	28 18	6 12
21	28 20	6 11
22	28 21	6 11
23	28 23	6 10
24	28 24	6 10
25	28 26	6 09
26	28 28	6 09
27	28 29	6 08
28	28 31	6 08
29	28 33	6 08
30	28 35	6 07
31	28 38	6 07

	MAY	
1	0♋19	5S56
2	0 23	5 55
3	0 27	5 55
4	0 32	5 55
5	0 36	5 54
6	0 41	5 54
7	0 45	5 54
8	0 50	5 54
9	0 54	5 53
10	0 59	5 53
11	1 04	5 53
12	1 08	5 53
13	1 13	5 52
14	1 18	5 52
15	1 23	5 52
16	1 28	5 52
17	1 33	5 51
18	1 38	5 51
19	1 43	5 51
20	1 48	5 51
21	1 53	5 51
22	1 58	5 51
23	2 03	5 50
24	2 08	5 50
25	2 13	5 50
26	2 19	5 50
27	2 24	5 50
28	2 29	5 50
29	2 35	5 49
30	2 40	5 49
31	2 45	5 49

	JULY	
1	5♋42	5S49
2	5 47	5 49
3	5 53	5 49
4	5 59	5 49
5	6 05	5 49
6	6 11	5 49
7	6 16	5 49
8	6 22	5 49
9	6 28	5 50
10	6 34	5 50
11	6 39	5 50
12	6 45	5 50
13	6 51	5 50
14	6 56	5 50
15	7 02	5 51
16	7 08	5 51
17	7 14	5 51
18	7 19	5 51
19	7 25	5 51
20	7 30	5 52
21	7 36	5 52
22	7 42	5 52
23	7 47	5 52
24	7 53	5 52
25	7 58	5 53
26	8 04	5 53
27	8 09	5 53
28	8 15	5 53
29	8 20	5 54
30	8 25	5 54
31	8 31	5 54

	SEPTEMBER	
1	11♋01	6S07
2	11 05	6 07
3	11 09	6 08
4	11 13	6 08
5	11 17	6 09
6	11 20	6 09
7	11 24	6 10
8	11 27	6 10
9	11 31	6 11
10	11 34	6 11
11	11 38	6 12
12	11 41	6 12
13	11 44	6 13
14	11 47	6 13
15	11 50	6 14
16	11 53	6 14
17	11 56	6 15
18	11 59	6 15
19	12 02	6 16
20	12 05	6 17
21	12 07	6 17
22	12 10	6 18
23	12 12	6 18
24	12 15	6 19
25	12 17	6 20
26	12 19	6 20
27	12 22	6 21
28	12 24	6 21
29	12 26	6 22
30	12 28	6 22

	NOVEMBER	
1	12♋46R	6S42
2	12 46	6 43
3	12 45	6 44
4	12 44	6 44
5	12 43	6 45
6	12 41	6 45
7	12 40	6 46
8	12 39	6 47
9	12 37	6 47
10	12 36	6 48
11	12 34	6 48
12	12 33	6 49
13	12 31	6 49
14	12 29	6 50
15	12 27	6 50
16	12 25	6 51
17	12 23	6 52
18	12 21	6 52
19	12 19	6 53
20	12 17	6 53
21	12 14	6 54
22	12 12	6 54
23	12 09	6 55
24	12 07	6 55
25	12 04	6 56
26	12 01	6 56
27	11 59	6 57
28	11 56	6 57
29	11 53	6 57
30	11 50	6 58

⚷	FEBRUARY	
1	28♊47R	6S31
2	28 45	6 30
3	28 43	6 30
4	28 40	6 30
5	28 38	6 29
6	28 36	6 29
7	28 34	6 29
8	28 32	6 28
9	28 30	6 28
10	28 28	6 28
11	28 26	6 27
12	28 25	6 27
13	28 23	6 27
14	28 22	6 26
15	28 20	6 26
16	28 19	6 25
17	28 17	6 25
18	28 16	6 25
19	28 15	6 24
20	28 14	6 24
21	28 13	6 23
22	28 12	6 23
23	28 11	6 23
24	28 11	6 22
25	28 10	6 22
26	28 09	6 21
27	28 09	6 21
28	28 09	6 20

	APRIL	
1	28♊40	6S06
2	28 42	6 06
3	28 45	6 06
4	28 47	6 05
5	28 50	6 05
6	28 52	6 04
7	28 55	6 04
8	28 58	6 04
9	29 00	6 03
10	29 03	6 03
11	29 06	6 02
12	29 09	6 02
13	29 12	6 02
14	29 15	6 01
15	29 19	6 01
16	29 22	6 00
17	29 25	6 00
18	29 29	6 00
19	29 32	5 59
20	29 36	5 59
21	29 39	5 59
22	29 43	5 58
23	29 47	5 58
24	29 51	5 58
25	29 55	5 57
26	29 58	5 57
27	0♋02	5 57
28	0 06	5 56
29	0 11	5 56
30	0 15	5 56

	JUNE	
1	2♋51	5S49
2	2 56	5 49
3	3 02	5 49
4	3 07	5 49
5	3 13	5 49
6	3 18	5 49
7	3 24	5 49
8	3 30	5 48
9	3 35	5 48
10	3 41	5 48
11	3 46	5 48
12	3 52	5 48
13	3 58	5 48
14	4 03	5 48
15	4 09	5 48
16	4 15	5 48
17	4 21	5 48
18	4 26	5 48
19	4 32	5 48
20	4 38	5 48
21	4 44	5 48
22	4 49	5 48
23	4 55	5 48
24	5 01	5 48
25	5 07	5 48
26	5 13	5 48
27	5 18	5 48
28	5 24	5 48
29	5 30	5 49
30	5 36	5 49

	AUGUST	
1	8♋36	5S55
2	8 41	5 55
3	8 47	5 55
4	8 52	5 55
5	8 57	5 56
6	9 02	5 56
7	9 07	5 56
8	9 12	5 57
9	9 17	5 57
10	9 22	5 57
11	9 27	5 58
12	9 32	5 58
13	9 37	5 59
14	9 42	5 59
15	9 47	5 59
16	9 52	6 00
17	9 56	6 00
18	10 01	6 00
19	10 06	6 01
20	10 10	6 01
21	10 15	6 02
22	10 19	6 02
23	10 24	6 03
24	10 28	6 03
25	10 32	6 03
26	10 37	6 04
27	10 41	6 04
28	10 45	6 05
29	10 49	6 05
30	10 53	6 06
31	10 57	6 06

	OCTOBER	
1	12♋30	6S23
2	12 31	6 24
3	12 33	6 24
4	12 35	6 25
5	12 36	6 26
6	12 38	6 26
7	12 39	6 27
8	12 41	6 27
9	12 42	6 28
10	12 43	6 29
11	12 44	6 29
12	12 45	6 30
13	12 46	6 31
14	12 47	6 31
15	12 47	6 32
16	12 48	6 32
17	12 49	6 33
18	12 49	6 34
19	12 49	6 34
20	12 50	6 35
21	12 50	6 36
22	12 50	6 36
23	12 50R	6 37
24	12 50	6 37
25	12 50	6 38
26	12 50	6 39
27	12 49	6 39
28	12 49	6 40
29	12 48	6 41
30	12 48	6 41
31	12 47	6 42

	DECEMBER	
1	11♋47R	6S58
2	11 44	6 59
3	11 41	6 59
4	11 38	7 00
5	11 34	7 00
6	11 31	7 00
7	11 28	7 01
8	11 24	7 01
9	11 21	7 01
10	11 17	7 02
11	11 14	7 02
12	11 10	7 02
13	11 07	7 03
14	11 03	7 03
15	10 59	7 03
16	10 56	7 04
17	10 52	7 04
18	10 48	7 04
19	10 44	7 04
20	10 40	7 05
21	10 36	7 05
22	10 32	7 05
23	10 29	7 05
24	10 25	7 05
25	10 21	7 06
26	10 17	7 06
27	10 13	7 06
28	10 09	7 06
29	10 05	7 06
30	10 01	7 06
31	9 57	7 06

2040

⚷	JANUARY		MARCH		MAY		JULY		SEPTEMBER		NOVEMBER	
1	9♋52R	7S06	6♋57R	6S51	8♋41	6S20	14♋12	6S08	20♋12	6S22	22♋56	6S58
2	9 48	7 06	6 56	6 50	8 45	6 20	14 18	6 08	20 17	6 22	22 56R	6 59
3	9 44	7 06	6 56	6 50	8 50	6 20	14 24	6 08	20 22	6 23	22 56	7 00
4	9 40	7 07	6 55	6 49	8 54	6 19	14 30	6 08	20 27	6 23	22 56	7 00
5	9 36	7 07	6 54	6 49	8 58	6 19	14 37	6 08	20 31	6 24	22 56	7 01
6	9 32	7 07	6 54	6 48	9 02	6 19	14 43	6 08	20 36	6 24	22 56	7 02
7	9 28	7 07	6 53	6 48	9 07	6 18	14 49	6 08	20 40	6 25	22 55	7 02
8	9 24	7 07	6 53	6 47	9 11	6 18	14 55	6 08	20 45	6 25	22 55	7 03
9	9 20	7 07	6 53	6 47	9 16	6 17	15 02	6 08	20 49	6 26	22 54	7 04
10	9 16	7 06	6 53	6 46	9 20	6 17	15 08	6 08	20 54	6 26	22 54	7 04
11	9 12	7 06	6 53D	6 46	9 25	6 17	15 14	6 08	20 58	6 27	22 53	7 05
12	9 08	7 06	6 53	6 45	9 30	6 16	15 20	6 08	21 02	6 27	22 52	7 06
13	9 05	7 06	6 53	6 45	9 34	6 16	15 27	6 08	21 06	6 28	22 51	7 06
14	9 01	7 06	6 53	6 44	9 39	6 16	15 33	6 08	21 10	6 28	22 50	7 07
15	8 57	7 06	6 53	6 43	9 44	6 15	15 39	6 08	21 14	6 29	22 49	7 08
16	8 53	7 06	6 54	6 43	9 49	6 15	15 45	6 09	21 18	6 29	22 48	7 08
17	8 49	7 06	6 54	6 42	9 54	6 15	15 51	6 09	21 22	6 30	22 47	7 09
18	8 45	7 06	6 55	6 42	9 59	6 14	15 58	6 09	21 26	6 30	22 45	7 09
19	8 42	7 06	6 55	6 41	10 04	6 14	16 04	6 09	21 30	6 31	22 44	7 10
20	8 38	7 05	6 56	6 41	10 09	6 14	16 10	6 09	21 33	6 32	22 42	7 11
21	8 34	7 05	6 57	6 40	10 14	6 14	16 16	6 09	21 37	6 32	22 40	7 11
22	8 31	7 05	6 58	6 40	10 19	6 13	16 22	6 09	21 41	6 33	22 39	7 12
23	8 27	7 05	6 59	6 39	10 24	6 13	16 28	6 09	21 44	6 33	22 37	7 12
24	8 24	7 05	7 00	6 39	10 30	6 13	16 35	6 10	21 47	6 34	22 35	7 13
25	8 20	7 04	7 01	6 38	10 35	6 12	16 41	6 10	21 51	6 34	22 33	7 14
26	8 17	7 04	7 02	6 38	10 40	6 12	16 47	6 10	21 54	6 35	22 31	7 14
27	8 13	7 04	7 04	6 37	10 46	6 12	16 53	6 10	21 57	6 36	22 29	7 15
28	8 10	7 04	7 05	6 37	10 51	6 12	16 59	6 10	22 00	6 36	22 27	7 15
29	8 07	7 03	7 07	6 36	10 56	6 11	17 05	6 11	22 03	6 37	22 24	7 16
30	8 03	7 03	7 08	6 36	11 02	6 11	17 11	6 11	22 06	6 37	22 22	7 16
31	8 00	7 03	7 10	6 35	11 07	6 11	17 17	6 11				

⚷	FEBRUARY		APRIL		JUNE		AUGUST		OCTOBER		DECEMBER	
1	7♋57R	7S03	7♋12	6S34	11♋13	6S11	17♋23	6S11	22♋09	6S38	22♋20R	7S17
2	7 54	7 02	7 14	6 34	11 19	6 11	17 29	6 12	22 12	6 39	22 17	7 17
3	7 51	7 02	7 15	6 33	11 24	6 10	17 35	6 12	22 15	6 39	22 14	7 18
4	7 48	7 02	7 18	6 33	11 30	6 10	17 41	6 12	22 17	6 40	22 12	7 19
5	7 45	7 01	7 20	6 32	11 36	6 10	17 47	6 12	22 20	6 40	22 09	7 19
6	7 42	7 01	7 22	6 32	11 41	6 10	17 52	6 13	22 22	6 41	22 06	7 20
7	7 40	7 01	7 24	6 31	11 47	6 10	17 58	6 13	22 25	6 42	22 03	7 20
8	7 37	7 00	7 26	6 31	11 53	6 10	18 04	6 13	22 27	6 42	22 00	7 20
9	7 34	7 00	7 29	6 30	11 59	6 09	18 10	6 13	22 29	6 43	21 57	7 21
10	7 32	7 00	7 31	6 30	12 04	6 09	18 16	6 14	22 31	6 44	21 54	7 21
11	7 29	6 59	7 34	6 29	12 10	6 09	18 21	6 14	22 33	6 44	21 51	7 22
12	7 27	6 59	7 37	6 29	12 16	6 09	18 27	6 14	22 35	6 45	21 48	7 22
13	7 25	6 58	7 39	6 28	12 22	6 09	18 33	6 15	22 37	6 46	21 44	7 23
14	7 22	6 58	7 42	6 28	12 28	6 09	18 38	6 15	22 39	6 46	21 41	7 23
15	7 20	6 58	7 45	6 28	12 34	6 09	18 44	6 15	22 41	6 47	21 38	7 24
16	7 18	6 57	7 48	6 27	12 40	6 08	18 49	6 16	22 42	6 48	21 34	7 24
17	7 16	6 57	7 51	6 27	12 46	6 08	18 55	6 16	22 44	6 48	21 31	7 24
18	7 14	6 56	7 54	6 26	12 52	6 08	19 00	6 16	22 45	6 49	21 27	7 25
19	7 12	6 56	7 58	6 26	12 58	6 08	19 06	6 17	22 47	6 50	21 23	7 25
20	7 10	6 55	8 01	6 25	13 04	6 08	19 11	6 17	22 48	6 50	21 20	7 25
21	7 09	6 55	8 04	6 25	13 10	6 08	19 17	6 17	22 49	6 51	21 16	7 26
22	7 07	6 55	8 08	6 24	13 16	6 08	19 22	6 18	22 50	6 52	21 12	7 26
23	7 06	6 54	8 11	6 24	13 22	6 08	19 27	6 18	22 51	6 52	21 08	7 26
24	7 04	6 54	8 15	6 23	13 29	6 08	19 32	6 18	22 52	6 53	21 05	7 27
25	7 03	6 53	8 18	6 23	13 35	6 08	19 38	6 19	22 53	6 54	21 01	7 27
26	7 01	6 53	8 22	6 23	13 41	6 08	19 43	6 19	22 54	6 54	20 57	7 27
27	7 00	6 52	8 26	6 22	13 47	6 08	19 48	6 20	22 54	6 55	20 53	7 27
28	6 59	6 52	8 30	6 22	13 53	6 08	19 53	6 20	22 55	6 56	20 49	7 28
29	6 58	6 51	8 33	6 21	13 59	6 08	19 58	6 21	22 55	6 56	20 45	7 28
30			8 37	6 21	14 06	6 08	20 03	6 21	22 56	6 57	20 41	7 28
31							20 08	6 21	22 56	6 58	20 37	7 28

⚷	JANUARY	
1	20♋33R	7S28
2	20 28	7 29
3	20 24	7 29
4	20 20	7 29
5	20 16	7 29
6	20 12	7 29
7	20 08	7 29
8	20 03	7 29
9	19 59	7 29
10	19 55	7 29
11	19 51	7 29
12	19 47	7 29
13	19 42	7 29
14	19 38	7 29
15	19 34	7 29
16	19 30	7 29
17	19 26	7 29
18	19 21	7 29
19	19 17	7 29
20	19 13	7 29
21	19 09	7 29
22	19 05	7 29
23	19 01	7 29
24	18 57	7 29
25	18 53	7 28
26	18 49	7 28
27	18 45	7 28
28	18 41	7 28
29	18 37	7 28
30	18 33	7 27
31	18 30	7 27

	MARCH	
1	17♋07R	7S15
2	17 05	7 15
3	17 03	7 14
4	17 02	7 14
5	17 00	7 13
6	16 59	7 13
7	16 58	7 12
8	16 57	7 12
9	16 55	7 11
10	16 54	7 10
11	16 54	7 10
12	16 53	7 09
13	16 52	7 09
14	16 51	7 08
15	16 51	7 07
16	16 50	7 07
17	16 50	7 06
18	16 50	7 06
19	16 50	7 05
20	16 49D	7 04
21	16 49	7 04
22	16 50	7 03
23	16 50	7 03
24	16 50	7 02
25	16 50	7 01
26	16 51	7 01
27	16 52	7 00
28	16 52	6 59
29	16 53	6 59
30	16 54	6 58
31	16 55	6 58

	MAY	
1	18♋09	6S39
2	18 12	6 39
3	18 16	6 38
4	18 20	6 38
5	18 24	6 37
6	18 28	6 37
7	18 32	6 36
8	18 36	6 36
9	18 40	6 35
10	18 45	6 35
11	18 49	6 34
12	18 53	6 34
13	18 58	6 33
14	19 02	6 33
15	19 07	6 32
16	19 12	6 32
17	19 16	6 32
18	19 21	6 31
19	19 26	6 31
20	19 31	6 30
21	19 36	6 30
22	19 41	6 29
23	19 46	6 29
24	19 51	6 29
25	19 56	6 28
26	20 01	6 28
27	20 07	6 27
28	20 12	6 27
29	20 17	6 27
30	20 23	6 26
31	20 28	6 26

	JULY	
1	23♋38	6S19
2	23 44	6 19
3	23 51	6 18
4	23 57	6 18
5	24 04	6 18
6	24 11	6 18
7	24 17	6 18
8	24 24	6 18
9	24 31	6 18
10	24 37	6 18
11	24 44	6 18
12	24 51	6 18
13	24 57	6 18
14	25 04	6 18
15	25 11	6 18
16	25 17	6 18
17	25 24	6 18
18	25 31	6 18
19	25 38	6 18
20	25 44	6 18
21	25 51	6 18
22	25 58	6 18
23	26 05	6 18
24	26 11	6 18
25	26 18	6 18
26	26 25	6 18
27	26 31	6 18
28	26 38	6 18
29	26 45	6 18
30	26 51	6 18
31	26 58	6 19

	SEPTEMBER	
1	0♌21	6S26
2	0 26	6 27
3	0 32	6 27
4	0 38	6 27
5	0 43	6 28
6	0 49	6 28
7	0 55	6 29
8	1 00	6 29
9	1 06	6 29
10	1 11	6 30
11	1 16	6 30
12	1 22	6 31
13	1 27	6 31
14	1 32	6 32
15	1 37	6 32
16	1 42	6 33
17	1 47	6 33
18	1 52	6 34
19	1 57	6 34
20	2 02	6 35
21	2 07	6 35
22	2 12	6 36
23	2 16	6 36
24	2 21	6 37
25	2 25	6 37
26	2 30	6 38
27	2 34	6 38
28	2 38	6 39
29	2 43	6 39
30	2 47	6 40

	NOVEMBER	
1	4♌18	7S00
2	4 19	7 01
3	4 20	7 02
4	4 22	7 02
5	4 23	7 03
6	4 24	7 04
7	4 25	7 04
8	4 25	7 05
9	4 26	7 06
10	4 27	7 07
11	4 27	7 07
12	4 28	7 08
13	4 28	7 09
14	4 28	7 09
15	4 28R	7 10
16	4 28	7 11
17	4 28	7 11
18	4 28	7 12
19	4 27	7 13
20	4 27	7 13
21	4 27	7 14
22	4 26	7 15
23	4 25	7 15
24	4 24	7 16
25	4 24	7 17
26	4 23	7 17
27	4 21	7 18
28	4 20	7 19
29	4 19	7 19
30	4 18	7 20

⚷	FEBRUARY	
1	18♋26R	7S27
2	18 22	7 27
3	18 19	7 26
4	18 15	7 26
5	18 12	7 26
6	18 08	7 26
7	18 05	7 25
8	18 01	7 25
9	17 58	7 25
10	17 55	7 24
11	17 52	7 24
12	17 48	7 23
13	17 45	7 23
14	17 42	7 23
15	17 40	7 22
16	17 37	7 22
17	17 34	7 21
18	17 31	7 21
19	17 29	7 20
20	17 26	7 20
21	17 24	7 20
22	17 21	7 19
23	17 19	7 19
24	17 17	7 18
25	17 14	7 18
26	17 12	7 17
27	17 10	7 17
28	17 09	7 16

	APRIL	
1	16♋56	6S57
2	16 57	6 56
3	16 58	6 56
4	17 00	6 55
5	17 01	6 55
6	17 03	6 54
7	17 04	6 53
8	17 06	6 53
9	17 08	6 52
10	17 10	6 51
11	17 12	6 51
12	17 14	6 50
13	17 16	6 50
14	17 18	6 49
15	17 20	6 48
16	17 23	6 48
17	17 25	6 47
18	17 28	6 47
19	17 30	6 46
20	17 33	6 45
21	17 36	6 45
22	17 39	6 44
23	17 42	6 44
24	17 45	6 43
25	17 48	6 43
26	17 51	6 42
27	17 55	6 42
28	17 58	6 41
29	18 01	6 40
30	18 05	6 40

	JUNE	
1	20♋34	6S26
2	20 39	6 25
3	20 45	6 25
4	20 51	6 25
5	20 57	6 24
6	21 02	6 24
7	21 08	6 24
8	21 14	6 23
9	21 20	6 23
10	21 26	6 23
11	21 32	6 23
12	21 38	6 22
13	21 44	6 22
14	21 50	6 22
15	21 56	6 22
16	22 02	6 21
17	22 08	6 21
18	22 15	6 21
19	22 21	6 21
20	22 27	6 20
21	22 33	6 20
22	22 40	6 20
23	22 46	6 20
24	22 52	6 20
25	22 59	6 19
26	23 05	6 19
27	23 12	6 19
28	23 18	6 19
29	23 25	6 19
30	23 31	6 19

	AUGUST	
1	27♋05	6S19
2	27 11	6 19
3	27 18	6 19
4	27 25	6 19
5	27 31	6 19
6	27 38	6 19
7	27 44	6 20
8	27 51	6 20
9	27 58	6 20
10	28 04	6 20
11	28 11	6 20
12	28 17	6 21
13	28 24	6 21
14	28 30	6 21
15	28 36	6 21
16	28 43	6 21
17	28 49	6 22
18	28 55	6 22
19	29 02	6 22
20	29 08	6 22
21	29 14	6 23
22	29 20	6 23
23	29 27	6 23
24	29 33	6 24
25	29 39	6 24
26	29 45	6 24
27	29 51	6 25
28	29 57	6 25
29	0♌03	6 25
30	0 09	6 26
31	0 15	6 26

	OCTOBER	
1	2♌51	6S40
2	2 55	6 41
3	2 59	6 42
4	3 03	6 42
5	3 07	6 43
6	3 10	6 43
7	3 14	6 44
8	3 18	6 45
9	3 21	6 45
10	3 25	6 46
11	3 28	6 46
12	3 31	6 47
13	3 34	6 48
14	3 37	6 48
15	3 40	6 49
16	3 43	6 50
17	3 46	6 50
18	3 49	6 51
19	3 52	6 52
20	3 54	6 52
21	3 57	6 53
22	3 59	6 54
23	4 01	6 54
24	4 04	6 55
25	4 06	6 56
26	4 08	6 56
27	4 10	6 57
28	4 11	6 58
29	4 13	6 58
30	4 15	6 59
31	4 16	7 00

	DECEMBER	
1	4♌16R	7S21
2	4 15	7 21
3	4 13	7 22
4	4 11	7 22
5	4 09	7 23
6	4 07	7 24
7	4 05	7 24
8	4 03	7 25
9	4 01	7 25
10	3 59	7 26
11	3 56	7 27
12	3 54	7 27
13	3 51	7 28
14	3 49	7 28
15	3 46	7 29
16	3 43	7 29
17	3 40	7 30
18	3 38	7 30
19	3 35	7 31
20	3 31	7 31
21	3 28	7 32
22	3 25	7 32
23	3 22	7 33
24	3 18	7 33
25	3 15	7 33
26	3 11	7 34
27	3 08	7 34
28	3 04	7 35
29	3 01	7 35
30	2 57	7 35
31	2 53	7 36

2042

☊	JANUARY	
1	2♌49R	7S36
2	2 45	7 36
3	2 42	7 36
4	2 38	7 37
5	2 34	7 37
6	2 29	7 37
7	2 25	7 38
8	2 21	7 38
9	2 17	7 38
10	2 13	7 38
11	2 09	7 38
12	2 04	7 38
13	2 00	7 39
14	1 56	7 39
15	1 51	7 39
16	1 47	7 39
17	1 43	7 39
18	1 38	7 39
19	1 34	7 39
20	1 30	7 39
21	1 25	7 39
22	1 21	7 39
23	1 16	7 39
24	1 12	7 39
25	1 08	7 39
26	1 03	7 39
27	0 59	7 39
28	0 55	7 39
29	0 50	7 39
30	0 46	7 39
31	0 42	7 39

	MARCH	
1	28♋55R	7S28
2	28 53	7 28
3	28 50	7 27
4	28 47	7 27
5	28 45	7 26
6	28 43	7 26
7	28 40	7 25
8	28 38	7 24
9	28 36	7 24
10	28 34	7 23
11	28 32	7 23
12	28 30	7 22
13	28 28	7 21
14	28 27	7 21
15	28 25	7 20
16	28 23	7 20
17	28 22	7 19
18	28 21	7 18
19	28 20	7 18
20	28 18	7 17
21	28 17	7 16
22	28 17	7 16
23	28 16	7 15
24	28 15	7 14
25	28 14	7 14
26	28 14	7 13
27	28 13	7 12
28	28 13	7 11
29	28 13	7 11
30	28 13	7 10
31	28 13D	7 09

	MAY	
1	29♋01	6S48
2	29 04	6 47
3	29 07	6 46
4	29 10	6 46
5	29 14	6 45
6	29 17	6 44
7	29 20	6 44
8	29 24	6 43
9	29 28	6 42
10	29 31	6 42
11	29 35	6 41
12	29 39	6 41
13	29 43	6 40
14	29 47	6 39
15	29 51	6 39
16	29 55	6 38
17	0♌00	6 37
18	0 04	6 37
19	0 08	6 36
20	0 13	6 36
21	0 18	6 35
22	0 22	6 35
23	0 27	6 34
24	0 32	6 34
25	0 37	6 33
26	0 42	6 32
27	0 47	6 32
28	0 52	6 31
29	0 57	6 31
30	1 02	6 30
31	1 07	6 30

	JULY	
1	4♌16	6S18
2	4 23	6 17
3	4 29	6 17
4	4 36	6 17
5	4 43	6 17
6	4 50	6 16
7	4 57	6 16
8	5 04	6 16
9	5 11	6 16
10	5 18	6 16
11	5 25	6 15
12	5 32	6 15
13	5 39	6 15
14	5 46	6 15
15	5 53	6 15
16	6 00	6 15
17	6 07	6 14
18	6 14	6 14
19	6 22	6 14
20	6 29	6 14
21	6 36	6 14
22	6 43	6 14
23	6 50	6 14
24	6 58	6 14
25	7 05	6 14
26	7 12	6 13
27	7 19	6 13
28	7 26	6 13
29	7 34	6 13
30	7 41	6 13
31	7 48	6 13

	SEPTEMBER	
1	11♌36	6S16
2	11 43	6 17
3	11 50	6 17
4	11 56	6 17
5	12 03	6 17
6	12 10	6 18
7	12 16	6 18
8	12 23	6 18
9	12 29	6 18
10	12 36	6 19
11	12 42	6 19
12	12 49	6 19
13	12 55	6 20
14	13 02	6 20
15	13 08	6 20
16	13 14	6 21
17	13 20	6 21
18	13 27	6 21
19	13 33	6 22
20	13 39	6 22
21	13 45	6 22
22	13 51	6 23
23	13 57	6 23
24	14 02	6 24
25	14 08	6 24
26	14 14	6 24
27	14 20	6 25
28	14 25	6 25
29	14 31	6 26
30	14 36	6 26

	NOVEMBER	
1	16♌54	6S44
2	16 57	6 44
3	17 00	6 45
4	17 02	6 46
5	17 05	6 46
6	17 07	6 47
7	17 10	6 48
8	17 12	6 48
9	17 14	6 49
10	17 17	6 50
11	17 19	6 50
12	17 21	6 51
13	17 22	6 51
14	17 24	6 52
15	17 26	6 53
16	17 27	6 53
17	17 29	6 54
18	17 30	6 55
19	17 31	6 55
20	17 32	6 56
21	17 33	6 57
22	17 34	6 57
23	17 35	6 58
24	17 36	6 59
25	17 36	6 59
26	17 37	7 00
27	17 37	7 01
28	17 37	7 01
29	17 38	7 02
30	17 38R	7 03

☊	FEBRUARY	
1	0♌37R	7S38
2	0 33	7 38
3	0 29	7 38
4	0 25	7 38
5	0 20	7 38
6	0 16	7 37
7	0 12	7 37
8	0 08	7 37
9	0 04	7 37
10	0 00	7 36
11	29♋56	7 36
12	29 52	7 36
13	29 48	7 35
14	29 45	7 35
15	29 41	7 35
16	29 37	7 34
17	29 34	7 34
18	29 30	7 34
19	29 27	7 33
20	29 23	7 33
21	29 20	7 32
22	29 16	7 32
23	29 13	7 31
24	29 10	7 31
25	29 07	7 30
26	29 04	7 30
27	29 01	7 29
28	28 58	7 29

	APRIL	
1	28♋13	7S09
2	28 13	7 08
3	28 13	7 07
4	28 14	7 06
5	28 14	7 06
6	28 15	7 05
7	28 15	7 04
8	28 16	7 04
9	28 17	7 03
10	28 18	7 02
11	28 19	7 01
12	28 20	7 01
13	28 22	7 00
14	28 23	6 59
15	28 24	6 59
16	28 26	6 58
17	28 28	6 57
18	28 29	6 57
19	28 31	6 56
20	28 33	6 55
21	28 35	6 54
22	28 37	6 54
23	28 40	6 53
24	28 42	6 52
25	28 44	6 52
26	28 47	6 51
27	28 49	6 50
28	28 52	6 50
29	28 55	6 49
30	28 58	6 48

	JUNE	
1	1♌12	6S29
2	1 18	6 29
3	1 23	6 28
4	1 29	6 28
5	1 34	6 27
6	1 40	6 27
7	1 46	6 27
8	1 51	6 26
9	1 57	6 26
10	2 03	6 25
11	2 09	6 25
12	2 15	6 24
13	2 21	6 24
14	2 27	6 24
15	2 33	6 23
16	2 39	6 23
17	2 45	6 22
18	2 51	6 22
19	2 58	6 22
20	3 04	6 21
21	3 10	6 21
22	3 17	6 21
23	3 23	6 20
24	3 30	6 20
25	3 36	6 20
26	3 43	6 19
27	3 49	6 19
28	3 56	6 19
29	4 03	6 18
30	4 09	6 18

	AUGUST	
1	7♌55	6S13
2	8 03	6 13
3	8 10	6 13
4	8 17	6 13
5	8 24	6 13
6	8 32	6 13
7	8 39	6 13
8	8 46	6 13
9	8 53	6 13
10	9 01	6 13
11	9 08	6 13
12	9 15	6 13
13	9 22	6 13
14	9 30	6 14
15	9 37	6 14
16	9 44	6 14
17	9 51	6 14
18	9 58	6 14
19	10 05	6 14
20	10 12	6 14
21	10 20	6 14
22	10 27	6 14
23	10 34	6 15
24	10 41	6 15
25	10 48	6 15
26	10 55	6 15
27	11 02	6 15
28	11 09	6 15
29	11 16	6 16
30	11 22	6 16
31	11 29	6 16

	OCTOBER	
1	14♌42	6S27
2	14 47	6 27
3	14 52	6 28
4	14 58	6 28
5	15 03	6 29
6	15 08	6 29
7	15 13	6 29
8	15 18	6 30
9	15 23	6 31
10	15 28	6 31
11	15 32	6 32
12	15 37	6 32
13	15 42	6 33
14	15 46	6 33
15	15 51	6 34
16	15 55	6 34
17	15 59	6 35
18	16 04	6 35
19	16 08	6 36
20	16 12	6 36
21	16 16	6 37
22	16 20	6 38
23	16 24	6 38
24	16 27	6 39
25	16 31	6 39
26	16 34	6 40
27	16 38	6 41
28	16 41	6 41
29	16 45	6 42
30	16 48	6 42
31	16 51	6 43

	DECEMBER	
1	17♌38R	7S03
2	17 38	7 04
3	17 37	7 05
4	17 37	7 05
5	17 36	7 06
6	17 36	7 07
7	17 35	7 07
8	17 34	7 08
9	17 34	7 09
10	17 33	7 09
11	17 31	7 10
12	17 30	7 10
13	17 29	7 11
14	17 28	7 12
15	17 26	7 12
16	17 24	7 13
17	17 23	7 13
18	17 21	7 14
19	17 19	7 15
20	17 17	7 15
21	17 15	7 16
22	17 13	7 16
23	17 10	7 17
24	17 08	7 17
25	17 06	7 18
26	17 03	7 18
27	17 00	7 19
28	16 58	7 19
29	16 55	7 20
30	16 52	7 20
31	16 49	7 21

♅	JANUARY	
1	16♌46R	7S21
2	16 43	7 22
3	16 40	7 22
4	16 36	7 22
5	16 33	7 23
6	16 30	7 23
7	16 26	7 24
8	16 22	7 24
9	16 19	7 24
10	16 15	7 25
11	16 11	7 25
12	16 07	7 25
13	16 04	7 26
14	16 00	7 26
15	15 56	7 26
16	15 52	7 26
17	15 47	7 27
18	15 43	7 27
19	15 39	7 27
20	15 35	7 27
21	15 31	7 27
22	15 26	7 27
23	15 22	7 28
24	15 18	7 28
25	15 13	7 28
26	15 09	7 28
27	15 04	7 28
28	15 00	7 28
29	14 55	7 28
30	14 51	7 28
31	14 46	7 28

	MARCH	
1	12♌41R	7S21
2	12 37	7 21
3	12 33	7 20
4	12 30	7 20
5	12 26	7 19
6	12 23	7 19
7	12 19	7 18
8	12 16	7 18
9	12 13	7 17
10	12 10	7 17
11	12 06	7 16
12	12 03	7 16
13	12 01	7 15
14	11 58	7 14
15	11 55	7 14
16	11 52	7 13
17	11 50	7 13
18	11 47	7 12
19	11 45	7 11
20	11 42	7 11
21	11 40	7 10
22	11 38	7 09
23	11 36	7 09
24	11 34	7 08
25	11 32	7 07
26	11 30	7 06
27	11 29	7 06
28	11 27	7 05
29	11 26	7 04
30	11 24	7 04
31	11 23	7 03

	MAY	
1	11♌35	6S39
2	11 37	6 38
3	11 39	6 37
4	11 42	6 36
5	11 44	6 36
6	11 46	6 35
7	11 49	6 34
8	11 52	6 33
9	11 54	6 33
10	11 57	6 32
11	12 00	6 31
12	12 03	6 30
13	12 06	6 30
14	12 10	6 29
15	12 13	6 28
16	12 16	6 27
17	12 20	6 27
18	12 23	6 26
19	12 27	6 25
20	12 31	6 24
21	12 35	6 24
22	12 39	6 23
23	12 43	6 22
24	12 47	6 22
25	12 51	6 21
26	12 55	6 20
27	13 00	6 20
28	13 04	6 19
29	13 09	6 18
30	13 13	6 18
31	13 18	6 17

	JULY	
1	16♌17	6S00
2	16 24	5 59
3	16 30	5 59
4	16 37	5 59
5	16 44	5 58
6	16 51	5 58
7	16 58	5 57
8	17 05	5 57
9	17 12	5 57
10	17 19	5 56
11	17 26	5 56
12	17 33	5 55
13	17 40	5 55
14	17 48	5 55
15	17 55	5 54
16	18 02	5 54
17	18 09	5 54
18	18 17	5 53
19	18 24	5 53
20	18 31	5 53
21	18 39	5 53
22	18 46	5 52
23	18 54	5 52
24	19 01	5 52
25	19 09	5 51
26	19 16	5 51
27	19 24	5 51
28	19 32	5 51
29	19 39	5 50
30	19 47	5 50
31	19 54	5 50

	SEPTEMBER	
1	24♌03	5S47
2	24 11	5 47
3	24 18	5 47
4	24 26	5 48
5	24 34	5 48
6	24 41	5 48
7	24 49	5 48
8	24 56	5 48
9	25 04	5 48
10	25 11	5 48
11	25 19	5 48
12	25 26	5 48
13	25 34	5 48
14	25 41	5 49
15	25 49	5 49
16	25 56	5 49
17	26 03	5 49
18	26 11	5 49
19	26 18	5 49
20	26 25	5 50
21	26 32	5 50
22	26 39	5 50
23	26 46	5 50
24	26 53	5 50
25	27 01	5 51
26	27 07	5 51
27	27 14	5 51
28	27 21	5 51
29	27 28	5 52
30	27 35	5 52

	NOVEMBER	
1	0♍41	6S04
2	0 46	6 04
3	0 50	6 05
4	0 54	6 05
5	0 59	6 06
6	1 03	6 06
7	1 07	6 07
8	1 11	6 07
9	1 15	6 08
10	1 19	6 08
11	1 23	6 09
12	1 27	6 09
13	1 30	6 10
14	1 34	6 10
15	1 37	6 11
16	1 41	6 11
17	1 44	6 12
18	1 47	6 12
19	1 50	6 13
20	1 53	6 14
21	1 56	6 14
22	1 59	6 15
23	2 01	6 15
24	2 04	6 16
25	2 06	6 16
26	2 08	6 17
27	2 11	6 17
28	2 13	6 18
29	2 15	6 19
30	2 16	6 19

♅	FEBRUARY	
1	14♌42R	7S28
2	14 37	7 28
3	14 33	7 28
4	14 28	7 28
5	14 24	7 28
6	14 19	7 28
7	14 14	7 28
8	14 10	7 28
9	14 05	7 27
10	14 01	7 27
11	13 56	7 27
12	13 52	7 27
13	13 47	7 27
14	13 43	7 27
15	13 39	7 26
16	13 34	7 26
17	13 30	7 26
18	13 25	7 25
19	13 21	7 25
20	13 17	7 25
21	13 13	7 25
22	13 09	7 24
23	13 04	7 24
24	13 00	7 23
25	12 56	7 23
26	12 52	7 23
27	12 48	7 22
28	12 45	7 22

	APRIL	
1	11♌22R	7S02
2	11 21	7 01
3	11 20	7 01
4	11 19	7 00
5	11 18	6 59
6	11 17	6 58
7	11 17	6 58
8	11 16	6 57
9	11 16	6 56
10	11 16	6 55
11	11 16	6 54
12	11 16D	6 54
13	11 16	6 53
14	11 16	6 52
15	11 16	6 51
16	11 17	6 51
17	11 17	6 50
18	11 18	6 49
19	11 18	6 48
20	11 19	6 47
21	11 20	6 47
22	11 21	6 46
23	11 22	6 45
24	11 24	6 44
25	11 25	6 43
26	11 26	6 43
27	11 28	6 42
28	11 30	6 41
29	11 31	6 40
30	11 33	6 39

	JUNE	
1	13♌23	6S16
2	13 27	6 16
3	13 32	6 15
4	13 37	6 14
5	13 42	6 14
6	13 48	6 13
7	13 53	6 13
8	13 58	6 12
9	14 03	6 11
10	14 09	6 11
11	14 14	6 10
12	14 20	6 10
13	14 26	6 09
14	14 31	6 08
15	14 37	6 08
16	14 43	6 07
17	14 49	6 07
18	14 55	6 06
19	15 01	6 06
20	15 07	6 05
21	15 13	6 05
22	15 19	6 04
23	15 25	6 04
24	15 32	6 03
25	15 38	6 03
26	15 44	6 02
27	15 51	6 02
28	15 57	6 01
29	16 04	6 01
30	16 10	6 00

	AUGUST	
1	20♌02	5S50
2	20 10	5 50
3	20 18	5 49
4	20 25	5 49
5	20 33	5 49
6	20 41	5 49
7	20 48	5 49
8	20 56	5 49
9	21 04	5 48
10	21 12	5 48
11	21 20	5 48
12	21 27	5 48
13	21 35	5 48
14	21 43	5 48
15	21 51	5 48
16	21 59	5 48
17	22 06	5 48
18	22 14	5 48
19	22 22	5 47
20	22 30	5 47
21	22 38	5 47
22	22 45	5 47
23	22 53	5 47
24	23 01	5 47
25	23 09	5 47
26	23 17	5 47
27	23 24	5 47
28	23 32	5 47
29	23 40	5 47
30	23 48	5 47
31	23 55	5 47

	OCTOBER	
1	27♌42	5S52
2	27 48	5 52
3	27 55	5 53
4	28 02	5 53
5	28 08	5 53
6	28 15	5 54
7	28 21	5 54
8	28 28	5 54
9	28 34	5 54
10	28 40	5 55
11	28 46	5 55
12	28 52	5 55
13	28 59	5 56
14	29 05	5 56
15	29 11	5 57
16	29 16	5 57
17	29 22	5 57
18	29 28	5 58
19	29 34	5 58
20	29 39	5 58
21	29 45	5 59
22	29 50	5 59
23	29 56	6 00
24	0♍01	6 00
25	0 06	6 01
26	0 12	6 01
27	0 17	6 01
28	0 22	6 02
29	0 27	6 02
30	0 31	6 03
31	0 36	6 03

	DECEMBER	
1	2♍18	6S20
2	2 20	6 20
3	2 21	6 21
4	2 23	6 21
5	2 24	6 22
6	2 25	6 23
7	2 26	6 23
8	2 27	6 24
9	2 28	6 24
10	2 29	6 25
11	2 30	6 25
12	2 30	6 26
13	2 31	6 27
14	2 31	6 27
15	2 31	6 28
16	2 31R	6 28
17	2 31	6 29
18	2 31	6 29
19	2 31	6 30
20	2 31	6 30
21	2 30	6 31
22	2 30	6 32
23	2 29	6 32
24	2 28	6 33
25	2 27	6 33
26	2 26	6 34
27	2 25	6 34
28	2 24	6 35
29	2 22	6 35
30	2 21	6 36
31	2 19	6 36

2044

♅	JANUARY	
1	2♍18R	6S37
2	2 16	6 37
3	2 14	6 38
4	2 12	6 38
5	2 10	6 38
6	2 08	6 39
7	2 05	6 39
8	2 03	6 40
9	2 01	6 40
10	1 58	6 41
11	1 55	6 41
12	1 53	6 41
13	1 50	6 42
14	1 47	6 42
15	1 44	6 42
16	1 41	6 43
17	1 38	6 43
18	1 34	6 43
19	1 31	6 44
20	1 28	6 44
21	1 24	6 44
22	1 20	6 45
23	1 17	6 45
24	1 13	6 45
25	1 09	6 45
26	1 05	6 46
27	1 01	6 46
28	0 57	6 46
29	0 53	6 46
30	0 49	6 46
31	0 45	6 46

	MARCH	
1	28♌28R	6S44
2	28 24	6 43
3	28 19	6 43
4	28 15	6 43
5	28 11	6 42
6	28 06	6 42
7	28 02	6 41
8	27 58	6 41
9	27 54	6 41
10	27 49	6 40
11	27 45	6 40
12	27 41	6 39
13	27 37	6 39
14	27 33	6 38
15	27 29	6 38
16	27 26	6 37
17	27 22	6 37
18	27 18	6 36
19	27 15	6 35
20	27 11	6 35
21	27 08	6 34
22	27 04	6 34
23	27 01	6 33
24	26 58	6 32
25	26 55	6 32
26	26 52	6 31
27	26 49	6 31
28	26 46	6 30
29	26 43	6 29
30	26 40	6 29
31	26 38	6 28

	MAY	
1	26♌07	6S04
2	26 08	6 03
3	26 09	6 02
4	26 10	6 01
5	26 11	6 00
6	26 12	5 59
7	26 14	5 59
8	26 15	5 58
9	26 16	5 57
10	26 18	5 56
11	26 20	5 55
12	26 22	5 55
13	26 24	5 54
14	26 26	5 53
15	26 28	5 52
16	26 30	5 51
17	26 32	5 50
18	26 35	5 50
19	26 37	5 49
20	26 40	5 48
21	26 43	5 47
22	26 46	5 46
23	26 49	5 46
24	26 52	5 45
25	26 55	5 44
26	26 58	5 43
27	27 02	5 43
28	27 05	5 42
29	27 09	5 41
30	27 12	5 40
31	27 16	5 39

	JULY	
1	29♌55	5S19
2	0♍01	5 18
3	0 08	5 17
4	0 14	5 17
5	0 21	5 16
6	0 27	5 16
7	0 34	5 15
8	0 40	5 15
9	0 47	5 14
10	0 54	5 14
11	1 01	5 13
12	1 08	5 12
13	1 15	5 12
14	1 22	5 11
15	1 29	5 11
16	1 36	5 10
17	1 43	5 10
18	1 50	5 10
19	1 57	5 09
20	2 05	5 09
21	2 12	5 08
22	2 20	5 08
23	2 27	5 07
24	2 34	5 07
25	2 42	5 06
26	2 50	5 06
27	2 57	5 06
28	3 05	5 05
29	3 12	5 05
30	3 20	5 04
31	3 28	5 04

	SEPTEMBER	
1	7♍48	4S55
2	7 56	4 55
3	8 04	4 55
4	8 13	4 55
5	8 21	4 55
6	8 29	4 55
7	8 37	4 55
8	8 46	4 55
9	8 54	4 54
10	9 02	4 54
11	9 10	4 54
12	9 19	4 54
13	9 27	4 54
14	9 35	4 54
15	9 43	4 54
16	9 52	4 54
17	10 00	4 54
18	10 08	4 54
19	10 16	4 54
20	10 24	4 54
21	10 32	4 54
22	10 40	4 54
23	10 48	4 54
24	10 56	4 54
25	11 05	4 54
26	11 12	4 54
27	11 20	4 54
28	11 28	4 54
29	11 36	4 54
30	11 44	4 54

	NOVEMBER	
1	15♍33	4S58
2	15 39	4 59
3	15 45	4 59
4	15 51	4 59
5	15 57	4 59
6	16 03	5 00
7	16 09	5 00
8	16 14	5 00
9	16 20	5 00
10	16 26	5 01
11	16 31	5 01
12	16 36	5 01
13	16 42	5 02
14	16 47	5 02
15	16 52	5 02
16	16 57	5 02
17	17 02	5 03
18	17 07	5 03
19	17 12	5 03
20	17 17	5 04
21	17 21	5 04
22	17 26	5 04
23	17 30	5 05
24	17 35	5 05
25	17 39	5 05
26	17 43	5 06
27	17 47	5 06
28	17 51	5 06
29	17 55	5 07
30	17 59	5 07

♅	FEBRUARY	
1	0♍41R	6S47
2	0 37	6 47
3	0 32	6 47
4	0 28	6 47
5	0 24	6 47
6	0 19	6 47
7	0 15	6 47
8	0 10	6 47
9	0 06	6 47
10	0 01	6 47
11	29♌57	6 47
12	29 52	6 47
13	29 47	6 47
14	29 43	6 47
15	29 38	6 47
16	29 33	6 47
17	29 29	6 47
18	29 24	6 47
19	29 19	6 46
20	29 15	6 46
21	29 10	6 46
22	29 05	6 46
23	29 01	6 46
24	28 56	6 45
25	28 51	6 45
26	28 47	6 45
27	28 42	6 45
28	28 38	6 44
29	28 33	6 44

	APRIL	
1	26♌35R	6S27
2	26 33	6 26
3	26 30	6 26
4	26 28	6 25
5	26 26	6 24
6	26 24	6 24
7	26 22	6 23
8	26 20	6 22
9	26 18	6 21
10	26 17	6 21
11	26 15	6 20
12	26 14	6 19
13	26 13	6 18
14	26 11	6 17
15	26 10	6 17
16	26 09	6 16
17	26 08	6 15
18	26 08	6 14
19	26 07	6 13
20	26 06	6 13
21	26 06	6 12
22	26 06	6 11
23	26 05	6 10
24	26 05	6 09
25	26 05D	6 09
26	26 05	6 08
27	26 05	6 07
28	26 06	6 06
29	26 06	6 05
30	26 07	6 04

	JUNE	
1	27♌20	5S39
2	27 24	5 38
3	27 28	5 37
4	27 32	5 36
5	27 36	5 36
6	27 41	5 35
7	27 45	5 34
8	27 50	5 34
9	27 54	5 33
10	27 59	5 32
11	28 04	5 31
12	28 08	5 31
13	28 13	5 30
14	28 18	5 29
15	28 23	5 29
16	28 29	5 28
17	28 34	5 27
18	28 39	5 27
19	28 45	5 26
20	28 50	5 25
21	28 56	5 25
22	29 01	5 24
23	29 07	5 23
24	29 13	5 23
25	29 18	5 22
26	29 24	5 22
27	29 30	5 21
28	29 36	5 20
29	29 43	5 20
30	29 49	5 19

	AUGUST	
1	3♍36	5S04
2	3 43	5 03
3	3 51	5 03
4	3 59	5 03
5	4 07	5 02
6	4 15	5 02
7	4 23	5 02
8	4 31	5 01
9	4 39	5 01
10	4 47	5 01
11	4 55	5 00
12	5 03	5 00
13	5 11	5 00
14	5 19	4 59
15	5 27	4 59
16	5 36	4 59
17	5 44	4 59
18	5 52	4 58
19	6 00	4 58
20	6 08	4 58
21	6 17	4 58
22	6 25	4 57
23	6 33	4 57
24	6 41	4 57
25	6 50	4 57
26	6 58	4 56
27	7 06	4 56
28	7 14	4 56
29	7 23	4 56
30	7 31	4 56
31	7 39	4 56

	OCTOBER	
1	11♍52	4S54
2	12 00	4 54
3	12 08	4 54
4	12 15	4 54
5	12 23	4 54
6	12 31	4 54
7	12 38	4 54
8	12 46	4 54
9	12 53	4 54
10	13 01	4 55
11	13 08	4 55
12	13 16	4 55
13	13 23	4 55
14	13 30	4 55
15	13 38	4 55
16	13 45	4 55
17	13 52	4 55
18	13 59	4 56
19	14 06	4 56
20	14 13	4 56
21	14 20	4 56
22	14 27	4 56
23	14 34	4 56
24	14 41	4 57
25	14 47	4 57
26	14 54	4 57
27	15 01	4 57
28	15 07	4 57
29	15 14	4 58
30	15 20	4 58
31	15 26	4 58

	DECEMBER	
1	18♍02	5S08
2	18 06	5 08
3	18 09	5 08
4	18 13	5 09
5	18 16	5 09
6	18 19	5 09
7	18 22	5 10
8	18 25	5 10
9	18 28	5 11
10	18 30	5 11
11	18 33	5 11
12	18 36	5 12
13	18 38	5 12
14	18 40	5 12
15	18 42	5 13
16	18 44	5 13
17	18 46	5 14
18	18 48	5 14
19	18 50	5 14
20	18 51	5 15
21	18 53	5 15
22	18 54	5 16
23	18 55	5 16
24	18 56	5 16
25	18 57	5 17
26	18 58	5 17
27	18 59	5 17
28	19 00	5 18
29	19 00	5 18
30	19 00	5 19
31	19 01	5 19

2045

⚷	JANUARY	
1	19♍01	5S19
2	19 01R	5 20
3	19 01	5 20
4	19 01	5 20
5	19 00	5 21
6	19 00	5 21
7	18 59	5 22
8	18 59	5 22
9	18 58	5 22
10	18 57	5 23
11	18 56	5 23
12	18 55	5 23
13	18 54	5 24
14	18 52	5 24
15	18 51	5 24
16	18 49	5 24
17	18 48	5 25
18	18 46	5 25
19	18 44	5 25
20	18 42	5 26
21	18 40	5 26
22	18 38	5 26
23	18 35	5 26
24	18 33	5 27
25	18 30	5 27
26	18 28	5 27
27	18 25	5 27
28	18 22	5 27
29	18 19	5 28
30	18 16	5 28
31	18 13	5 28

	MARCH	
1	16♍15R	5S28
2	16 10	5 28
3	16 05	5 28
4	16 00	5 28
5	15 56	5 27
6	15 51	5 27
7	15 46	5 27
8	15 41	5 27
9	15 37	5 26
10	15 32	5 26
11	15 27	5 26
12	15 22	5 25
13	15 18	5 25
14	15 13	5 25
15	15 08	5 24
16	15 04	5 24
17	14 59	5 24
18	14 55	5 23
19	14 50	5 23
20	14 45	5 22
21	14 41	5 22
22	14 37	5 22
23	14 32	5 21
24	14 28	5 21
25	14 24	5 20
26	14 19	5 20
27	14 15	5 19
28	14 11	5 19
29	14 07	5 18
30	14 03	5 18
31	13 59	5 17

	MAY	
1	12♍38R	4S56
2	12 37	4 55
3	12 36	4 54
4	12 36	4 54
5	12 35	4 53
6	12 34	4 52
7	12 34	4 51
8	12 33	4 50
9	12 33	4 50
10	12 33	4 49
11	12 33D	4 48
12	12 33	4 47
13	12 33	4 47
14	12 34	4 46
15	12 34	4 45
16	12 35	4 44
17	12 35	4 43
18	12 36	4 43
19	12 37	4 42
20	12 38	4 41
21	12 39	4 40
22	12 41	4 39
23	12 42	4 39
24	12 43	4 38
25	12 45	4 37
26	12 47	4 36
27	12 48	4 36
28	12 50	4 35
29	12 52	4 34
30	12 54	4 33
31	12 57	4 32

	JULY	
1	14♍56	4S10
2	15 02	4 09
3	15 07	4 09
4	15 12	4 08
5	15 18	4 07
6	15 24	4 07
7	15 29	4 06
8	15 35	4 06
9	15 41	4 05
10	15 47	4 04
11	15 53	4 04
12	15 59	4 03
13	16 05	4 03
14	16 12	4 02
15	16 18	4 01
16	16 24	4 01
17	16 31	4 00
18	16 37	4 00
19	16 44	3 59
20	16 51	3 58
21	16 57	3 58
22	17 04	3 57
23	17 11	3 57
24	17 18	3 56
25	17 25	3 56
26	17 32	3 55
27	17 39	3 55
28	17 46	3 54
29	17 53	3 54
30	18 01	3 53
31	18 08	3 53

	SEPTEMBER	
1	22♍24	3S39
2	22 32	3 39
3	22 41	3 39
4	22 49	3 38
5	22 58	3 38
6	23 06	3 38
7	23 15	3 38
8	23 24	3 37
9	23 32	3 37
10	23 41	3 37
11	23 49	3 36
12	23 58	3 36
13	24 07	3 36
14	24 15	3 36
15	24 24	3 35
16	24 32	3 35
17	24 41	3 35
18	24 50	3 35
19	24 58	3 34
20	25 07	3 34
21	25 16	3 34
22	25 24	3 34
23	25 33	3 34
24	25 42	3 33
25	25 50	3 33
26	25 59	3 33
27	26 07	3 33
28	26 16	3 33
29	26 25	3 32
30	26 33	3 32

	NOVEMBER	
1	0♎55	3S29
2	1 02	3 29
3	1 10	3 29
4	1 17	3 29
5	1 24	3 29
6	1 32	3 29
7	1 39	3 29
8	1 46	3 29
9	1 53	3 29
10	2 00	3 29
11	2 07	3 29
12	2 14	3 29
13	2 21	3 29
14	2 28	3 29
15	2 35	3 29
16	2 42	3 29
17	2 48	3 29
18	2 55	3 29
19	3 01	3 29
20	3 08	3 29
21	3 14	3 29
22	3 20	3 29
23	3 26	3 30
24	3 32	3 30
25	3 39	3 30
26	3 44	3 30
27	3 50	3 30
28	3 56	3 30
29	4 02	3 30
30	4 07	3 30

⚷	FEBRUARY	
1	18♍10R	5S28
2	18 07	5 28
3	18 04	5 29
4	18 00	5 29
5	17 57	5 29
6	17 53	5 29
7	17 49	5 29
8	17 46	5 29
9	17 42	5 29
10	17 38	5 29
11	17 34	5 29
12	17 30	5 29
13	17 26	5 29
14	17 22	5 29
15	17 18	5 29
16	17 14	5 29
17	17 09	5 29
18	17 05	5 29
19	17 00	5 29
20	16 56	5 29
21	16 52	5 29
22	16 47	5 29
23	16 43	5 29
24	16 38	5 29
25	16 33	5 29
26	16 29	5 29
27	16 24	5 29
28	16 19	5 28

	APRIL	
1	13♍55R	5S16
2	13 51	5 16
3	13 47	5 15
4	13 44	5 15
5	13 40	5 14
6	13 37	5 13
7	13 33	5 13
8	13 30	5 12
9	13 27	5 12
10	13 23	5 11
11	13 20	5 10
12	13 17	5 10
13	13 14	5 09
14	13 11	5 08
15	13 09	5 08
16	13 06	5 07
17	13 03	5 06
18	13 01	5 06
19	12 59	5 05
20	12 56	5 04
21	12 54	5 03
22	12 52	5 03
23	12 50	5 02
24	12 48	5 01
25	12 47	5 00
26	12 45	5 00
27	12 43	4 59
28	12 42	4 58
29	12 41	4 57
30	12 39	4 57

	JUNE	
1	12♍59	4S32
2	13 02	4 31
3	13 04	4 30
4	13 07	4 29
5	13 09	4 29
6	13 12	4 28
7	13 15	4 27
8	13 18	4 26
9	13 22	4 26
10	13 25	4 25
11	13 28	4 24
12	13 32	4 23
13	13 35	4 23
14	13 39	4 22
15	13 43	4 21
16	13 47	4 20
17	13 51	4 20
18	13 55	4 19
19	13 59	4 18
20	14 03	4 18
21	14 08	4 17
22	14 12	4 16
23	14 17	4 15
24	14 21	4 15
25	14 26	4 14
26	14 31	4 13
27	14 36	4 13
28	14 41	4 12
29	14 46	4 11
30	14 51	4 11

	AUGUST	
1	18♍15	3S52
2	18 23	3 52
3	18 30	3 51
4	18 38	3 51
5	18 45	3 50
6	18 53	3 50
7	19 00	3 49
8	19 08	3 49
9	19 16	3 48
10	19 24	3 48
11	19 31	3 47
12	19 39	3 47
13	19 47	3 47
14	19 55	3 46
15	20 03	3 46
16	20 11	3 45
17	20 19	3 45
18	20 27	3 45
19	20 35	3 44
20	20 44	3 44
21	20 52	3 43
22	21 00	3 43
23	21 08	3 43
24	21 17	3 42
25	21 25	3 42
26	21 33	3 41
27	21 42	3 41
28	21 50	3 41
29	21 58	3 40
30	22 07	3 40
31	22 15	3 40

	OCTOBER	
1	26♍42	3S32
2	26 50	3 32
3	26 59	3 32
4	27 07	3 32
5	27 16	3 31
6	27 24	3 31
7	27 33	3 31
8	27 41	3 31
9	27 50	3 31
10	27 58	3 31
11	28 07	3 31
12	28 15	3 30
13	28 23	3 30
14	28 31	3 30
15	28 40	3 30
16	28 48	3 30
17	28 56	3 30
18	29 04	3 30
19	29 13	3 30
20	29 21	3 30
21	29 29	3 30
22	29 37	3 30
23	29 45	3 29
24	29 53	3 29
25	0♎01	3 29
26	0 08	3 29
27	0 16	3 29
28	0 24	3 29
29	0 32	3 29
30	0 39	3 29
31	0 47	3 29

	DECEMBER	
1	4♎13	3S30
2	4 18	3 30
3	4 24	3 30
4	4 29	3 30
5	4 34	3 30
6	4 39	3 31
7	4 44	3 31
8	4 49	3 31
9	4 54	3 31
10	4 59	3 31
11	5 03	3 31
12	5 08	3 31
13	5 12	3 31
14	5 16	3 31
15	5 21	3 32
16	5 25	3 32
17	5 29	3 32
18	5 32	3 32
19	5 36	3 32
20	5 40	3 32
21	5 43	3 32
22	5 47	3 32
23	5 50	3 32
24	5 53	3 33
25	5 57	3 33
26	6 00	3 33
27	6 03	3 33
28	6 05	3 33
29	6 08	3 33
30	6 11	3 33
31	6 13	3 34

2046

♅	JANUARY	
1	6♎15	3S34
2	6 18	3 34
3	6 20	3 34
4	6 22	3 34
5	6 23	3 34
6	6 25	3 34
7	6 27	3 34
8	6 28	3 35
9	6 30	3 35
10	6 31	3 35
11	6 32	3 35
12	6 33	3 35
13	6 34	3 35
14	6 35	3 35
15	6 35	3 35
16	6 36	3 35
17	6 36	3 36
18	6 37	3 36
19	6 37	3 36
20	6 37**R**	3 36
21	6 37	3 36
22	6 37	3 36
23	6 36	3 36
24	6 36	3 36
25	6 35	3 36
26	6 35	3 36
27	6 34	3 37
28	6 33	3 37
29	6 32	3 37
30	6 31	3 37
31	6 30	3 37

	MARCH	
1	5♎10**R**	3S36
2	5 06	3 36
3	5 02	3 36
4	4 57	3 36
5	4 53	3 35
6	4 49	3 35
7	4 45	3 35
8	4 40	3 35
9	4 36	3 35
10	4 31	3 35
11	4 27	3 34
12	4 22	3 34
13	4 18	3 34
14	4 13	3 34
15	4 09	3 33
16	4 04	3 33
17	3 59	3 33
18	3 55	3 33
19	3 50	3 32
20	3 45	3 32
21	3 40	3 32
22	3 36	3 31
23	3 31	3 31
24	3 26	3 31
25	3 21	3 30
26	3 16	3 30
27	3 12	3 30
28	3 07	3 29
29	3 02	3 29
30	2 57	3 29
31	2 53	3 28

	MAY	
1	0♎50**R**	3S12
2	0 47	3 12
3	0 44	3 11
4	0 42	3 11
5	0 39	3 10
6	0 37	3 09
7	0 34	3 09
8	0 32	3 08
9	0 30	3 07
10	0 28	3 07
11	0 26	3 06
12	0 24	3 06
13	0 22	3 05
14	0 21	3 04
15	0 19	3 04
16	0 18	3 03
17	0 16	3 02
18	0 15	3 02
19	0 14	3 01
20	0 13	3 00
21	0 12	3 00
22	0 12	2 59
23	0 11	2 59
24	0 10	2 58
25	0 10	2 57
26	0 10	2 57
27	0 10	2 56
28	0 10**D**	2 55
29	0 10	2 55
30	0 10	2 54
31	0 10	2 53

	JULY	
1	1♎14	2S34
2	1 17	2 33
3	1 21	2 32
4	1 25	2 32
5	1 29	2 31
6	1 33	2 31
7	1 38	2 30
8	1 42	2 30
9	1 47	2 29
10	1 51	2 28
11	1 56	2 28
12	2 00	2 27
13	2 05	2 27
14	2 10	2 26
15	2 15	2 26
16	2 20	2 25
17	2 25	2 24
18	2 31	2 24
19	2 36	2 23
20	2 41	2 23
21	2 47	2 22
22	2 52	2 22
23	2 58	2 21
24	3 04	2 21
25	3 10	2 20
26	3 15	2 20
27	3 21	2 19
28	3 27	2 19
29	3 34	2 18
30	3 40	2 18
31	3 46	2 17

	SEPTEMBER	
1	7♎39	2S03
2	7 47	2 02
3	7 55	2 02
4	8 04	2 02
5	8 12	2 01
6	8 20	2 01
7	8 28	2 00
8	8 37	2 00
9	8 45	2 00
10	8 53	1 59
11	9 02	1 59
12	9 10	1 59
13	9 19	1 58
14	9 27	1 58
15	9 36	1 58
16	9 44	1 57
17	9 53	1 57
18	10 01	1 57
19	10 10	1 56
20	10 18	1 56
21	10 27	1 56
22	10 36	1 55
23	10 44	1 55
24	10 53	1 55
25	11 02	1 54
26	11 10	1 54
27	11 19	1 54
28	11 28	1 53
29	11 36	1 53
30	11 45	1 53

	NOVEMBER	
1	16♎22	1S44
2	16 30	1 44
3	16 39	1 44
4	16 47	1 44
5	16 55	1 43
6	17 03	1 43
7	17 12	1 43
8	17 20	1 43
9	17 28	1 43
10	17 36	1 42
11	17 44	1 42
12	17 52	1 42
13	18 00	1 42
14	18 08	1 42
15	18 16	1 41
16	18 23	1 41
17	18 31	1 41
18	18 39	1 41
19	18 46	1 41
20	18 54	1 40
21	19 02	1 40
22	19 09	1 40
23	19 17	1 40
24	19 24	1 40
25	19 31	1 40
26	19 38	1 39
27	19 46	1 39
28	19 53	1 39
29	20 00	1 39
30	20 07	1 39

♅	FEBRUARY	
1	6♎28**R**	3S37
2	6 27	3 37
3	6 25	3 37
4	6 24	3 37
5	6 22	3 37
6	6 20	3 37
7	6 18	3 37
8	6 16	3 37
9	6 14	3 37
10	6 11	3 37
11	6 09	3 37
12	6 06	3 37
13	6 04	3 37
14	6 01	3 37
15	5 58	3 37
16	5 55	3 37
17	5 52	3 37
18	5 49	3 37
19	5 46	3 37
20	5 43	3 37
21	5 39	3 37
22	5 36	3 37
23	5 32	3 37
24	5 29	3 37
25	5 25	3 37
26	5 21	3 36
27	5 18	3 36
28	5 14	3 36

	APRIL	
1	2♎48**R**	3S28
2	2 43	3 27
3	2 39	3 27
4	2 34	3 26
5	2 30	3 26
6	2 25	3 26
7	2 20	3 25
8	2 16	3 25
9	2 12	3 24
10	2 07	3 24
11	2 03	3 23
12	1 59	3 23
13	1 54	3 22
14	1 50	3 22
15	1 46	3 21
16	1 42	3 21
17	1 38	3 20
18	1 34	3 20
19	1 30	3 19
20	1 26	3 19
21	1 23	3 18
22	1 19	3 18
23	1 15	3 17
24	1 12	3 16
25	1 08	3 16
26	1 05	3 15
27	1 02	3 15
28	0 59	3 14
29	0 56	3 14
30	0 53	3 13

	JUNE	
1	0♎10	2S53
2	0 11	2 52
3	0 11	2 51
4	0 12	2 51
5	0 13	2 50
6	0 14	2 49
7	0 15	2 49
8	0 16	2 48
9	0 18	2 47
10	0 19	2 47
11	0 20	2 46
12	0 22	2 46
13	0 24	2 45
14	0 26	2 44
15	0 28	2 44
16	0 30	2 43
17	0 32	2 42
18	0 34	2 42
19	0 37	2 41
20	0 39	2 40
21	0 42	2 40
22	0 44	2 39
23	0 47	2 39
24	0 50	2 38
25	0 53	2 37
26	0 56	2 37
27	1 00	2 36
28	1 03	2 35
29	1 06	2 35
30	1 10	2 34

	AUGUST	
1	3♎52	2S17
2	3 59	2 16
3	4 05	2 16
4	4 12	2 15
5	4 19	2 15
6	4 25	2 14
7	4 32	2 14
8	4 39	2 13
9	4 46	2 13
10	4 53	2 12
11	5 00	2 12
12	5 07	2 11
13	5 14	2 11
14	5 21	2 10
15	5 28	2 10
16	5 36	2 09
17	5 43	2 09
18	5 50	2 09
19	5 58	2 08
20	6 05	2 08
21	6 13	2 07
22	6 20	2 07
23	6 28	2 06
24	6 36	2 06
25	6 44	2 06
26	6 51	2 05
27	6 59	2 05
28	7 07	2 04
29	7 15	2 04
30	7 23	2 04
31	7 31	2 03

	OCTOBER	
1	11♎54	1S52
2	12 03	1 52
3	12 11	1 52
4	12 20	1 51
5	12 29	1 51
6	12 38	1 51
7	12 46	1 51
8	12 55	1 50
9	13 04	1 50
10	13 13	1 50
11	13 21	1 50
12	13 30	1 49
13	13 39	1 49
14	13 48	1 49
15	13 56	1 48
16	14 05	1 48
17	14 14	1 48
18	14 22	1 48
19	14 31	1 47
20	14 40	1 47
21	14 48	1 47
22	14 57	1 47
23	15 06	1 46
24	15 14	1 46
25	15 23	1 46
26	15 31	1 46
27	15 40	1 45
28	15 48	1 45
29	15 57	1 45
30	16 05	1 45
31	16 14	1 45

	DECEMBER	
1	20♎14	1S39
2	20 21	1 38
3	20 27	1 38
4	20 34	1 38
5	20 41	1 38
6	20 47	1 38
7	20 54	1 38
8	21 00	1 37
9	21 07	1 37
10	21 13	1 37
11	21 19	1 37
12	21 25	1 37
13	21 31	1 37
14	21 37	1 36
15	21 43	1 36
16	21 49	1 36
17	21 55	1 36
18	22 00	1 36
19	22 06	1 36
20	22 11	1 36
21	22 17	1 35
22	22 22	1 35
23	22 27	1 35
24	22 32	1 35
25	22 37	1 35
26	22 42	1 35
27	22 47	1 34
28	22 52	1 34
29	22 56	1 34
30	23 01	1 34
31	23 05	1 34

♄	JANUARY	
1	23♎09	1S34
2	23 14	1 34
3	23 18	1 33
4	23 22	1 33
5	23 25	1 33
6	23 29	1 33
7	23 33	1 33
8	23 36	1 33
9	23 40	1 33
10	23 43	1 32
11	23 46	1 32
12	23 50	1 32
13	23 53	1 32
14	23 55	1 32
15	23 58	1 32
16	24 01	1 32
17	24 03	1 31
18	24 06	1 31
19	24 08	1 31
20	24 10	1 31
21	24 12	1 31
22	24 14	1 31
23	24 16	1 30
24	24 18	1 30
25	24 20	1 30
26	24 21	1 30
27	24 22	1 30
28	24 24	1 30
29	24 25	1 29
30	24 26	1 29
31	24 27	1 29

	MARCH	
1	24♎02**R**	1S23
2	23 59	1 23
3	23 56	1 23
4	23 54	1 23
5	23 51	1 22
6	23 48	1 22
7	23 45	1 22
8	23 42	1 22
9	23 39	1 21
10	23 36	1 21
11	23 32	1 21
12	23 29	1 21
13	23 25	1 20
14	23 22	1 20
15	23 18	1 20
16	23 14	1 19
17	23 11	1 19
18	23 07	1 19
19	23 03	1 19
20	22 59	1 18
21	22 55	1 18
22	22 51	1 18
23	22 46	1 17
24	22 42	1 17
25	22 38	1 17
26	22 34	1 16
27	22 29	1 16
28	22 25	1 16
29	22 20	1 15
30	22 16	1 15
31	22 11	1 15

	MAY	
1	19♎49**R**	1S03
2	19 45	1 02
3	19 41	1 02
4	19 37	1 01
5	19 33	1 01
6	19 29	1 01
7	19 25	1 00
8	19 22	1 00
9	19 18	0 59
10	19 14	0 59
11	19 11	0 58
12	19 07	0 58
13	19 04	0 58
14	19 00	0 57
15	18 57	0 57
16	18 54	0 56
17	18 51	0 56
18	18 48	0 55
19	18 45	0 55
20	18 42	0 55
21	18 39	0 54
22	18 37	0 54
23	18 34	0 53
24	18 32	0 53
25	18 29	0 52
26	18 27	0 52
27	18 25	0 51
28	18 23	0 51
29	18 21	0 51
30	18 19	0 50
31	18 17	0 50

	JULY	
1	18♎17	0S36
2	18 18	0 36
3	18 20	0 36
4	18 22	0 35
5	18 24	0 35
6	18 27	0 34
7	18 29	0 34
8	18 31	0 34
9	18 34	0 33
10	18 36	0 33
11	18 39	0 32
12	18 42	0 32
13	18 45	0 32
14	18 48	0 31
15	18 51	0 31
16	18 54	0 30
17	18 58	0 30
18	19 01	0 30
19	19 05	0 29
20	19 08	0 29
21	19 12	0 28
22	19 16	0 28
23	19 20	0 28
24	19 24	0 27
25	19 28	0 27
26	19 32	0 27
27	19 36	0 26
28	19 41	0 26
29	19 45	0 25
30	19 50	0 25
31	19 55	0 25

	SEPTEMBER	
1	23♎06	0S14
2	23 14	0 13
3	23 21	0 13
4	23 28	0 13
5	23 35	0 12
6	23 43	0 12
7	23 50	0 12
8	23 57	0 11
9	24 05	0 11
10	24 12	0 11
11	24 20	0 11
12	24 28	0 10
13	24 35	0 10
14	24 43	0 10
15	24 51	0 09
16	24 59	0 09
17	25 06	0 09
18	25 14	0 08
19	25 22	0 08
20	25 30	0 08
21	25 38	0 07
22	25 46	0 07
23	25 54	0 07
24	26 02	0 06
25	26 11	0 06
26	26 19	0 06
27	26 27	0 06
28	26 35	0 05
29	26 43	0 05
30	26 52	0 05

	NOVEMBER	
1	1♏25	0N04
2	1 33	0 04
3	1 42	0 04
4	1 50	0 05
5	1 59	0 05
6	2 07	0 05
7	2 16	0 06
8	2 24	0 06
9	2 33	0 06
10	2 41	0 06
11	2 49	0 07
12	2 58	0 07
13	3 06	0 07
14	3 15	0 08
15	3 23	0 08
16	3 31	0 08
17	3 39	0 09
18	3 48	0 09
19	3 56	0 09
20	4 04	0 09
21	4 12	0 10
22	4 20	0 10
23	4 28	0 10
24	4 36	0 11
25	4 44	0 11
26	4 52	0 11
27	5 00	0 12
28	5 08	0 12
29	5 16	0 12
30	5 24	0 13

♄	FEBRUARY	
1	24♎27	1S29
2	24 28	1 29
3	24 29	1 29
4	24 29	1 28
5	24 29	1 28
6	24 30	1 28
7	24 30	1 28
8	24 29**R**	1 28
9	24 29	1 28
10	24 29	1 27
11	24 29	1 27
12	24 28	1 27
13	24 27	1 27
14	24 27	1 27
15	24 26	1 26
16	24 25	1 26
17	24 24	1 26
18	24 22	1 26
19	24 21	1 26
20	24 20	1 25
21	24 18	1 25
22	24 16	1 25
23	24 15	1 25
24	24 13	1 24
25	24 11	1 24
26	24 09	1 24
27	24 06	1 24
28	24 04	1 24

	APRIL	
1	22♎07**R**	1S14
2	22 02	1 14
3	21 58	1 14
4	21 53	1 13
5	21 48	1 13
6	21 44	1 13
7	21 39	1 12
8	21 34	1 12
9	21 30	1 12
10	21 25	1 11
11	21 20	1 11
12	21 15	1 10
13	21 11	1 10
14	21 06	1 10
15	21 01	1 09
16	20 57	1 09
17	20 52	1 08
18	20 47	1 08
19	20 43	1 08
20	20 38	1 07
21	20 33	1 07
22	20 29	1 06
23	20 24	1 06
24	20 20	1 06
25	20 15	1 05
26	20 11	1 05
27	20 06	1 04
28	20 02	1 04
29	19 58	1 04
30	19 54	1 03

	JUNE	
1	18♎16**R**	0S49
2	18 14	0 49
3	18 13	0 48
4	18 11	0 48
5	18 10	0 47
6	18 09	0 47
7	18 08	0 47
8	18 07	0 46
9	18 06	0 46
10	18 05	0 45
11	18 05	0 45
12	18 04	0 44
13	18 04	0 44
14	18 04	0 44
15	18 04	0 43
16	18 04**D**	0 43
17	18 04	0 42
18	18 04	0 42
19	18 04	0 41
20	18 05	0 41
21	18 05	0 41
22	18 06	0 40
23	18 07	0 40
24	18 07	0 39
25	18 08	0 39
26	18 10	0 38
27	18 11	0 38
28	18 12	0 38
29	18 13	0 37
30	18 15	0 37

	AUGUST	
1	19♎59	0S24
2	20 04	0 24
3	20 09	0 24
4	20 14	0 23
5	20 19	0 23
6	20 25	0 23
7	20 30	0 22
8	20 35	0 22
9	20 41	0 21
10	20 46	0 21
11	20 52	0 21
12	20 58	0 20
13	21 03	0 20
14	21 09	0 20
15	21 15	0 19
16	21 21	0 19
17	21 27	0 19
18	21 33	0 18
19	21 39	0 18
20	21 46	0 18
21	21 52	0 17
22	21 59	0 17
23	22 05	0 17
24	22 12	0 16
25	22 18	0 16
26	22 25	0 16
27	22 32	0 15
28	22 39	0 15
29	22 45	0 15
30	22 52	0 14
31	22 59	0 14

	OCTOBER	
1	27♎00	0S04
2	27 08	0 04
3	27 17	0 04
4	27 25	0 03
5	27 34	0 03
6	27 42	0 03
7	27 50	0 03
8	27 59	0 02
9	28 07	0 02
10	28 16	0 02
11	28 24	0 01
12	28 33	0 01
13	28 41	0 01
14	28 50	0 01
15	28 59	0 00
16	29 07	0 00
17	29 16	0 00
18	29 24	0N00
19	29 33	0 00
20	29 41	0 00
21	29 50	0 01
22	29 59	0 01
23	0♏07	0 01
24	0 16	0 01
25	0 24	0 02
26	0 33	0 02
27	0 42	0 02
28	0 50	0 03
29	0 59	0 03
30	1 07	0 03
31	1 16	0 03

	DECEMBER	
1	5♏31	0N13
2	5 39	0 13
3	5 47	0 13
4	5 54	0 14
5	6 02	0 14
6	6 09	0 14
7	6 17	0 15
8	6 24	0 15
9	6 32	0 15
10	6 39	0 16
11	6 46	0 16
12	6 53	0 16
13	7 00	0 17
14	7 07	0 17
15	7 14	0 17
16	7 21	0 18
17	7 28	0 18
18	7 35	0 18
19	7 42	0 19
20	7 48	0 19
21	7 55	0 19
22	8 01	0 20
23	8 08	0 20
24	8 14	0 20
25	8 20	0 21
26	8 27	0 21
27	8 33	0 21
28	8 39	0 22
29	8 45	0 22
30	8 51	0 22
31	8 56	0 23

2048

♅	JANUARY	
1	9■02	0N23
2	9 08	0 23
3	9 13	0 24
4	9 19	0 24
5	9 24	0 24
6	9 30	0 25
7	9 35	0 25
8	9 40	0 25
9	9 45	0 26
10	9 50	0 26
11	9 55	0 27
12	10 00	0 27
13	10 04	0 27
14	10 09	0 28
15	10 13	0 28
16	10 18	0 28
17	10 22	0 29
18	10 26	0 29
19	10 30	0 29
20	10 34	0 30
21	10 38	0 30
22	10 42	0 31
23	10 45	0 31
24	10 49	0 31
25	10 52	0 32
26	10 56	0 32
27	10 59	0 33
28	11 02	0 33
29	11 05	0 33
30	11 08	0 34
31	11 11	0 34

	MARCH	
1	11■41R	0N46
2	11 40	0 47
3	11 39	0 47
4	11 38	0 48
5	11 37	0 48
6	11 36	0 48
7	11 34	0 49
8	11 33	0 49
9	11 31	0 50
10	11 30	0 50
11	11 28	0 51
12	11 26	0 51
13	11 24	0 51
14	11 22	0 52
15	11 20	0 52
16	11 18	0 53
17	11 15	0 53
18	11 13	0 54
19	11 10	0 54
20	11 08	0 54
21	11 05	0 55
22	11 02	0 55
23	10 59	0 56
24	10 56	0 56
25	10 53	0 57
26	10 50	0 57
27	10 47	0 57
28	10 43	0 58
29	10 40	0 58
30	10 36	0 59
31	10 33	0 59

	MAY	
1	8■19R	1N11
2	8 15	1 11
3	8 10	1 12
4	8 06	1 12
5	8 01	1 12
6	7 57	1 13
7	7 52	1 13
8	7 48	1 13
9	7 43	1 14
10	7 39	1 14
11	7 34	1 14
12	7 30	1 15
13	7 26	1 15
14	7 21	1 15
15	7 17	1 16
16	7 13	1 16
17	7 09	1 16
18	7 04	1 16
19	7 00	1 17
20	6 56	1 17
21	6 52	1 17
22	6 49	1 18
23	6 45	1 18
24	6 41	1 18
25	6 37	1 18
26	6 34	1 19
27	6 30	1 19
28	6 27	1 19
29	6 23	1 20
30	6 20	1 20
31	6 17	1 20

	JULY	
1	5■20R	1N27
2	5 20	1 27
3	5 20D	1 27
4	5 20	1 27
5	5 20	1 27
6	5 20	1 27
7	5 20	1 28
8	5 21	1 28
9	5 21	1 28
10	5 22	1 28
11	5 23	1 28
12	5 24	1 28
13	5 25	1 28
14	5 26	1 29
15	5 27	1 29
16	5 28	1 29
17	5 30	1 29
18	5 31	1 29
19	5 33	1 29
20	5 34	1 29
21	5 36	1 30
22	5 38	1 30
23	5 40	1 30
24	5 42	1 30
25	5 45	1 30
26	5 47	1 30
27	5 50	1 30
28	5 52	1 31
29	5 55	1 31
30	5 58	1 31
31	6 00	1 31

	SEPTEMBER	
1	8■21	1N35
2	8 27	1 36
3	8 32	1 36
4	8 38	1 36
5	8 44	1 36
6	8 50	1 36
7	8 56	1 36
8	9 03	1 36
9	9 09	1 37
10	9 15	1 37
11	9 22	1 37
12	9 28	1 37
13	9 34	1 37
14	9 41	1 37
15	9 48	1 37
16	9 54	1 38
17	10 01	1 38
18	10 08	1 38
19	10 15	1 38
20	10 22	1 38
21	10 29	1 38
22	10 36	1 39
23	10 43	1 39
24	10 50	1 39
25	10 57	1 39
26	11 04	1 39
27	11 11	1 39
28	11 19	1 40
29	11 26	1 40
30	11 33	1 40

	NOVEMBER	
1	15■46	1N47
2	15 55	1 47
3	16 03	1 47
4	16 11	1 47
5	16 19	1 48
6	16 28	1 48
7	16 36	1 48
8	16 44	1 49
9	16 52	1 49
10	17 01	1 49
11	17 09	1 49
12	17 17	1 50
13	17 25	1 50
14	17 34	1 50
15	17 42	1 50
16	17 50	1 51
17	17 58	1 51
18	18 06	1 51
19	18 14	1 52
20	18 23	1 52
21	18 31	1 52
22	18 39	1 52
23	18 47	1 53
24	18 55	1 53
25	19 03	1 53
26	19 11	1 54
27	19 19	1 54
28	19 27	1 54
29	19 35	1 55
30	19 43	1 55

♅	FEBRUARY	
1	11■13	0N34
2	11 16	0 35
3	11 18	0 35
4	11 21	0 36
5	11 23	0 36
6	11 25	0 36
7	11 27	0 37
8	11 29	0 37
9	11 31	0 38
10	11 32	0 38
11	11 34	0 38
12	11 35	0 39
13	11 36	0 39
14	11 38	0 40
15	11 39	0 40
16	11 40	0 40
17	11 40	0 41
18	11 41	0 41
19	11 42	0 42
20	11 42	0 42
21	11 43	0 43
22	11 43	0 43
23	11 43	0 43
24	11 43R	0 44
25	11 43	0 44
26	11 43	0 45
27	11 42	0 45
28	11 42	0 45
29	11 41	0 46

	APRIL	
1	10■29R	0N59
2	10 26	1 00
3	10 22	1 00
4	10 18	1 01
5	10 14	1 01
6	10 10	1 02
7	10 06	1 02
8	10 02	1 02
9	9 58	1 03
10	9 54	1 03
11	9 50	1 04
12	9 45	1 04
13	9 41	1 04
14	9 37	1 05
15	9 32	1 05
16	9 28	1 05
17	9 24	1 06
18	9 19	1 06
19	9 15	1 07
20	9 10	1 07
21	9 05	1 07
22	9 01	1 08
23	8 56	1 08
24	8 52	1 09
25	8 47	1 09
26	8 43	1 09
27	8 38	1 10
28	8 33	1 10
29	8 29	1 10
30	8 24	1 11

	JUNE	
1	6■13R	1N20
2	6 10	1 21
3	6 07	1 21
4	6 04	1 21
5	6 01	1 21
6	5 59	1 21
7	5 56	1 22
8	5 53	1 22
9	5 51	1 22
10	5 48	1 22
11	5 46	1 23
12	5 44	1 23
13	5 41	1 23
14	5 39	1 23
15	5 37	1 23
16	5 36	1 24
17	5 34	1 24
18	5 32	1 24
19	5 31	1 24
20	5 29	1 24
21	5 28	1 25
22	5 27	1 25
23	5 25	1 25
24	5 24	1 25
25	5 23	1 25
26	5 23	1 26
27	5 22	1 26
28	5 21	1 26
29	5 21	1 26
30	5 20	1 26

	AUGUST	
1	6■03	1N31
2	6 06	1 31
3	6 10	1 31
4	6 13	1 32
5	6 16	1 32
6	6 20	1 32
7	6 23	1 32
8	6 27	1 32
9	6 31	1 32
10	6 34	1 32
11	6 38	1 33
12	6 42	1 33
13	6 47	1 33
14	6 51	1 33
15	6 55	1 33
16	6 59	1 33
17	7 04	1 33
18	7 08	1 33
19	7 13	1 34
20	7 18	1 34
21	7 23	1 34
22	7 28	1 34
23	7 33	1 34
24	7 38	1 34
25	7 43	1 34
26	7 48	1 35
27	7 53	1 35
28	7 59	1 35
29	8 04	1 35
30	8 10	1 35
31	8 15	1 35

	OCTOBER	
1	11■41	1N40
2	11 48	1 40
3	11 56	1 41
4	12 03	1 41
5	12 11	1 41
6	12 19	1 41
7	12 26	1 41
8	12 34	1 41
9	12 42	1 42
10	12 49	1 42
11	12 57	1 42
12	13 05	1 42
13	13 13	1 42
14	13 21	1 43
15	13 29	1 43
16	13 37	1 43
17	13 45	1 43
18	13 53	1 44
19	14 01	1 44
20	14 09	1 44
21	14 17	1 44
22	14 25	1 44
23	14 33	1 45
24	14 41	1 45
25	14 49	1 45
26	14 57	1 45
27	15 05	1 46
28	15 14	1 46
29	15 22	1 46
30	15 30	1 46
31	15 38	1 46

	DECEMBER	
1	19■51	1N55
2	19 59	1 56
3	20 07	1 56
4	20 15	1 56
5	20 23	1 57
6	20 30	1 57
7	20 38	1 57
8	20 46	1 58
9	20 53	1 58
10	21 01	1 58
11	21 09	1 59
12	21 16	1 59
13	21 24	1 59
14	21 31	2 00
15	21 39	2 00
16	21 46	2 01
17	21 53	2 01
18	22 01	2 01
19	22 08	2 02
20	22 15	2 02
21	22 22	2 03
22	22 29	2 03
23	22 36	2 03
24	22 43	2 04
25	22 50	2 04
26	22 57	2 05
27	23 04	2 05
28	23 11	2 05
29	23 17	2 06
30	23 24	2 06
31	23 31	2 07

♇	JANUARY	
1	23♏37	2N07
2	23 44	2 07
3	23 50	2 08
4	23 56	2 08
5	24 03	2 09
6	24 09	2 09
7	24 15	2 10
8	24 21	2 10
9	24 27	2 11
10	24 33	2 11
11	24 38	2 11
12	24 44	2 12
13	24 50	2 12
14	24 55	2 13
15	25 01	2 13
16	25 06	2 14
17	25 12	2 14
18	25 17	2 15
19	25 22	2 15
20	25 27	2 16
21	25 32	2 16
22	25 37	2 17
23	25 42	2 17
24	25 47	2 18
25	25 51	2 18
26	25 56	2 19
27	26 00	2 19
28	26 05	2 20
29	26 09	2 20
30	26 13	2 21
31	26 17	2 21

♇	FEBRUARY	
1	26♏21	2N22
2	26 25	2 22
3	26 29	2 23
4	26 32	2 23
5	26 36	2 24
6	26 40	2 24
7	26 43	2 25
8	26 46	2 26
9	26 49	2 26
10	26 52	2 27
11	26 55	2 27
12	26 58	2 28
13	27 01	2 28
14	27 04	2 29
15	27 06	2 29
16	27 09	2 30
17	27 11	2 30
18	27 13	2 31
19	27 15	2 32
20	27 17	2 32
21	27 19	2 33
22	27 21	2 33
23	27 23	2 34
24	27 24	2 34
25	27 26	2 35
26	27 27	2 36
27	27 29	2 36
28	27 30	2 37

	MARCH	
1	27♏31	2N37
2	27 32	2 38
3	27 32	2 38
4	27 33	2 39
5	27 34	2 40
6	27 34	2 40
7	27 35	2 41
8	27 35	2 41
9	27 35	2 42
10	27 35**R**	2 42
11	27 35	2 43
12	27 35	2 44
13	27 34	2 44
14	27 34	2 45
15	27 34	2 45
16	27 33	2 46
17	27 32	2 46
18	27 31	2 47
19	27 30	2 48
20	27 29	2 48
21	27 28	2 49
22	27 27	2 49
23	27 26	2 50
24	27 24	2 50
25	27 23	2 51
26	27 21	2 51
27	27 19	2 52
28	27 17	2 53
29	27 15	2 53
30	27 13	2 54
31	27 11	2 54

	APRIL	
1	27♏09**R**	2N55
2	27 07	2 55
3	27 04	2 56
4	27 02	2 56
5	26 59	2 57
6	26 56	2 57
7	26 54	2 58
8	26 51	2 58
9	26 48	2 59
10	26 45	2 59
11	26 42	3 00
12	26 38	3 00
13	26 35	3 01
14	26 32	3 01
15	26 29	3 02
16	26 25	3 02
17	26 22	3 03
18	26 18	3 03
19	26 14	3 04
20	26 11	3 04
21	26 07	3 05
22	26 03	3 05
23	25 59	3 06
24	25 55	3 06
25	25 51	3 07
26	25 47	3 07
27	25 43	3 07
28	25 39	3 08
29	25 35	3 08
30	25 31	3 09

	MAY	
1	25♏26**R**	3N09
2	25 22	3 09
3	25 18	3 10
4	25 13	3 10
5	25 09	3 11
6	25 05	3 11
7	25 00	3 11
8	24 56	3 12
9	24 51	3 12
10	24 47	3 12
11	24 42	3 13
12	24 38	3 13
13	24 34	3 13
14	24 29	3 14
15	24 25	3 14
16	24 20	3 14
17	24 16	3 14
18	24 11	3 15
19	24 07	3 15
20	24 02	3 15
21	23 58	3 15
22	23 53	3 16
23	23 49	3 16
24	23 45	3 16
25	23 40	3 16
26	23 36	3 17
27	23 32	3 17
28	23 27	3 17
29	23 23	3 17
30	23 19	3 17
31	23 15	3 18

	JUNE	
1	23♏11**R**	3N18
2	23 07	3 18
3	23 03	3 18
4	22 59	3 18
5	22 55	3 18
6	22 51	3 19
7	22 47	3 19
8	22 43	3 19
9	22 39	3 19
10	22 36	3 19
11	22 32	3 19
12	22 29	3 19
13	22 25	3 19
14	22 22	3 19
15	22 19	3 19
16	22 15	3 20
17	22 12	3 20
18	22 09	3 20
19	22 06	3 20
20	22 03	3 20
21	22 00	3 20
22	21 57	3 20
23	21 55	3 20
24	21 52	3 20
25	21 49	3 20
26	21 47	3 20
27	21 44	3 20
28	21 42	3 20
29	21 40	3 20
30	21 38	3 20

	JULY	
1	21♏36**R**	3N20
2	21 34	3 20
3	21 32	3 20
4	21 30	3 20
5	21 29	3 20
6	21 27	3 20
7	21 26	3 20
8	21 24	3 20
9	21 23	3 20
10	21 22	3 20
11	21 21	3 20
12	21 20	3 20
13	21 19	3 20
14	21 18	3 20
15	21 17	3 19
16	21 17	3 19
17	21 16	3 19
18	21 16	3 19
19	21 16	3 19
20	21 15	3 19
21	21 15**D**	3 19
22	21 15	3 19
23	21 16	3 19
24	21 16	3 19
25	21 16	3 19
26	21 17	3 19
27	21 17	3 19
28	21 18	3 18
29	21 19	3 18
30	21 19	3 18
31	21 20	3 18

	AUGUST	
1	21♏21	3N18
2	21 23	3 18
3	21 24	3 18
4	21 25	3 18
5	21 27	3 18
6	21 28	3 18
7	21 30	3 18
8	21 32	3 17
9	21 34	3 17
10	21 36	3 17
11	21 38	3 17
12	21 40	3 17
13	21 42	3 17
14	21 44	3 17
15	21 47	3 17
16	21 50	3 17
17	21 52	3 17
18	21 55	3 16
19	21 58	3 16
20	22 01	3 16
21	22 04	3 16
22	22 07	3 16
23	22 10	3 16
24	22 13	3 16
25	22 17	3 16
26	22 20	3 16
27	22 24	3 16
28	22 28	3 16
29	22 31	3 15
30	22 35	3 15
31	22 39	3 15

	SEPTEMBER	
1	22♏43	3N15
2	22 47	3 15
3	22 52	3 15
4	22 56	3 15
5	23 00	3 15
6	23 05	3 15
7	23 09	3 15
8	23 14	3 15
9	23 19	3 15
10	23 23	3 15
11	23 28	3 15
12	23 33	3 14
13	23 38	3 14
14	23 43	3 14
15	23 48	3 14
16	23 54	3 14
17	23 59	3 14
18	24 04	3 14
19	24 10	3 14
20	24 15	3 14
21	24 21	3 14
22	24 26	3 14
23	24 32	3 14
24	24 38	3 14
25	24 44	3 14
26	24 50	3 14
27	24 56	3 14
28	25 02	3 14
29	25 08	3 14
30	25 14	3 14

	OCTOBER	
1	25♏20	3N14
2	25 26	3 14
3	25 33	3 14
4	25 39	3 14
5	25 45	3 14
6	25 52	3 14
7	25 58	3 14
8	26 05	3 14
9	26 12	3 14
10	26 18	3 14
11	26 25	3 14
12	26 32	3 14
13	26 39	3 14
14	26 46	3 14
15	26 52	3 14
16	26 59	3 14
17	27 06	3 14
18	27 13	3 14
19	27 20	3 14
20	27 28	3 14
21	27 35	3 14
22	27 42	3 15
23	27 49	3 15
24	27 56	3 15
25	28 04	3 15
26	28 11	3 15
27	28 18	3 15
28	28 26	3 15
29	28 33	3 15
30	28 41	3 15
31	28 48	3 15

	NOVEMBER	
1	28♏56	3N15
2	29 03	3 16
3	29 11	3 16
4	29 18	3 16
5	29 26	3 16
6	29 33	3 16
7	29 41	3 16
8	29 49	3 16
9	29 56	3 16
10	0♐04	3 17
11	0 12	3 17
12	0 19	3 17
13	0 27	3 17
14	0 35	3 17
15	0 42	3 17
16	0 50	3 18
17	0 58	3 18
18	1 06	3 18
19	1 13	3 18
20	1 21	3 18
21	1 29	3 19
22	1 37	3 19
23	1 44	3 19
24	1 52	3 19
25	2 00	3 19
26	2 08	3 20
27	2 15	3 20
28	2 23	3 20
29	2 31	3 20
30	2 39	3 21

	DECEMBER	
1	2♐46	3N21
2	2 54	3 21
3	3 02	3 21
4	3 10	3 22
5	3 17	3 22
6	3 25	3 22
7	3 32	3 22
8	3 40	3 23
9	3 48	3 23
10	3 55	3 23
11	4 03	3 24
12	4 10	3 24
13	4 18	3 24
14	4 25	3 25
15	4 33	3 25
16	4 40	3 25
17	4 48	3 25
18	4 55	3 26
19	5 02	3 26
20	5 10	3 26
21	5 17	3 27
22	5 24	3 27
23	5 32	3 28
24	5 39	3 28
25	5 46	3 28
26	5 53	3 29
27	6 00	3 29
28	6 07	3 29
29	6 14	3 30
30	6 21	3 30
31	6 28	3 31

2050

♇	JANUARY	
1	6♐35	3N31
2	6 42	3 31
3	6 48	3 32
4	6 55	3 32
5	7 02	3 33
6	7 08	3 33
7	7 15	3 33
8	7 21	3 34
9	7 28	3 34
10	7 34	3 35
11	7 41	3 35
12	7 47	3 36
13	7 53	3 36
14	7 59	3 37
15	8 05	3 37
16	8 11	3 38
17	8 17	3 38
18	8 23	3 39
19	8 29	3 39
20	8 35	3 39
21	8 41	3 40
22	8 46	3 40
23	8 52	3 41
24	8 57	3 41
25	9 03	3 42
26	9 08	3 43
27	9 13	3 43
28	9 19	3 44
29	9 24	3 44
30	9 29	3 45
31	9 34	3 45

♇	FEBRUARY	
1	9♐39	3N46
2	9 43	3 46
3	9 48	3 47
4	9 53	3 47
5	9 57	3 48
6	10 02	3 49
7	10 06	3 49
8	10 11	3 50
9	10 15	3 50
10	10 19	3 51
11	10 23	3 51
12	10 27	3 52
13	10 31	3 53
14	10 35	3 53
15	10 38	3 54
16	10 42	3 54
17	10 45	3 55
18	10 49	3 56
19	10 52	3 56
20	10 55	3 57
21	10 58	3 57
22	11 02	3 58
23	11 04	3 59
24	11 07	3 59
25	11 10	4 00
26	11 13	4 01
27	11 15	4 01
28	11 18	4 02

	MARCH	
1	11♐20	4N02
2	11 22	4 03
3	11 24	4 04
4	11 26	4 04
5	11 28	4 05
6	11 30	4 06
7	11 32	4 06
8	11 33	4 07
9	11 35	4 08
10	11 36	4 08
11	11 38	4 09
12	11 39	4 10
13	11 40	4 10
14	11 41	4 11
15	11 42	4 12
16	11 43	4 12
17	11 43	4 13
18	11 44	4 14
19	11 44	4 14
20	11 45	4 15
21	11 45	4 15
22	11 45	4 16
23	11 45**R**	4 17
24	11 45	4 17
25	11 45	4 18
26	11 45	4 19
27	11 45	4 19
28	11 44	4 20
29	11 43	4 21
30	11 43	4 21
31	11 42	4 22

	APRIL	
1	11♐41**R**	4N23
2	11 40	4 23
3	11 39	4 24
4	11 38	4 24
5	11 37	4 25
6	11 35	4 26
7	11 34	4 26
8	11 32	4 27
9	11 31	4 28
10	11 29	4 28
11	11 27	4 29
12	11 25	4 29
13	11 23	4 30
14	11 21	4 31
15	11 19	4 31
16	11 17	4 32
17	11 15	4 32
18	11 12	4 33
19	11 10	4 33
20	11 07	4 34
21	11 04	4 35
22	11 02	4 35
23	10 59	4 36
24	10 56	4 36
25	10 53	4 37
26	10 50	4 37
27	10 47	4 38
28	10 43	4 38
29	10 40	4 39
30	10 37	4 39

	MAY	
1	10♐34**R**	4N40
2	10 30	4 40
3	10 27	4 41
4	10 23	4 41
5	10 19	4 42
6	10 16	4 42
7	10 12	4 43
8	10 08	4 43
9	10 04	4 43
10	10 01	4 44
11	9 57	4 44
12	9 53	4 45
13	9 49	4 45
14	9 45	4 45
15	9 41	4 46
16	9 36	4 46
17	9 32	4 46
18	9 28	4 47
19	9 24	4 47
20	9 20	4 47
21	9 16	4 48
22	9 11	4 48
23	9 07	4 48
24	9 03	4 49
25	8 58	4 49
26	8 54	4 49
27	8 50	4 49
28	8 46	4 50
29	8 41	4 50
30	8 37	4 50
31	8 33	4 50

	JUNE	
1	8♐28**R**	4N51
2	8 24	4 51
3	8 20	4 51
4	8 15	4 51
5	8 11	4 51
6	8 07	4 51
7	8 03	4 52
8	7 58	4 52
9	7 54	4 52
10	7 50	4 52
11	7 46	4 52
12	7 42	4 52
13	7 38	4 52
14	7 34	4 52
15	7 30	4 52
16	7 26	4 52
17	7 22	4 53
18	7 18	4 53
19	7 14	4 53
20	7 10	4 53
21	7 06	4 53
22	7 03	4 53
23	6 59	4 53
24	6 55	4 53
25	6 52	4 53
26	6 48	4 53
27	6 45	4 53
28	6 42	4 52
29	6 38	4 52
30	6 35	4 52

	JULY	
1	6♐32**R**	4N52
2	6 29	4 52
3	6 26	4 52
4	6 23	4 52
5	6 20	4 52
6	6 17	4 52
7	6 14	4 52
8	6 11	4 52
9	6 09	4 51
10	6 06	4 51
11	6 04	4 51
12	6 02	4 51
13	5 59	4 51
14	5 57	4 51
15	5 55	4 50
16	5 53	4 50
17	5 51	4 50
18	5 49	4 50
19	5 47	4 50
20	5 46	4 49
21	5 44	4 49
22	5 42	4 49
23	5 41	4 49
24	5 40	4 49
25	5 39	4 48
26	5 37	4 48
27	5 36	4 48
28	5 35	4 48
29	5 35	4 47
30	5 34	4 47
31	5 33	4 47

	AUGUST	
1	5♐33**R**	4N47
2	5 32	4 46
3	5 32	4 46
4	5 31	4 46
5	5 31	4 46
6	5 31**D**	4 45
7	5 31	4 45
8	5 31	4 45
9	5 31	4 45
10	5 32	4 44
11	5 32	4 44
12	5 33	4 44
13	5 33	4 44
14	5 34	4 43
15	5 35	4 43
16	5 36	4 43
17	5 37	4 42
18	5 38	4 42
19	5 39	4 42
20	5 40	4 42
21	5 41	4 41
22	5 43	4 41
23	5 44	4 41
24	5 46	4 40
25	5 48	4 40
26	5 50	4 40
27	5 52	4 40
28	5 54	4 39
29	5 56	4 39
30	5 58	4 39
31	6 00	4 38

	SEPTEMBER	
1	6♐03	4N38
2	6 05	4 38
3	6 08	4 38
4	6 11	4 37
5	6 13	4 37
6	6 16	4 37
7	6 19	4 37
8	6 22	4 36
9	6 25	4 36
10	6 28	4 36
11	6 32	4 36
12	6 35	4 35
13	6 39	4 35
14	6 42	4 35
15	6 46	4 35
16	6 50	4 34
17	6 53	4 34
18	6 57	4 34
19	7 01	4 34
20	7 05	4 33
21	7 09	4 33
22	7 14	4 33
23	7 18	4 33
24	7 22	4 32
25	7 27	4 32
26	7 31	4 32
27	7 36	4 32
28	7 40	4 32
29	7 45	4 31
30	7 50	4 31

	OCTOBER	
1	7♐55	4N31
2	8 00	4 31
3	8 05	4 31
4	8 10	4 30
5	8 15	4 30
6	8 20	4 30
7	8 25	4 30
8	8 31	4 30
9	8 36	4 30
10	8 41	4 29
11	8 47	4 29
12	8 52	4 29
13	8 58	4 29
14	9 04	4 29
15	9 10	4 29
16	9 15	4 28
17	9 21	4 28
18	9 27	4 28
19	9 33	4 28
20	9 39	4 28
21	9 45	4 28
22	9 51	4 28
23	9 57	4 28
24	10 04	4 28
25	10 10	4 27
26	10 16	4 27
27	10 23	4 27
28	10 29	4 27
29	10 35	4 27
30	10 42	4 27
31	10 48	4 27

	NOVEMBER	
1	10♐55	4N27
2	11 01	4 27
3	11 08	4 27
4	11 15	4 27
5	11 21	4 27
6	11 28	4 27
7	11 35	4 27
8	11 42	4 27
9	11 49	4 27
10	11 55	4 27
11	12 02	4 27
12	12 09	4 27
13	12 16	4 27
14	12 23	4 27
15	12 30	4 27
16	12 37	4 27
17	12 44	4 27
18	12 51	4 27
19	12 58	4 27
20	13 05	4 27
21	13 13	4 27
22	13 20	4 27
23	13 27	4 27
24	13 34	4 27
25	13 41	4 27
26	13 48	4 28
27	13 55	4 28
28	14 03	4 28
29	14 10	4 28
30	14 17	4 28

	DECEMBER	
1	14♐24	4N28
2	14 32	4 28
3	14 39	4 28
4	14 46	4 28
5	14 53	4 29
6	15 00	4 29
7	15 08	4 29
8	15 15	4 29
9	15 22	4 29
10	15 29	4 29
11	15 37	4 30
12	15 44	4 30
13	15 51	4 30
14	15 58	4 30
15	16 05	4 30
16	16 13	4 31
17	16 20	4 31
18	16 27	4 31
19	16 34	4 31
20	16 41	4 32
21	16 48	4 32
22	16 55	4 32
23	17 02	4 32
24	17 09	4 33
25	17 17	4 33
26	17 24	4 33
27	17 31	4 33
28	17 37	4 34
29	17 44	4 34
30	17 51	4 34
31	17 58	4 35

Explanation of the heliocentric and geocentric distance value-ephemeris for Chiron

by Robert von Heeren, Munich in July 1997

This distance value-ephemeris was calculated in monthly intervalls for the years 1900-2050 for astrological research of the „third" dimension or the third coordinate of a planet: the distance from earth or/and sun. Because of Chiron's elliptical orbit, it's distance from sun (heliocentric) and it's distance from Earth (geocentric) is very variable. The figures in this tables were converted from Astronomical Units to an absolute Chiron-specific percent-scale.

- 100% means that Chiron is at it's closest point (Perihelion) with respect to the Sun (heliocentric, left column) or with respect to Earth (geocentric, right column).
- 0% means the opposite: Chiron is at it's Aphelion, farest point of it's orbit.

Because of the variable shape of Chiron's orbit due to gravitational perturbations after each full orbit (this variable nature of an minor planet orbit is called „chaotic", because it is unstable over long periods of time), this absolute distances of Perihelions and Aphelions differ from time to time.
I've calculated the closest and farest distances between 1600 and 2050, to extract the extreme values for the 100%-scale. So the given distance values for Chiron take into account the rare extreme values between this years. It is therefore possible that Chiron will not reach the 100% or 0% during one specific orbit.

For more information about this calculations, about other minor planet ephemerides and about the Centaur Reesearch Project, please contact the author:

Robert von Heeren
Altöttinger Str. 12a
D - 81673 München
E-Mail: 100273.2051@compuserve.com

Erläuterung der heliozentrischen und geozentrischen Entfernungswerte-Ephemeride für Chiron

von Robert von Heeren, München im Juli 1997

Diese Entfernungswerte-Ephemeride wurde in monatlichen Abständen von 1900-2050 für die astrologische Erforschung der „dritten Dimension" oder der dritten Koordinate eines Planeten berechnet: der Entfernung von der Erde und/oder der Sonne. Wegen der elliptischen Form der Bahn Chirons kann seine Entfernung zur Sonne (heliozentrische, linke Spalte) bzw. zur Erde (geozentrisch, rechte Spalte) sehr schwanken. Die in den Tabellen angegeben Zahlen sind von der relativen Angabe in Astronomischen Einheiten auf eine absolute Prozenteskala umgerechnet.

- 100% bedeutet, daß Chiron seinen sonnennächsten (heliozentrisches Perihel) oder erdnächsten (geozentrische Maximalannäherung) Punkt in seiner jeweiligen Bahn erreicht hat.
- 0% bedeutet das Gegenteil: er hat seinen sonnenfernsten (heliozentrisches Aphel) oder erdfernsten (geozentrische Erdferne) Bahnpunkt erreicht.

Wegen der veränderlichen Form der Chironbahn aufgrund der bei jedem Umlauf unterschiedlichen Bahnstörungen durch Hauptplaneten (diese veränderliche Natur einer Kleinplanetenbahn wird „chaotisch" bezeichnet, da sie über längere Zeiträume instabil ist), kann die absolute Entfernung des Perihels und Aphels von Zeit zu Zeit schwanken. Ich habe die größten Annäherungen und Entfernungen zwischen 1600 und 2050 berechnet, um daraus die Extremwerte für die 100%-Skala zu ermitteln. Die gebenen Werte berücksichtigen also die seltenen Extremwerte zwischen diesen Jahren. Es ist deshalb möglich, daß Chiron während eines speziellen Umlaufs nicht die 100% oder 0%-Grenze erreicht.

Für weitere Informationen zu den Berechnungen zu dieser Ephemeride, sowie zu anderen Kleinplaneten-Ephemeriden und dem Kentauren-Forschungsprojekt kontaktieren Sie bitte den Autor:

Robert von Heeren
Altöttinger Str. 12a
D - 81673 München
100273.2051@compuserve.com

Distance Values Chiron 1900 - 2049 Entfernungswerte

Helio- (left) and geocentric (right) distances in %, monthly values
Helio- (links) und geozentrische (rechts) monatliche Entfernungswerte in %

1900		
1/11	80.80	69.28
2/10	80.27	71.61
3/12	79.75	74.95
4/11	79.22	78.39
5/11	78.70	80.95
6/10	78.16	81.80
7/10	77.63	80.57
8/ 9	77.10	77.51
9/ 8	76.56	73.35
10/ 8	76.02	69.03
11/ 7	75.48	65.47
12/ 7	74.94	63.36

1901		
1/ 6	74.40	63.06
2/ 5	73.86	64.57
3/ 7	73.32	67.45
4/ 6	72.77	70.94
5/ 6	72.23	74.07
6/ 5	71.68	75.89
7/ 5	71.13	75.77
8/ 4	70.59	73.62
9/ 3	70.04	69.92
10/ 3	69.50	65.54
11/ 2	68.95	61.45
12/ 2	68.40	58.50

1902		
1/ 1	67.86	57.25
1/31	67.31	57.88
3/ 2	66.76	60.16
4/ 1	66.22	63.46
5/ 1	65.67	66.89
5/31	65.13	69.46
6/30	64.58	70.35
7/30	64.04	69.18
8/29	63.50	66.14
9/28	62.95	61.96
10/28	62.41	57.60
11/27	61.87	54.00
12/27	61.33	51.90

1903		
1/26	60.80	51.67
2/25	60.26	53.26
3/27	59.72	56.20
4/26	59.19	59.71
5/26	58.66	62.80
6/25	58.12	64.54
7/25	57.59	64.33
8/24	57.06	62.10
9/23	56.54	58.33
10/23	56.01	53.92
11/22	55.49	49.87
12/22	54.96	47.04

1904		
1/21	54.44	45.99
2/20	53.92	46.85
3/21	53.40	49.31
4/20	52.89	52.71
5/20	52.37	56.11
6/19	51.86	58.54
7/19	51.35	59.23
8/18	50.84	57.85
9/17	50.33	54.65
10/17	49.83	50.40
11/16	49.33	46.08
12/16	48.82	42.67

1905		
1/15	48.33	40.86
2/14	47.83	40.98
3/16	47.33	42.87
4/15	46.84	46.01
5/15	46.35	49.55
6/14	45.86	52.51
7/14	45.38	53.99
8/13	44.89	53.47
9/12	44.41	50.96
10/12	43.93	47.02
11/11	43.45	42.61
12/11	42.98	38.75

1906		
1/10	42.50	36.27
2/ 9	42.03	35.66
3/11	41.56	36.94
4/10	41.10	39.72
5/10	40.63	43.24
6/ 9	40.17	46.56
7/ 9	39.71	48.72
8/ 8	39.26	49.02
9/ 7	38.80	47.25
10/ 7	38.35	43.78
11/ 6	37.90	39.44
12/ 6	37.46	35.27

1907		
1/ 5	37.01	32.21
2/ 4	36.57	30.91
3/ 6	36.13	31.54
4/ 5	35.69	33.87
5/ 5	35.26	37.24
6/ 4	34.82	40.78
7/ 4	34.39	43.49
8/ 3	33.97	44.56
9/ 2	33.54	43.56
10/ 2	33.12	40.65
11/ 1	32.70	36.52
12/ 1	32.28	32.19
12/31	31.87	28.66

1908		
1/30	31.46	26.71
2/29	31.05	26.69
3/30	30.64	28.50
4/29	30.24	31.63
5/29	29.83	35.24
6/28	29.44	38.38
7/28	29.04	40.13
8/27	28.64	39.90
9/26	28.25	37.63
10/26	27.86	33.84
11/25	27.48	29.48
12/25	27.10	25.58

1909		
1/24	26.71	23.05
2/23	26.34	22.38
3/25	25.96	23.63
4/24	25.59	26.42
5/24	25.22	30.01
6/23	24.85	33.45
7/23	24.48	35.79
8/22	24.12	36.30
9/21	23.76	34.71
10/21	23.41	31.37
11/20	23.05	27.10
12/20	22.70	22.96

1910		
1/19	22.35	19.91
2/18	22.00	18.62
3/20	21.66	19.29
4/19	21.32	21.66
5/19	20.98	25.11
6/18	20.65	28.74
7/18	20.31	31.57
8/17	19.98	32.77
9/16	19.65	31.90
10/16	19.33	29.09
11/15	19.01	25.03
12/15	18.69	20.75

1911		
1/14	18.37	17.28
2/13	18.06	15.40
3/15	17.75	15.47
4/14	17.44	17.37
5/14	17.13	20.59
6/13	16.83	24.29
7/13	16.53	27.52
8/12	16.23	29.35
9/11	15.94	29.19
10/11	15.64	26.98
11/10	15.35	23.24
12/10	15.07	18.93

1912		
1/ 9	14.78	15.13
2/ 8	14.50	12.71
3/ 9	14.22	12.18
4/ 8	13.95	13.57
5/ 8	13.68	16.47
6/ 7	13.41	20.15
7/ 7	13.14	23.67
8/ 6	12.87	26.06
9/ 5	12.61	26.60
10/ 5	12.35	25.03
11/ 4	12.10	21.71
12/ 4	11.84	17.48

1913		
1/ 3	11.59	13.43
2/ 2	11.34	10.53
3/ 4	11.10	9.41
4/ 3	10.86	10.26
5/ 3	10.62	12.79
6/ 2	10.38	16.35
7/ 2	10.14	20.05
8/ 1	9.91	22.92
8/31	9.68	24.12
9/30	9.46	23.22
10/30	9.24	20.40
11/29	9.02	16.36
12/29	8.80	12.17

1914		
1/28	8.58	8.85
2/27	8.37	7.18
3/29	8.16	7.46
4/28	7.96	9.55
5/28	7.75	12.92
6/27	7.55	16.71
7/27	7.35	19.97
8/26	7.16	21.78
9/25	6.97	21.56
10/25	6.78	19.30
11/24	6.59	15.55
12/24	6.41	11.31

1915		
1/23	6.23	7.66
2/22	6.05	5.46
3/24	5.87	5.18
4/23	5.70	6.79
5/23	5.53	9.88
6/22	5.36	13.67
7/22	5.20	17.23
8/21	5.04	19.59
9/20	4.88	20.05
10/20	4.72	18.40
11/19	4.57	15.03
12/19	4.42	10.85

1916		
1/18	4.27	6.94
2/17	4.13	4.26
3/18	3.99	3.41
4/17	3.85	4.52
5/17	3.71	7.26
6/16	3.58	10.96
7/16	3.45	14.72
8/15	3.32	17.56
9/14	3.20	18.67
10/14	3.08	17.67
11/13	2.96	14.76
12/13	2.84	10.73

1917		
1/12	2.73	6.66
2/11	2.62	3.56
3/13	2.51	2.17
4/12	2.40	2.73
5/12	2.30	5.07
6/11	2.20	8.60
7/11	2.10	12.48
8/10	2.01	15.73
9/ 9	1.92	17.45
10/ 9	1.83	17.10
11/ 8	1.74	14.73
12/ 8	1.66	10.95

1918		
1/ 7	1.58	6.79
2/ 6	1.50	3.35
3/ 8	1.43	1.43
4/ 7	1.36	1.45
5/ 7	1.29	3.33
6/ 6	1.22	6.62
7/ 6	1.16	10.52
8/ 5	1.10	14.09
9/ 4	1.04	16.37
10/ 4	0.98	16.69
11/ 3	0.93	14.89
12/ 3	0.88	11.46

1919		
1/ 2	0.83	7.32
2/ 1	0.79	3.59
3/ 3	0.74	1.20
4/ 2	0.70	0.66
5/ 2	0.67	2.05
6/ 1	0.63	5.02
7/ 1	0.60	8.87
7/31	0.57	12.67
8/30	0.55	15.45
9/29	0.52	16.41
10/29	0.50	15.25
11/28	0.48	12.23
12/28	0.47	8.21

1920		
1/27	0.46	4.28
2/26	0.45	1.45
3/27	0.44	0.37
4/26	0.43	1.24
5/26	0.43	3.83
6/25	0.43	7.53
7/25	0.44	11.48
8/24	0.44	14.69
9/23	0.45	16.28
10/23	0.46	15.76
11/22	0.48	13.24
12/22	0.49	9.43

1921		
1/21	0.51	5.39
2/20	0.53	2.18
3/22	0.56	0.57
4/21	0.59	0.91
5/21	0.62	3.07
6/20	0.65	6.55
7/20	0.68	10.55
8/19	0.72	14.10
9/18	0.76	16.27
10/18	0.80	16.42
11/17	0.85	14.46
12/17	0.90	10.95

1922		
1/16	0.95	6.89
2/15	1.00	3.37
3/17	1.06	1.27
4/16	1.12	1.05
5/16	1.18	2.74
6/15	1.25	5.93
7/15	1.31	9.90
8/14	1.38	13.72
9/13	1.46	16.41
10/13	1.53	17.22
11/12	1.61	15.87
12/12	1.69	12.75

1923		
1/11	1.77	8.76
2/10	1.86	5.00
3/12	1.95	2.45
4/11	2.04	1.69
5/11	2.13	2.86
6/10	2.23	5.69
7/10	2.33	9.55
8/ 9	2.43	13.55
9/ 8	2.53	16.70
10/ 8	2.64	18.15
11/ 7	2.75	17.46
12/ 7	2.86	14.80

1924		
1/ 6	2.98	10.98
2/ 5	3.09	7.07
3/ 6	3.22	4.11
4/ 5	3.34	2.82
5/ 5	3.46	3.46
6/ 4	3.59	5.87
7/ 4	3.72	9.53
8/ 3	3.86	13.62
9/ 2	3.99	17.16
10/ 2	4.13	19.21
11/ 1	4.28	19.19
12/ 1	4.42	17.08
12/31	4.57	13.53

Distance Values Chiron 1900 - 2049 Entfernungswerte

Helio- (left) and geocentric (right) distances in %, monthly values
Helio- (links) und geozentrische (rechts) monatliche Entfernungswerte in %

1925		
1/30	4.72	9.55
3/ 1	4.87	6.25
3/31	5.03	4.44
4/30	5.19	4.53
5/30	5.35	6.48
6/29	5.51	9.87
7/29	5.68	13.96
8/28	5.85	17.80
9/27	6.02	20.41
10/27	6.19	21.07
11/26	6.37	19.57
12/26	6.55	16.37

1926		
1/25	6.73	12.44
2/24	6.92	8.86
3/26	7.11	6.58
4/25	7.30	6.11
5/25	7.49	7.55
6/24	7.69	10.60
7/24	7.89	14.59
8/23	8.09	18.64
9/22	8.30	21.75
10/22	8.50	23.08
11/21	8.71	22.24
12/21	8.93	19.50

1927		
1/20	9.14	15.70
2/19	9.36	11.94
3/21	9.58	9.22
4/20	9.81	8.20
5/20	10.04	9.10
6/19	10.27	11.73
7/19	10.50	15.55
8/18	10.74	19.71
9/17	10.97	23.25
10/17	11.22	25.22
11/16	11.46	25.08
12/16	11.71	22.88

1928		
1/15	11.96	19.32
2/14	12.21	15.46
3/15	12.46	12.37
4/14	12.72	10.81
5/14	12.98	11.15
6/13	13.25	13.31
7/13	13.52	16.86
8/12	13.78	21.05
9/11	14.06	24.92
10/11	14.33	27.50
11/10	14.61	28.07
12/10	14.89	26.48

1929		
1/ 9	15.18	23.27
2/ 8	15.46	19.41
3/10	15.75	16.02
4/ 9	16.04	13.96
5/ 9	16.34	13.72
6/ 8	16.64	15.36
7/ 8	16.94	18.56
8/ 7	17.24	22.67
9/ 6	17.55	26.78
10/ 6	17.86	29.90
11/ 5	18.17	31.19
12/ 5	18.49	30.28

1930		
1/ 4	18.80	27.52
2/ 3	19.12	23.78
3/ 5	19.45	20.17
4/ 4	19.77	17.65
5/ 4	20.10	16.83
6/ 3	20.43	17.90
7/ 3	20.77	20.68
8/ 2	21.11	24.60
9/ 1	21.45	28.85
10/ 1	21.79	32.43
10/31	22.13	34.41
11/30	22.48	34.24
12/30	22.83	32.03

1931		
1/29	23.19	28.52
2/28	23.54	24.79
3/30	23.90	21.86
4/29	24.27	20.48
5/29	24.63	20.96
6/28	25.00	23.24
7/28	25.37	26.88
8/27	25.74	31.16
9/26	26.12	35.10
10/26	26.50	37.73
11/25	26.88	38.33
12/25	27.26	36.77

1932		
1/24	27.65	33.60
2/23	28.04	29.85
3/24	28.43	26.60
4/23	28.82	24.67
5/23	29.22	24.54
6/22	29.62	26.26
7/22	30.02	29.53
8/21	30.43	33.71
9/20	30.83	37.91
10/20	31.24	41.13
11/19	31.66	42.49
12/19	32.07	41.67

1933		
1/18	32.49	38.98
2/17	32.91	35.34
3/19	33.33	31.84
4/18	33.76	29.42
5/18	34.19	28.66
6/17	34.62	29.77
7/17	35.05	32.57
8/16	35.49	36.54
9/15	35.93	40.87
10/15	36.37	44.58
11/14	36.81	46.70
12/14	37.26	46.67

1934		
1/13	37.71	44.59
2/12	38.16	41.19
3/14	38.61	37.56
4/13	39.06	34.71
5/13	39.52	33.34
6/12	39.98	33.79
7/12	40.45	36.03
8/11	40.91	39.67
9/10	41.38	44.00
10/10	41.85	48.08
11/ 9	42.32	50.91
12/ 9	42.79	51.73

1935		
1/ 8	43.27	50.37
2/ 7	43.75	47.37
3/ 9	44.23	43.73
4/ 8	44.71	40.52
5/ 8	45.20	38.57
6/ 7	45.69	38.34
7/ 7	46.18	39.94
8/ 6	46.67	43.12
9/ 5	47.16	47.30
10/ 5	47.66	51.62
11/ 4	48.16	55.07
12/ 4	48.66	56.75

1936		
1/ 3	49.16	56.22
2/ 2	49.66	53.78
3/ 3	50.17	50.29
4/ 2	50.68	46.84
5/ 2	51.18	44.35
6/ 1	51.70	43.43
7/ 1	52.21	44.33
7/31	52.72	46.92
8/30	53.24	50.79
9/29	53.76	55.19
10/29	54.28	59.14
11/28	54.80	61.65
12/28	55.32	62.05

1937		
1/27	55.85	60.32
2/26	56.38	57.16
3/28	56.90	53.61
4/27	57.43	50.66
5/27	57.96	49.06
6/26	58.49	49.19
7/26	59.03	51.10
8/25	59.56	54.50
9/24	60.10	58.78
10/24	60.63	63.07
11/23	61.17	66.33
12/23	61.71	67.70

1938		
1/22	62.25	66.86
2/21	62.79	64.23
3/23	63.33	60.75
4/22	63.87	57.46
5/22	64.41	55.21
6/21	64.96	54.55
7/21	65.50	55.66
8/20	66.04	58.42
9/19	66.59	62.39
10/19	67.13	66.80
11/18	67.68	70.68
12/18	68.22	73.01

1939		
1/17	68.77	73.20
2/16	69.31	71.33
3/18	69.86	68.13
4/17	70.40	64.65
5/17	70.94	61.84
6/16	71.49	60.38
7/16	72.03	60.61
8/15	72.57	62.58
9/14	73.11	66.00
10/14	73.65	70.29
11/13	74.19	74.56
12/13	74.73	77.78

1940		
1/12	75.27	79.08
2/11	75.80	78.19
3/12	76.34	75.55
4/11	76.87	72.10
5/11	77.40	68.86
6/10	77.93	66.63
7/10	78.46	65.93
8/ 9	78.98	66.95
9/ 8	79.50	69.60
10/ 8	80.02	73.47
11/ 7	80.54	77.85
12/ 7	81.05	81.76

1941		
1/ 6	81.56	84.18
2/ 5	82.07	84.47
3/ 7	82.58	82.69
4/ 6	83.08	79.56
5/ 6	83.57	76.09
6/ 5	84.07	73.19
7/ 5	84.55	71.54
8/ 4	85.04	71.50
9/ 3	85.52	73.16
10/ 3	85.99	76.32
11/ 2	86.46	80.45
12/ 2	86.93	84.73

1942		
1/ 1	87.39	88.11
1/31	87.84	89.69
3/ 2	88.29	89.08
4/ 1	88.73	86.63
5/ 1	89.17	83.23
5/31	89.60	79.84
6/30	90.02	77.30
7/30	90.44	76.14
8/29	90.84	76.64
9/28	91.24	78.78
10/28	91.64	82.28
11/27	92.02	86.50
12/27	92.40	90.52

1943		
1/26	92.77	93.30
2/25	93.13	94.08
3/27	93.48	92.72
4/26	93.83	89.80
5/26	94.16	86.24
6/25	94.48	82.98
7/25	94.80	80.73
8/24	95.10	79.95
9/23	95.39	80.84
10/23	95.68	83.32
11/22	95.95	87.00
12/22	96.21	91.17

1944		
1/21	96.46	94.84
2/20	96.70	97.01
3/21	96.93	97.07
4/20	97.15	95.11
5/20	97.35	91.83
6/19	97.55	88.17
7/19	97.73	84.99
8/18	97.90	82.95
9/17	98.05	82.45
10/17	98.20	83.62
11/16	98.33	86.33
12/16	98.45	90.09

1945		
1/15	98.55	94.11
2/14	98.64	97.37
3/16	98.72	98.94
4/15	98.79	98.36
5/15	98.84	95.89
6/14	98.88	92.32
7/14	98.91	88.57
8/13	98.93	85.45
9/12	98.93	83.57
10/12	98.91	83.29
11/11	98.89	84.69
12/11	98.85	87.56

1946		
1/10	98.80	91.34
2/ 9	98.73	95.13
3/11	98.65	97.94
4/10	98.56	98.90
5/10	98.46	97.73
6/ 9	98.34	94.82
7/ 9	98.21	90.99
8/ 8	98.07	87.16
9/ 7	97.92	84.11
10/ 7	97.75	82.41
11/ 6	97.57	82.38
12/ 6	97.38	84.03

1947		
1/ 5	97.17	87.06
2/ 4	96.96	90.80
3/ 6	96.73	94.32
4/ 5	96.49	96.60
5/ 5	96.25	96.92
6/ 4	95.99	95.17
7/ 4	95.71	91.83
8/ 3	95.43	87.79
9/ 2	95.14	83.93
10/ 2	94.84	81.02
11/ 1	94.53	79.60
12/ 1	94.20	79.91
12/31	93.87	81.89

1948		
1/30	93.53	85.10
2/29	93.18	88.77
3/30	92.82	91.92
4/29	92.46	93.59
5/29	92.08	93.21
6/28	91.70	90.85
7/28	91.30	87.12
8/27	90.90	82.93
9/26	90.50	79.15
10/26	90.08	76.53
11/25	89.66	75.54
12/25	89.23	76.33

1949		
1/24	88.80	78.71
2/23	88.36	82.10
3/25	87.91	85.63
4/24	87.46	88.28
5/24	87.00	89.23
6/23	86.54	88.08
7/23	86.07	85.11
8/22	85.59	81.03
9/21	85.11	76.80
10/21	84.63	73.27
11/20	84.14	71.12
12/20	83.65	70.74

Distance Values Chiron 1900 - 2049 Entfernungswerte

Helio- (left) and geocentric (right) distances in %, monthly values
Helio- (links) und geozentrische (rechts) monatliche Entfernungswerte in %

1950		
1/19	83.16	72.14
2/18	82.66	74.96
3/20	82.15	78.47
4/19	81.65	81.71
5/19	81.14	83.72
6/18	80.62	83.81
7/18	80.11	81.85
8/17	79.59	78.29
9/16	79.07	73.98
10/16	78.54	69.87
11/15	78.02	66.79
12/15	77.49	65.33

1951		
1/14	76.96	65.71
2/13	76.42	67.79
3/15	75.89	70.99
4/14	75.35	74.48
5/14	74.82	77.25
6/13	74.28	78.44
7/13	73.74	77.58
8/12	73.20	74.80
9/11	72.66	70.76
10/11	72.12	66.39
11/10	71.57	62.62
12/10	71.03	60.22

1952		
1/ 9	70.49	59.62
2/ 8	69.94	60.87
3/ 9	69.40	63.58
4/ 8	68.85	67.03
5/ 8	68.31	70.28
6/ 7	67.76	72.36
7/ 7	67.22	72.56
8/ 6	66.67	70.70
9/ 5	66.13	67.18
10/ 5	65.58	62.83
11/ 4	65.04	58.63
12/ 4	64.50	55.47

1953		
1/ 3	63.95	53.96
2/ 2	63.41	54.35
3/ 4	62.87	56.45
4/ 3	62.33	59.67
5/ 3	61.79	63.14
6/ 2	61.25	65.88
7/ 2	60.71	67.03
8/ 1	60.17	66.13
8/31	59.64	63.31
9/30	59.10	59.23
10/30	58.57	54.82
11/29	58.04	51.08
12/29	57.51	48.78

1954		
1/28	56.98	48.33
2/27	56.45	49.74
3/29	55.92	52.58
4/28	55.39	56.07
5/28	54.87	59.26
6/27	54.35	61.20
7/27	53.83	61.24
8/26	53.31	59.22
9/25	52.79	55.59
10/25	52.27	51.20
11/24	51.76	47.06
12/24	51.25	44.08

1955		
1/23	50.74	42.85
2/22	50.23	43.53
3/24	49.72	45.87
4/23	49.21	49.22
5/23	48.71	52.68
6/22	48.21	55.26
7/22	47.71	56.15
8/21	47.21	54.98
9/20	46.72	51.93
10/20	46.23	47.74
11/19	45.73	43.39
12/19	45.25	39.86

1956		
1/18	44.76	37.90
2/17	44.27	37.86
3/18	43.79	39.64
4/17	43.31	42.71
5/17	42.83	46.26
6/16	42.36	49.32
7/16	41.89	50.97
8/15	41.41	50.63
9/14	40.95	48.28
10/14	40.48	44.44
11/13	40.01	40.03
12/13	39.55	36.09

1957		
1/12	39.09	33.49
2/11	38.64	32.74
3/13	38.18	33.91
4/12	37.73	36.61
5/12	37.28	40.12
6/11	36.83	43.50
7/11	36.39	45.79
8/10	35.94	46.25
9/ 9	35.50	44.64
10/ 9	35.07	41.27
11/ 8	34.63	36.97
12/ 8	34.20	32.76

1958		
1/ 7	33.77	29.61
2/ 6	33.34	28.19
3/ 8	32.92	28.71
4/ 7	32.50	30.95
5/ 7	32.08	34.30
6/ 6	31.66	37.87
7/ 6	31.24	40.68
8/ 5	30.83	41.89
9/ 4	30.42	41.04
10/ 4	30.02	38.24
11/ 3	29.61	34.17
12/ 3	29.21	29.83

1959		
1/ 2	28.81	26.23
2/ 1	28.41	24.18
3/ 3	28.02	24.06
4/ 2	27.63	25.79
5/ 2	27.24	28.87
6/ 1	26.86	32.50
7/ 1	26.47	35.71
7/31	26.09	37.58
8/30	25.71	37.49
9/29	25.34	35.34
10/29	24.97	31.62
11/28	24.60	27.27
12/28	24.23	23.33

1960		
1/27	23.87	20.72
2/26	23.51	19.96
3/27	23.15	21.13
4/26	22.79	23.87
5/26	22.44	27.45
6/25	22.09	30.94
7/25	21.74	33.38
8/24	21.40	34.01
9/23	21.05	32.55
10/23	20.71	29.29
11/22	20.38	25.05
12/22	20.04	20.89

1961		
1/21	19.71	17.78
2/20	19.38	16.41
3/22	19.06	17.00
4/21	18.74	19.32
5/21	18.42	22.75
6/20	18.10	26.41
7/20	17.78	29.32
8/19	17.47	30.63
9/18	17.16	29.88
10/18	16.86	27.16
11/17	16.56	23.15
12/17	16.26	18.87

1962		
1/16	15.96	15.35
2/15	15.66	13.41
3/17	15.37	13.41
4/16	15.08	15.25
5/16	14.80	18.44
6/15	14.51	22.17
7/15	14.23	25.45
8/14	13.95	27.38
9/13	13.68	27.33
10/13	13.41	25.22
11/12	13.14	21.54
12/12	12.87	17.25

1963		
1/11	12.61	13.41
2/10	12.35	10.94
3/12	12.09	10.35
4/11	11.84	11.68
5/11	11.58	14.55
6/10	11.33	18.24
7/10	11.09	21.80
8/ 9	10.84	24.27
9/ 8	10.60	24.91
10/ 8	10.37	23.45
11/ 7	10.13	20.19
12/ 7	9.90	16.00

1964		
1/ 6	9.67	11.93
2/ 5	9.44	8.99
3/ 6	9.22	7.82
4/ 5	9.00	8.61
5/ 5	8.78	11.10
6/ 4	8.56	14.66
7/ 4	8.35	18.40
8/ 3	8.14	21.34
9/ 2	7.93	22.63
10/ 2	7.73	21.83
11/ 1	7.53	19.08
12/ 1	7.33	15.08
12/31	7.13	10.89

1965		
1/30	6.94	7.55
3/ 1	6.75	5.82
3/31	6.56	6.05
4/30	6.38	8.11
5/30	6.19	11.46
6/29	6.01	15.27
7/29	5.84	18.59
8/28	5.66	20.48
9/27	5.49	20.36
10/27	5.33	18.17
11/26	5.16	14.48
12/26	5.00	10.25

1966		
1/25	4.84	6.58
2/24	4.68	4.34
3/26	4.52	4.01
4/25	4.37	5.58
5/25	4.22	8.65
6/24	4.08	12.45
7/24	3.93	16.05
8/23	3.79	18.48
9/22	3.65	19.03
10/22	3.52	17.45
11/21	3.39	14.14
12/21	3.26	9.98

1967		
1/20	3.13	6.06
2/19	3.00	3.36
3/21	2.88	2.47
4/20	2.76	3.53
5/20	2.65	6.24
6/19	2.53	9.94
7/19	2.42	13.74
8/18	2.31	16.64
9/17	2.21	17.83
10/17	2.10	16.90
11/16	2.00	14.05
12/16	1.90	10.06

1968		
1/15	1.81	5.98
2/14	1.72	2.86
3/15	1.63	1.43
4/14	1.54	1.95
5/14	1.45	4.26
6/13	1.37	7.78
7/13	1.29	11.68
8/12	1.22	14.97
9/11	1.14	16.77
10/11	1.07	16.50
11/10	1.00	14.18
12/10	0.94	10.44

1969		
1/ 9	0.87	6.30
2/ 8	0.81	2.83
3/10	0.76	0.88
4/ 9	0.70	0.86
5/ 9	0.65	2.71
6/ 8	0.60	5.98
7/ 8	0.55	9.89
8/ 7	0.51	13.50
9/ 6	0.46	15.84
10/ 6	0.42	16.24
11/ 5	0.39	14.51
12/ 5	0.35	11.11

1970		
1/ 4	0.32	6.99
2/ 3	0.29	3.26
3/ 5	0.27	0.83
4/ 4	0.24	0.25
5/ 4	0.22	1.61
6/ 3	0.21	4.56
7/ 3	0.19	8.40
8/ 2	0.18	12.23
9/ 1	0.17	15.07
10/ 1	0.16	16.11
10/31	0.16	15.01
11/30	0.15	12.04
12/30	0.15	8.04

1971		
1/29	0.16	4.11
2/28	0.16	1.26
3/30	0.17	0.14
4/29	0.18	0.98
5/29	0.20	3.54
6/28	0.21	7.24
7/28	0.23	11.20
8/27	0.26	14.46
9/26	0.28	16.11
10/26	0.31	15.67
11/25	0.34	13.20
12/25	0.37	9.42

1972		
1/24	0.41	5.39
2/23	0.45	2.16
3/24	0.49	0.52
4/23	0.53	0.82
5/23	0.58	2.95
6/22	0.62	6.42
7/22	0.68	10.43
8/21	0.73	14.03
9/20	0.79	16.26
10/20	0.85	16.48
11/19	0.91	14.58
12/19	0.98	11.11

1973		
1/18	1.04	7.06
2/17	1.11	3.53
3/19	1.19	1.40
4/18	1.26	1.15
5/18	1.34	2.80
6/17	1.42	5.97
7/17	1.51	9.94
8/16	1.60	13.80
9/15	1.68	16.55
10/15	1.78	17.43
11/14	1.87	16.15
12/14	1.97	13.08

1974		
1/13	2.07	9.11
2/12	2.18	5.35
3/14	2.28	2.77
4/13	2.39	1.97
5/13	2.50	3.11
6/12	2.62	5.92
7/12	2.73	9.77
8/11	2.85	13.80
9/10	2.98	17.01
10/10	3.10	18.53
11/ 9	3.23	17.91
12/ 9	3.36	15.31

Distance Values — Chiron 1900 - 2049 — Entfernungswerte

Helio- (left) and geocentric (right) distances in %, monthly values

Helio- (links) und geozentrische (rechts) monatliche Entfernungswerte in %

1975		
1/ 8	3.50	11.52
2/ 7	3.63	7.62
3/ 9	3.77	4.64
4/ 8	3.92	3.31
5/ 8	4.06	3.91
6/ 7	4.21	6.29
7/ 7	4.36	9.95
8/ 6	4.52	14.05
9/ 5	4.67	17.64
10/ 5	4.83	19.77
11/ 4	4.99	19.82
12/ 4	5.16	17.79

1976		
1/ 3	5.33	14.27
2/ 2	5.50	10.32
3/ 3	5.67	7.00
4/ 2	5.85	5.16
5/ 2	6.03	5.21
6/ 1	6.21	7.12
7/ 1	6.39	10.49
7/31	6.58	14.59
8/30	6.77	18.47
9/29	6.97	21.15
10/29	7.16	21.89
11/28	7.36	20.48
12/28	7.56	17.33

1977		
1/27	7.77	13.42
2/26	7.97	9.85
3/28	8.18	7.53
4/27	8.40	7.02
5/27	8.61	8.42
6/26	8.83	11.43
7/26	9.05	15.43
8/25	9.28	19.51
9/24	9.50	22.69
10/24	9.73	24.10
11/23	9.96	23.35
12/23	10.20	20.68

1978		
1/22	10.44	16.91
2/21	10.68	13.16
3/23	10.92	10.41
4/22	11.17	9.35
5/22	11.42	10.20
6/21	11.67	12.79
7/21	11.92	16.60
8/20	12.18	20.79
9/19	12.44	24.38
10/19	12.71	26.44
11/18	12.97	26.39
12/18	13.24	24.27

1979		
1/17	13.51	20.76
2/16	13.79	16.91
3/18	14.06	13.80
4/17	14.34	12.20
5/17	14.62	12.48
6/16	14.91	14.60
7/16	15.20	18.12
8/15	15.49	22.32
9/14	15.78	26.24
10/14	16.08	28.90
11/13	16.37	29.57
12/13	16.68	28.08

1980		
1/12	16.98	24.92
2/11	17.29	21.09
3/12	17.60	17.69
4/11	17.91	15.58
5/11	18.22	15.28
6/10	18.54	16.87
7/10	18.86	20.03
8/ 9	19.18	24.13
9/ 8	19.51	28.28
10/ 8	19.84	31.47
11/ 7	20.17	32.86
12/ 7	20.50	32.06

1981		
1/ 6	20.84	29.37
2/ 5	21.18	25.67
3/ 7	21.52	22.05
4/ 6	21.87	19.49
5/ 6	22.21	18.61
6/ 5	22.56	19.62
7/ 5	22.92	22.34
8/ 4	23.27	26.24
9/ 3	23.63	30.51
10/ 3	23.99	34.16
11/ 2	24.35	36.24
12/ 2	24.72	36.19

1982		
1/ 1	25.09	34.07
1/31	25.46	30.60
3/ 2	25.83	26.87
4/ 1	26.21	23.91
5/ 1	26.59	22.47
5/31	26.97	22.87
6/30	27.36	25.08
7/30	27.74	28.69
8/29	28.13	32.96
9/28	28.52	36.97
10/28	28.92	39.69
11/27	29.32	40.41
12/27	29.72	38.96

1983		
1/26	30.12	35.87
2/25	30.53	32.14
3/27	30.93	28.85
4/26	31.34	26.87
5/26	31.76	26.65
6/25	32.17	28.29
7/25	32.59	31.49
8/24	33.01	35.65
9/23	33.43	39.90
10/23	33.86	43.20
11/22	34.29	44.70
12/22	34.72	44.00

1984		
1/21	35.15	41.40
2/20	35.59	37.80
3/21	36.02	34.29
4/20	36.47	31.81
5/20	36.91	30.96
6/19	37.35	31.97
7/19	37.80	34.69
8/18	38.25	38.61
9/17	38.70	42.96
10/17	39.16	46.75
11/16	39.62	49.01
12/16	40.08	49.12

1985		
1/15	40.54	47.16
2/14	41.00	43.83
3/16	41.47	40.20
4/15	41.94	37.29
5/15	42.41	35.83
6/14	42.88	36.17
7/14	43.36	38.30
8/13	43.84	41.86
9/12	44.32	46.18
10/12	44.80	50.33
11/11	45.29	53.29
12/11	45.77	54.27

1986		
1/10	46.26	53.06
2/ 9	46.75	50.16
3/11	47.25	46.55
4/10	47.74	43.30
5/10	48.24	41.25
6/ 9	48.74	40.90
7/ 9	49.24	42.36
8/ 8	49.75	45.44
9/ 7	50.25	49.57
10/ 7	50.76	53.93
11/ 6	51.27	57.50
12/ 6	51.78	59.35

1987		
1/ 5	52.29	59.00
2/ 4	52.81	56.70
3/ 6	53.33	53.27
4/ 5	53.84	49.80
5/ 5	54.36	47.22
6/ 4	54.89	46.16
7/ 4	55.41	46.90
8/ 3	55.93	49.36
9/ 2	56.46	53.14
10/ 2	56.99	57.53
11/ 1	57.52	61.58
12/ 1	58.05	64.27
12/31	58.58	64.88

1988		
1/30	59.11	63.34
2/29	59.65	60.29
3/30	60.19	56.74
4/29	60.72	53.72
5/29	61.26	51.97
6/28	61.80	51.92
7/28	62.34	53.65
8/27	62.88	56.91
9/26	63.42	61.14
10/26	63.97	65.48
11/25	64.51	68.91
12/25	65.05	70.52

1989		
1/24	65.60	69.92
2/23	66.14	67.45
3/25	66.69	64.03
4/24	67.24	60.68
5/24	67.78	58.30
6/23	68.33	57.43
7/23	68.87	58.32
8/22	69.42	60.89
9/21	69.97	64.73
10/21	70.51	69.14
11/20	71.06	73.14
12/20	71.60	75.73

1990		
1/19	72.15	76.20
2/18	72.69	74.57
3/20	73.24	71.50
4/19	73.78	68.01
5/19	74.32	65.08
6/18	74.86	63.40
7/18	75.40	63.37
8/17	75.94	65.08
9/16	76.47	68.30
10/16	77.01	72.50
11/15	77.54	76.84
12/15	78.07	80.27

1991		
1/14	78.60	81.90
2/13	79.13	81.33
3/15	79.65	78.90
4/14	80.18	75.52
5/14	80.69	72.19
6/13	81.21	69.75
7/13	81.72	68.76
8/12	82.23	69.46
9/11	82.74	71.83
10/11	83.24	75.51
11/10	83.74	79.85
12/10	84.24	83.90

1992		
1/ 9	84.73	86.64
2/ 8	85.21	87.31
3/ 9	85.70	85.86
4/ 8	86.17	82.89
5/ 8	86.65	79.40
6/ 7	87.11	76.33
7/ 7	87.57	74.37
8/ 6	88.03	73.97
9/ 5	88.48	75.26
10/ 5	88.92	78.11
11/ 4	89.36	82.07
12/ 4	89.79	86.37

1993		
1/ 3	90.21	90.00
2/ 2	90.63	91.98
3/ 4	91.04	91.79
4/ 3	91.44	89.65
5/ 3	91.84	86.35
6/ 2	92.22	82.86
7/ 2	92.60	80.04
8/ 1	92.97	78.49
8/31	93.33	78.55
9/30	93.68	80.27
10/30	94.02	83.45
11/29	94.36	87.52
12/29	94.68	91.64

1994		
1/28	94.99	94.76
2/27	95.29	96.02
3/29	95.59	95.10
4/28	95.87	92.44
5/28	96.14	88.90
6/27	96.40	85.44
7/27	96.65	82.82
8/26	96.89	81.57
9/25	97.11	81.96
10/25	97.32	83.99
11/24	97.53	87.35
12/24	97.72	91.42

1995		
1/23	97.89	95.26
2/22	98.06	97.85
3/24	98.21	98.43
4/23	98.35	96.90
5/23	98.47	93.82
6/22	98.59	90.11
7/22	98.69	86.66
8/21	98.77	84.18
9/20	98.85	83.14
10/20	98.91	83.77
11/19	98.95	86.02
12/19	98.98	89.49

1996		
1/18	99.00	93.46
2/17	99.01	96.96
3/18	99.00	98.99
4/17	98.98	98.94
5/17	98.95	96.88
6/16	98.90	93.45
7/16	98.84	89.58
8/15	98.76	86.12
9/14	98.67	83.76
10/14	98.57	82.92
11/13	98.46	83.79
12/13	98.33	86.23

1997		
1/12	98.19	89.76
2/11	98.03	93.58
3/13	97.87	96.67
4/12	97.69	98.12
5/12	97.50	97.45
6/11	97.30	94.88
7/11	97.08	91.14
8/10	96.85	87.14
9/ 9	96.62	83.72
10/ 9	96.37	81.53
11/ 8	96.11	80.97
12/ 8	95.83	82.14

1998		
1/ 7	95.55	84.80
2/ 6	95.26	88.38
3/ 8	94.95	91.98
4/ 7	94.64	94.59
5/ 7	94.32	95.38
6/ 6	93.98	94.07
7/ 6	93.64	91.01
8/ 5	93.29	86.99
9/ 4	92.93	82.93
10/ 4	92.56	79.65
11/ 3	92.18	77.77
12/ 3	91.80	77.62

1999		
1/ 2	91.40	79.19
2/ 1	91.00	82.13
3/ 3	90.59	85.73
4/ 2	90.18	89.03
5/ 2	89.75	91.04
6/ 1	89.32	91.10
7/ 1	88.88	89.10
7/31	88.44	85.56
8/30	87.99	81.33
9/29	87.54	77.33
10/29	87.08	74.37
11/28	86.61	72.97
12/28	86.14	73.38

Distance Values Chiron 1900 - 2049 Entfernungswerte

Helio- (left) and geocentric (right) distances in %, monthly values
Helio- (links) und geozentrische (rechts) monatliche Entfernungswerte in %

2000		
1/27	85.66	75.46
2/26	85.18	78.68
3/27	84.70	82.22
4/26	84.20	85.08
5/26	83.71	86.36
6/25	83.21	85.59
7/25	82.71	82.89
8/24	82.20	78.92
9/23	81.69	74.60
10/23	81.18	70.84
11/22	80.67	68.39
12/22	80.15	67.67

2005		
1/30	53.23	45.11
3/ 1	52.71	46.40
3/31	52.19	49.17
4/30	51.67	52.65
5/30	51.16	55.90
6/29	50.65	57.97
7/29	50.14	58.17
8/28	49.63	56.30
9/27	49.12	52.76
10/27	48.62	48.39
11/26	48.11	44.21
12/26	47.61	41.13

2010		
1/ 4	26.01	23.94
2/ 3	25.63	21.86
3/ 5	25.26	21.70
4/ 4	24.89	23.40
5/ 4	24.52	26.48
6/ 3	24.16	30.13
7/ 3	23.79	33.38
8/ 2	23.44	35.31
9/ 1	23.08	35.29
10/ 1	22.73	33.20
10/31	22.38	29.53
11/30	22.03	25.20
12/30	21.68	21.25

2015		
1/ 8	8.16	10.68
2/ 7	7.95	7.75
3/ 9	7.75	6.58
4/ 8	7.55	7.37
5/ 8	7.35	9.87
6/ 7	7.15	13.44
7/ 7	6.95	17.20
8/ 6	6.76	20.16
9/ 5	6.57	21.48
10/ 5	6.39	20.71
11/ 4	6.20	17.98
12/ 4	6.02	14.00

2020		
1/12	0.38	5.87
2/11	0.33	2.42
3/12	0.29	0.49
4/11	0.25	0.48
5/11	0.22	2.34
6/10	0.18	5.63
7/10	0.15	9.56
8/ 9	0.12	13.18
9/ 8	0.10	15.53
10/ 8	0.08	15.94
11/ 7	0.06	14.22
12/ 7	0.04	10.84

2001		
1/21	79.63	68.78
2/20	79.10	71.39
3/22	78.58	74.83
4/21	78.05	78.16
5/21	77.52	80.40
6/20	76.98	80.81
7/20	76.45	79.14
8/19	75.91	75.77
9/18	75.37	71.48
10/18	74.83	67.26
11/17	74.29	63.96
12/17	73.75	62.23

2006		
1/25	47.11	39.79
2/24	46.62	40.37
3/26	46.12	42.64
4/25	45.63	45.97
5/25	45.14	49.46
6/24	44.65	52.12
7/24	44.17	53.15
8/23	43.68	52.11
9/22	43.20	49.17
10/22	42.72	45.02
11/21	42.25	40.65
12/21	41.77	37.06

2011		
1/29	21.34	18.62
2/28	21.00	17.84
3/30	20.67	18.99
4/29	20.33	21.72
5/29	20.00	25.31
6/28	19.67	28.83
7/28	19.35	31.32
8/27	19.02	32.02
9/26	18.70	30.61
10/26	18.39	27.40
11/25	18.07	23.19
12/25	17.76	19.02

2016		
1/ 3	5.84	9.81
2/ 2	5.67	6.48
3/ 3	5.49	4.76
4/ 2	5.32	5.00
5/ 2	5.16	7.07
6/ 1	4.99	10.43
7/ 1	4.83	14.26
7/31	4.67	17.59
8/30	4.51	19.51
9/29	4.36	19.41
10/29	4.21	17.24
11/28	4.06	13.55
12/28	3.91	9.34

2021		
1/ 6	0.03	6.73
2/ 5	0.01	3.01
3/ 7	0.01	0.60
4/ 6	0.00	0.04
5/ 6	0.00	1.42
6/ 5	0.00	4.38
7/ 5	0.00	8.24
8/ 4	0.00	12.08
9/ 3	0.01	14.93
10/ 3	0.02	15.99
11/ 2	0.03	14.90
12/ 2	0.05	11.94

2002		
1/16	73.21	62.35
2/15	72.66	64.21
3/17	72.12	67.31
4/16	71.57	70.80
5/16	71.03	73.72
6/15	70.48	75.14
7/15	69.93	74.55
8/14	69.39	71.98
9/13	68.84	68.04
10/13	68.29	63.64
11/12	67.74	59.74
12/12	67.20	57.14

2007		
1/20	41.30	35.02
2/19	40.83	34.90
3/21	40.36	36.61
4/20	39.90	39.65
5/20	39.44	43.22
6/19	38.98	46.33
7/19	38.52	48.08
8/18	38.07	47.86
9/17	37.61	45.61
10/17	37.16	41.82
11/16	36.72	37.43
12/16	36.27	33.46

2012		
1/24	17.45	15.91
2/23	17.15	14.53
3/24	16.84	15.10
4/23	16.54	17.42
5/23	16.25	20.85
6/22	15.95	24.54
7/22	15.66	27.49
8/21	15.37	28.85
9/20	15.08	28.15
10/20	14.80	25.48
11/19	14.52	21.49
12/19	14.24	17.22

2017		
1/27	3.77	5.68
2/26	3.63	3.45
3/28	3.49	3.13
4/27	3.35	4.71
5/27	3.22	7.79
6/26	3.09	11.61
7/26	2.96	15.22
8/25	2.84	17.67
9/24	2.71	18.24
10/24	2.59	16.68
11/23	2.48	13.38
12/23	2.36	9.23

2022		
1/ 1	0.07	7.96
1/31	0.09	4.04
3/ 2	0.11	1.21
4/ 1	0.14	0.11
5/ 1	0.17	0.96
5/31	0.20	3.54
6/30	0.24	7.25
7/30	0.28	11.24
8/29	0.32	14.51
9/28	0.36	16.18
10/28	0.41	15.75
11/27	0.46	13.30
12/27	0.51	9.53

2003		
1/11	66.65	56.32
2/10	66.10	57.37
3/12	65.55	59.95
4/11	65.01	63.37
5/11	64.46	66.69
6/10	63.92	68.93
7/10	63.37	69.35
8/ 9	62.83	67.70
9/ 8	62.28	64.32
10/ 8	61.74	60.01
11/ 7	61.20	55.74
12/ 7	60.66	52.44

2008		
1/15	35.83	30.80
2/14	35.39	29.98
3/15	34.95	31.09
4/14	34.52	33.76
5/14	34.09	37.27
6/13	33.66	40.69
7/13	33.23	43.05
8/12	32.81	43.62
9/11	32.38	42.10
10/11	31.97	38.80
11/10	31.55	34.52
12/10	31.14	30.30

2013		
1/18	13.96	13.70
2/17	13.69	11.75
3/19	13.42	11.74
4/18	13.15	13.59
5/18	12.89	16.78
6/17	12.62	20.52
7/17	12.37	23.84
8/16	12.11	25.81
9/15	11.86	25.81
10/15	11.60	23.73
11/14	11.36	20.08
12/14	11.11	15.80

2018		
1/22	2.25	5.32
2/21	2.14	2.63
3/23	2.04	1.75
4/22	1.93	2.82
5/22	1.83	5.55
6/21	1.73	9.27
7/21	1.64	13.07
8/20	1.55	15.99
9/19	1.45	17.20
10/19	1.37	16.28
11/18	1.28	13.44
12/18	1.20	9.46

2023		
1/26	0.57	5.51
2/25	0.62	2.30
3/27	0.69	0.68
4/26	0.75	1.00
5/26	0.81	3.14
6/25	0.88	6.63
7/25	0.96	10.66
8/24	1.03	14.28
9/23	1.11	16.53
10/23	1.19	16.76
11/22	1.27	14.88
12/22	1.36	11.42

2004		
1/ 6	60.12	50.76
2/ 5	59.58	50.98
3/ 6	59.05	52.95
4/ 5	58.51	56.11
5/ 5	57.97	59.60
6/ 4	57.44	62.45
7/ 4	56.91	63.77
8/ 3	56.38	63.06
9/ 2	55.85	60.39
10/ 2	55.32	56.38
11/ 1	54.79	51.96
12/ 1	54.27	48.13
12/31	53.75	45.70

2009		
1/ 9	30.72	27.11
2/ 8	30.32	25.64
3/10	29.91	26.12
4/ 9	29.51	28.33
5/ 9	29.11	31.67
6/ 8	28.71	35.27
7/ 8	28.32	38.13
8/ 7	27.92	39.42
9/ 6	27.54	38.65
10/ 6	27.15	35.93
11/ 5	26.76	31.90
12/ 5	26.38	27.56

2014		
1/13	10.87	11.97
2/12	10.63	9.50
3/14	10.39	8.90
4/13	10.15	10.24
5/13	9.92	13.12
6/12	9.69	16.82
7/12	9.47	20.40
8/11	9.24	22.91
9/10	9.02	23.58
10/10	8.80	22.15
11/ 9	8.59	18.92
12/ 9	8.37	14.74

2019		
1/17	1.12	5.39
2/16	1.04	2.29
3/18	0.97	0.87
4/17	0.90	1.41
5/17	0.83	3.73
6/16	0.76	7.26
7/16	0.70	11.18
8/15	0.64	14.49
9/14	0.58	16.29
10/14	0.53	16.04
11/13	0.47	13.73
12/13	0.42	10.00

2024		
1/21	1.45	7.39
2/20	1.54	3.88
3/21	1.63	1.77
4/20	1.73	1.53
5/20	1.83	3.20
6/19	1.93	6.38
7/19	2.04	10.38
8/18	2.14	14.25
9/17	2.25	17.03
10/17	2.37	17.92
11/16	2.48	16.66
12/16	2.60	13.61

Distance Values Chiron 1900 - 2049 Entfernungswerte

Helio- (left) and geocentric (right) distances in %, monthly values
Helio- (links) und geozentrische (rechts) monatliche Entfernungswerte in %

2025		
1/15	2.73	9.66
2/14	2.85	5.92
3/16	2.98	3.35
4/15	3.11	2.57
5/15	3.24	3.72
6/14	3.38	6.54
7/14	3.52	10.42
8/13	3.66	14.46
9/12	3.80	17.69
10/12	3.95	19.23
11/11	4.10	18.63
12/11	4.25	16.06

2026		
1/10	4.40	12.28
2/ 9	4.56	8.40
3/11	4.72	5.44
4/10	4.89	4.12
5/10	5.05	4.73
6/ 9	5.22	7.13
7/ 9	5.39	10.79
8/ 8	5.57	14.92
9/ 7	5.74	18.53
10/ 7	5.92	20.68
11/ 6	6.11	20.76
12/ 6	6.29	18.74

2027		
1/ 5	6.48	15.24
2/ 4	6.67	11.30
3/ 6	6.86	8.01
4/ 5	7.06	6.18
5/ 5	7.26	6.23
6/ 4	7.46	8.16
7/ 4	7.66	11.53
8/ 3	7.87	15.64
9/ 2	8.08	19.55
10/ 2	8.29	22.26
11/ 1	8.51	23.02
12/ 1	8.72	21.63
12/31	8.95	18.51

2028		
1/30	9.17	14.61
2/29	9.39	11.05
3/30	9.62	8.74
4/29	9.85	8.24
5/29	10.09	9.64
6/28	10.33	12.66
7/28	10.56	16.66
8/27	10.81	20.77
9/26	11.05	23.97
10/26	11.30	25.42
11/25	11.55	24.69
12/25	11.80	22.04

2029		
1/24	12.06	18.29
2/23	12.32	14.55
3/25	12.58	11.82
4/24	12.84	10.75
5/24	13.11	11.60
6/23	13.38	14.20
7/23	13.65	18.00
8/22	13.92	22.21
9/21	14.20	25.83
10/21	14.48	27.92
11/20	14.76	27.91
12/20	15.05	25.81

2030		
1/19	15.34	22.32
2/18	15.63	18.49
3/20	15.92	15.39
4/19	16.22	13.79
5/19	16.52	14.06
6/18	16.82	16.17
7/18	17.12	19.69
8/17	17.43	23.90
9/16	17.74	27.84
10/16	18.05	30.54
11/15	18.37	31.25
12/15	18.68	29.79

2031		
1/14	19.00	26.66
2/13	19.33	22.85
3/15	19.65	19.45
4/14	19.98	17.34
5/14	20.31	17.03
6/13	20.65	18.60
7/13	20.98	21.75
8/12	21.32	25.86
9/11	21.67	30.03
10/11	22.01	33.26
11/10	22.36	34.69
12/10	22.71	33.94

2032		
1/ 9	23.06	31.29
2/ 8	23.42	27.60
3/ 9	23.77	23.99
4/ 8	24.13	21.43
5/ 8	24.50	20.53
6/ 7	24.86	21.52
7/ 7	25.23	24.22
8/ 6	25.60	28.11
9/ 5	25.98	32.40
10/ 5	26.35	36.09
11/ 4	26.73	38.22
12/ 4	27.12	38.22

2033		
1/ 3	27.50	36.15
2/ 2	27.89	32.72
3/ 4	28.28	29.01
4/ 3	28.67	26.04
5/ 3	29.07	24.57
6/ 2	29.46	24.94
7/ 2	29.86	27.12
8/ 1	30.27	30.70
8/31	30.67	34.99
9/30	31.08	39.02
10/30	31.49	41.81
11/29	31.91	42.60
12/29	32.32	41.21

2034		
1/28	32.74	38.17
2/27	33.16	34.46
3/29	33.59	31.17
4/28	34.01	29.16
5/28	34.44	28.90
6/27	34.88	30.49
7/27	35.31	33.66
8/26	35.75	37.81
9/25	36.19	42.08
10/25	36.63	45.45
11/24	37.07	47.03
12/24	37.52	46.42

2035		
1/23	37.97	43.89
2/22	38.42	40.33
3/24	38.88	36.81
4/23	39.33	34.30
5/23	39.79	33.40
6/22	40.25	34.35
7/22	40.72	37.01
8/21	41.19	40.91
9/20	41.66	45.27
10/20	42.13	49.12
11/19	42.60	51.47
12/19	43.08	51.70

2036		
1/18	43.56	49.83
2/17	44.04	46.55
3/18	44.52	42.94
4/17	45.01	40.00
5/17	45.49	38.47
6/16	45.98	38.74
7/16	46.48	40.79
8/15	46.97	44.30
9/14	47.47	48.61
10/14	47.97	52.81
11/13	48.47	55.87
12/13	48.97	56.98

2037		
1/12	49.48	55.89
2/11	49.98	53.07
3/13	50.49	49.50
4/12	51.00	46.22
5/12	51.52	44.11
6/11	52.03	43.66
7/11	52.55	45.03
8/10	53.07	48.01
9/ 9	53.59	52.10
10/ 9	54.11	56.49
11/ 8	54.63	60.16
12/ 8	55.16	62.16

2038		
1/ 7	55.69	61.97
2/ 6	56.21	59.79
3/ 8	56.74	56.42
4/ 7	57.28	52.94
5/ 7	57.81	50.29
6/ 6	58.34	49.13
7/ 6	58.88	49.73
8/ 5	59.42	52.07
9/ 4	59.95	55.77
10/ 4	60.49	60.15
11/ 3	61.03	64.27
12/ 3	61.57	67.11

2039		
1/ 2	62.12	67.91
2/ 1	62.66	66.55
3/ 3	63.20	63.60
4/ 2	63.75	60.07
5/ 2	64.29	56.99
6/ 1	64.84	55.12
7/ 1	65.39	54.91
7/31	65.93	56.48
8/30	66.48	59.60
9/29	67.03	63.77
10/29	67.58	68.15
11/28	68.12	71.71
12/28	68.67	73.54

2040		
1/27	69.22	73.16
2/26	69.77	70.86
3/27	70.31	67.49
4/26	70.86	64.11
5/26	71.41	61.60
6/25	71.95	60.55
7/25	72.50	61.23
8/24	73.04	63.61
9/23	73.59	67.32
10/23	74.13	71.70
11/22	74.67	75.80
12/22	75.21	78.60

2041		
1/21	75.75	79.35
2/20	76.28	77.94
3/22	76.82	75.00
4/21	77.35	71.52
5/21	77.88	68.47
6/20	78.41	66.59
7/20	78.94	66.32
8/19	79.46	67.77
9/18	79.99	70.78
10/18	80.51	74.86
11/17	81.02	79.22
12/17	81.53	82.84

2042		
1/16	82.04	84.76
2/15	82.55	84.50
3/17	83.05	82.29
4/16	83.55	78.98
5/16	84.05	75.58
6/15	84.54	72.94
7/15	85.02	71.66
8/14	85.51	72.05
9/13	85.98	74.11
10/13	86.46	77.57
11/12	86.92	81.83
12/12	87.38	85.98

2043		
1/11	87.84	88.99
2/10	88.29	90.03
3/12	88.73	88.90
4/11	89.17	86.12
5/11	89.60	82.63
6/10	90.02	79.39
7/10	90.44	77.14
8/ 9	90.85	76.37
9/ 8	91.25	77.28
10/ 8	91.65	79.79
11/ 7	92.04	83.53
12/ 7	92.41	87.79

2044		
1/ 6	92.78	91.60
2/ 5	93.15	93.94
3/ 6	93.50	94.17
4/ 5	93.84	92.35
5/ 5	94.18	89.18
6/ 4	94.50	85.61
7/ 4	94.82	82.53
8/ 3	95.12	80.60
9/ 2	95.42	80.21
10/ 2	95.70	81.50
11/ 1	95.97	84.32
12/ 1	96.24	88.19
12/31	96.49	92.33

2045		
1/30	96.73	95.72
3/ 1	96.96	97.40
3/31	97.17	96.92
4/30	97.38	94.55
5/30	97.57	91.08
6/29	97.75	87.46
7/29	97.92	84.50
8/28	98.07	82.80
9/27	98.22	82.69
10/27	98.35	84.25
11/26	98.47	87.26
12/26	98.57	91.16

2046		
1/25	98.66	95.09
2/24	98.74	98.00
3/26	98.80	99.05
4/25	98.86	97.96
5/25	98.89	95.13
6/24	98.92	91.42
7/24	98.93	87.74
8/23	98.93	84.86
9/22	98.91	83.34
10/22	98.88	83.46
11/21	98.84	85.25
12/21	98.78	88.39

2047		
1/20	98.72	92.25
2/19	98.63	95.89
3/21	98.54	98.29
4/20	98.43	98.72
5/20	98.31	97.05
6/19	98.17	93.82
7/19	98.03	89.90
8/18	97.87	86.18
9/17	97.69	83.40
10/17	97.51	82.08
11/16	97.31	82.46
12/16	97.10	84.49

2048		
1/15	96.88	87.76
2/14	96.65	91.53
3/15	96.41	94.82
4/14	96.15	96.65
5/14	95.89	96.43
6/13	95.61	94.20
7/13	95.32	90.59
8/12	95.03	86.50
9/11	94.72	82.80
10/11	94.40	80.21
11/10	94.07	79.20
12/10	93.74	79.95

2049		
1/ 9	93.39	82.28
2/ 8	93.03	85.69
3/10	92.67	89.31
4/ 9	92.30	92.15
5/ 9	91.92	93.32
6/ 8	91.53	92.40
7/ 8	91.13	89.60
8/ 7	90.72	85.66
9/ 6	90.31	81.48
10/ 6	89.89	77.93
11/ 5	89.47	75.68
12/ 5	89.03	75.14

Right Ascension/Declination — Chiron 2001 - 2050 — Rektaszension/Declination

Monthly Positions / Monatliche Positionen

2001		
1/25	17h39	18S12
2/24	17 49	18 01
3/26	17 54	17 43
4/25	17 54	17 23
5/25	17 49	17 06
6/24	17 40	16 57
7/24	17 33	16 56
8/23	17 30	17 05
9/22	17 32	17 20
10/22	17 39	17 36
11/21	17 50	17 47
12/21	18 04	17 48

2002		
1/20	18h17	17S39
2/19	18 28	17 21
3/21	18 35	16 58
4/20	18 37	16 37
5/20	18 34	16 22
6/19	18 27	16 17
7/19	18 20	16 22
8/18	18 14	16 34
9/17	18 13	16 48
10/17	18 17	17 01
11/16	18 26	17 07
12/16	18 38	17 03

2003		
1/15	18h50	16S48
2/14	19 01	16 24
3/16	19 10	15 56
4/15	19 14	15 31
5/15	19 13	15 15
6/14	19 08	15 11
7/14	19 01	15 19
8/13	18 54	15 34
9/12	18 51	15 52
10/12	18 52	16 06
11/11	18 58	16 11
12/11	19 08	16 04

2004		
1/10	19h19	15S46
2/ 9	19 31	15 18
3/10	19 40	14 46
4/ 9	19 45	14 16
5/ 9	19 46	13 56
6/ 8	19 43	13 50
7/ 8	19 37	13 59
8/ 7	19 30	14 17
9/ 6	19 25	14 39
10/ 6	19 24	14 56
11/ 5	19 28	15 03
12/ 5	19 36	14 57

2005		
1/ 4	19h46	14S37
2/ 3	19 56	14 07
3/ 5	20 06	13 32
4/ 4	20 12	12 58
5/ 4	20 15	12 33
6/ 3	20 14	12 23
7/ 3	20 08	12 30
8/ 2	20 02	12 50
9/ 1	19 56	13 15
10/ 1	19 53	13 36
10/31	19 55	13 47
11/30	20 01	13 44
12/30	20 10	13 25

2006		
1/29	20h20	12S55
2/28	20 29	12 17
3/30	20 36	11 40
4/29	20 40	11 11
5/29	20 40	10 56
6/28	20 36	10 59
7/28	20 30	11 18
8/27	20 24	11 45
9/26	20 20	12 11
10/26	20 20	12 26
11/25	20 24	12 27
12/25	20 32	12 11

2007		
1/24	20h41	11S41
2/23	20 50	11 03
3/25	20 58	10 23
4/24	21 02	9 50
5/24	21 04	9 30
6/23	21 01	9 29
7/23	20 56	9 45
8/22	20 50	10 13
9/21	20 45	10 42
10/21	20 44	11 02
11/20	20 46	11 07
12/20	20 52	10 55

2008		
1/19	21h00	10S28
2/18	21 09	9 50
3/19	21 17	9 09
4/18	21 22	8 32
5/18	21 25	8 08
6/17	21 24	8 01
7/17	21 20	8 14
8/16	21 14	8 40
9/15	21 08	9 11
10/15	21 06	9 36
11/14	21 06	9 47
12/14	21 11	9 39

2009		
1/13	21h18	9S15
2/12	21 26	8 39
3/14	21 34	7 57
4/13	21 41	7 18
5/13	21 44	6 49
6/12	21 44	6 37
7/12	21 41	6 45
8/11	21 36	7 08
9/10	21 30	7 40
10/10	21 26	8 09
11/ 9	21 26	8 25
12/ 9	21 29	8 23

2010		
1/ 8	21h35	8S03
2/ 7	21 43	7 29
3/ 9	21 51	6 47
4/ 8	21 57	6 06
5/ 8	22 02	5 34
6/ 7	22 03	5 17
7/ 7	22 01	5 19
8/ 6	21 56	5 39
9/ 5	21 50	6 11
10/ 5	21 46	6 42
11/ 4	21 44	7 03
12/ 4	21 46	7 07

2011		
1/ 3	21h51	6S52
2/ 2	21 58	6 21
3/ 4	22 06	5 40
4/ 3	22 13	4 58
5/ 3	22 18	4 22
6/ 2	22 20	4 00
7/ 2	22 19	3 57
8/ 1	22 15	4 13
8/31	22 10	4 43
9/30	22 05	5 16
10/30	22 02	5 42
11/29	22 03	5 51
12/29	22 07	5 41

2012		
1/28	22h13	5S14
2/27	22 20	4 35
3/28	22 27	3 52
4/27	22 33	3 14
5/27	22 36	2 48
6/26	22 36	2 40
7/26	22 33	2 51
8/25	22 28	3 18
9/24	22 23	3 52
10/24	22 19	4 21
11/23	22 19	4 35
12/23	22 22	4 31

2013		
1/22	22h27	4S08
2/21	22 34	3 32
3/23	22 41	2 49
4/22	22 47	2 09
5/22	22 51	1 39
6/21	22 52	1 26
7/21	22 50	1 32
8/20	22 45	1 55
9/19	22 40	2 29
10/19	22 36	3 01
11/18	22 35	3 20
12/18	22 36	3 21

2014		
1/17	22h41	3S03
2/16	22 47	2 30
3/18	22 54	1 48
4/17	23 01	1 07
5/17	23 05	0 34
6/16	23 07	0 16
7/16	23 06	0 17
8/15	23 02	0 36
9/14	22 57	1 08
10/14	22 52	1 41
11/13	22 50	2 05
12/13	22 51	2 12

2015		
1/12	22h54	1S59
2/11	23 00	1 29
3/13	23 07	0 49
4/12	23 13	0 08
5/12	23 18	0N27
6/11	23 21	0 50
7/11	23 21	0 54
8/10	23 18	0 39
9/ 9	23 13	0 10
10/ 9	23 08	0S23
11/ 8	23 05	0 51
12/ 8	23 05	1 03

2016		
1/ 7	23h07	0S55
2/ 6	23 13	0 30
3/ 7	23 19	0N07
4/ 6	23 26	0 49
5/ 6	23 31	1 27
6/ 5	23 35	1 53
7/ 5	23 35	2 02
8/ 4	23 33	1 53
9/ 3	23 29	1 27
10/ 3	23 24	0 52
11/ 2	23 20	0 22
12/ 2	23 19	0 05

2017		
1/ 1	23h21	0N07
1/31	23 25	0 28
3/ 2	23 31	1 03
4/ 1	23 38	1 44
5/ 1	23 44	2 24
5/31	23 48	2 53
6/30	23 49	3 08
7/30	23 48	3 03
8/29	23 44	2 41
9/28	23 39	2 08
10/28	23 35	1 35
11/27	23 33	1 14
12/27	23 34	1 11

2018		
1/26	23h37	1N27
2/25	23 43	1 59
3/27	23 50	2 39
4/26	23 56	3 19
5/26	0 00	3 51
6/25	0 03	4 10
7/25	0 02	4 10
8/24	23 59	3 52
9/23	23 54	3 22
10/23	23 50	2 48
11/22	23 47	2 22
12/22	23 47	2 14

2019		
1/21	23h50	2N26
2/20	23 55	2 53
3/22	0 01	3 32
4/21	0 08	4 12
5/21	0 13	4 47
6/20	0 16	5 09
7/20	0 16	5 15
8/19	0 14	5 02
9/18	0 09	4 34
10/18	0 04	4 00
11/17	0 01	3 31
12/17	0 00	3 18

2020		
1/16	0h02	3N24
2/15	0 07	3 48
3/16	0 13	4 24
4/15	0 19	5 04
5/15	0 25	5 41
6/14	0 29	6 07
7/14	0 30	6 17
8/13	0 28	6 08
9/12	0 24	5 44
10/12	0 19	5 10
11/11	0 15	4 40
12/11	0 14	4 22

2021		
1/10	0h15	4N23
2/ 9	0 19	4 42
3/11	0 24	5 15
4/10	0 31	5 55
5/10	0 37	6 32
6/ 9	0 41	7 02
7/ 9	0 43	7 16
8/ 8	0 42	7 13
9/ 7	0 39	6 52
10/ 7	0 34	6 20
11/ 6	0 30	5 48
12/ 6	0 27	5 26

2022		
1/ 5	0h28	5N22
2/ 4	0 31	5 36
3/ 6	0 36	6 06
4/ 5	0 43	6 44
5/ 5	0 49	7 23
6/ 4	0 54	7 54
7/ 4	0 57	8 13
8/ 3	0 57	8 14
9/ 2	0 54	7 58
10/ 2	0 49	7 29
11/ 1	0 45	6 56
12/ 1	0 41	6 30
12/31	0 41	6 21

2023		
1/30	0h43	6N31
3/ 1	0 48	6 57
3/31	0 54	7 33
4/30	1 01	8 12
5/30	1 06	8 46
6/29	1 10	9 08
7/29	1 11	9 14
8/28	1 09	9 02
9/27	1 05	8 36
10/27	1 00	8 03
11/26	0 56	7 34
12/26	0 54	7 20

2024		
1/25	0h56	7N25
2/24	1 00	7 48
3/25	1 06	8 22
4/24	1 13	9 00
5/24	1 19	9 35
6/23	1 23	10 00
7/23	1 25	10 10
8/22	1 24	10 03
9/21	1 20	9 41
10/21	1 15	9 09
11/20	1 11	8 39
12/20	1 08	8 20

2025		
1/19	1h09	8N20
2/18	1 13	8 38
3/20	1 18	9 09
4/19	1 25	9 46
5/19	1 31	10 22
6/18	1 36	10 50
7/18	1 39	11 05
8/17	1 39	11 02
9/16	1 36	10 44
10/16	1 31	10 14
11/15	1 26	9 42
12/15	1 23	9 20

Right Ascension/Declination — Chiron 2001 - 2050 — Rektaszension/Declination

Monthly Positions / Monatliche Positionen

2026		
1/14	1h23	9N15
2/13	1 25	9 28
3/15	1 31	9 56
4/14	1 37	10 32
5/14	1 44	11 08
6/13	1 50	11 38
7/13	1 53	11 56
8/12	1 54	11 58
9/11	1 52	11 44
10/11	1 47	11 17
11/10	1 42	10 45
12/10	1 38	10 20

2027		
1/ 9	1h37	10N10
2/ 8	1 39	10 19
3/10	1 43	10 43
4/ 9	1 50	11 17
5/ 9	1 57	11 53
6/ 8	2 03	12 24
7/ 8	2 08	12 45
8/ 7	2 09	12 52
9/ 6	2 08	12 42
10/ 6	2 04	12 18
11/ 5	1 59	11 47
12/ 5	1 54	11 19

2028		
1/ 4	1h52	11N05
2/ 3	1 53	11 09
3/ 4	1 57	11 29
4/ 3	2 03	12 01
5/ 3	2 10	12 36
6/ 2	2 17	13 09
7/ 2	2 22	13 32
8/ 1	2 25	13 42
8/31	2 25	13 36
9/30	2 21	13 16
10/30	2 16	12 47
11/29	2 11	12 18
12/29	2 08	12 00

2029		
1/28	2h08	11N59
2/27	2 11	12 15
3/29	2 17	12 44
4/28	2 24	13 18
5/28	2 31	13 51
6/27	2 37	14 16
7/27	2 41	14 29
8/26	2 42	14 28
9/25	2 39	14 11
10/25	2 34	13 44
11/24	2 29	13 15
12/24	2 25	12 55

2030		
1/23	2h24	12N49
2/22	2 26	13 01
3/24	2 31	13 26
4/23	2 38	13 58
5/23	2 46	14 31
6/22	2 53	14 57
7/22	2 57	15 13
8/21	2 59	15 15
9/20	2 58	15 03
10/20	2 53	14 39
11/19	2 48	14 11
12/19	2 43	13 48

2031		
1/18	2h40	13N38
2/17	2 42	13 46
3/19	2 46	14 07
4/18	2 53	14 37
5/18	3 01	15 09
6/17	3 09	15 36
7/17	3 14	15 54
8/16	3 17	15 59
9/15	3 17	15 51
10/15	3 13	15 30
11/14	3 08	15 03
12/14	3 02	14 39

2032		
1/13	2h59	14N26
2/12	2 59	14 29
3/13	3 03	14 47
4/12	3 09	15 14
5/12	3 17	15 44
6/11	3 25	16 11
7/11	3 32	16 30
8/10	3 36	16 38
9/ 9	3 37	16 33
10/ 9	3 34	16 16
11/ 8	3 29	15 52
12/ 8	3 23	15 27

2033		
1/ 7	3h19	15N12
2/ 6	3 18	15 11
3/ 8	3 20	15 25
4/ 7	3 26	15 49
5/ 7	3 34	16 17
6/ 6	3 43	16 43
7/ 6	3 51	17 03
8/ 5	3 56	17 12
9/ 4	3 58	17 10
10/ 4	3 57	16 56
11/ 3	3 52	16 34
12/ 3	3 46	16 11

2034		
1/ 2	3h40	15N54
2/ 1	3 38	15 50
3/ 3	3 40	16 00
4/ 2	3 45	16 20
5/ 2	3 53	16 46
6/ 1	4 02	17 11
7/ 1	4 10	17 30
7/31	4 17	17 40
8/30	4 21	17 39
9/29	4 21	17 28
10/29	4 17	17 09
11/28	4 10	16 48
12/28	4 04	16 30

2035		
1/27	4h00	16N24
2/26	4 01	16 31
3/28	4 05	16 48
4/27	4 12	17 11
5/27	4 22	17 33
6/26	4 31	17 51
7/26	4 39	18 00
8/25	4 44	18 00
9/24	4 46	17 51
10/24	4 43	17 34
11/23	4 37	17 15
12/23	4 30	16 59

2036		
1/22	4h25	16N51
2/21	4 24	16 55
3/22	4 27	17 10
4/21	4 34	17 29
5/21	4 43	17 49
6/20	4 53	18 04
7/20	5 03	18 11
8/19	5 10	18 10
9/18	5 13	18 01
10/18	5 12	17 46
11/17	5 07	17 30
12/17	5 00	17 15

2037		
1/16	4h53	17N08
2/15	4 50	17 11
3/17	4 52	17 23
4/16	4 58	17 40
5/16	5 07	17 56
6/15	5 17	18 08
7/15	5 28	18 12
8/14	5 36	18 08
9/13	5 42	17 57
10/13	5 43	17 42
11/12	5 39	17 27
12/12	5 32	17 15

2038		
1/11	5h25	17N10
2/10	5 20	17 13
3/12	5 20	17 24
4/11	5 25	17 38
5/11	5 33	17 51
6/10	5 44	17 59
7/10	5 55	17 58
8/ 9	6 05	17 50
9/ 8	6 13	17 35
10/ 8	6 16	17 17
11/ 7	6 14	17 01
12/ 7	6 08	16 51

2039		
1/ 6	6h00	16N49
2/ 5	5 54	16 55
3/ 7	5 52	17 07
4/ 6	5 55	17 20
5/ 6	6 02	17 31
6/ 5	6 13	17 34
7/ 5	6 25	17 28
8/ 4	6 36	17 13
9/ 3	6 46	16 51
10/ 3	6 52	16 27
11/ 2	6 52	16 07
12/ 2	6 48	15 57

2040		
1/ 1	6h40	15N58
1/31	6 33	16 08
3/ 1	6 28	16 24
3/31	6 29	16 39
4/30	6 35	16 48
5/30	6 45	16 48
6/29	6 58	16 35
7/29	7 10	16 12
8/28	7 22	15 41
9/27	7 30	15 07
10/27	7 34	14 39
11/26	7 32	14 24
12/26	7 25	14 25

2041		
1/25	7h17	14N41
2/24	7 11	15 03
3/26	7 09	15 24
4/25	7 13	15 35
5/25	7 22	15 32
6/24	7 34	15 14
7/24	7 47	14 42
8/23	8 00	14 00
9/22	8 11	13 13
10/22	8 18	12 32
11/21	8 20	12 06
12/21	8 15	12 02

2042		
1/20	8h08	12N20
2/19	7 59	12 51
3/21	7 55	13 21
4/20	7 56	13 39
5/20	8 03	13 38
6/19	8 15	13 17
7/19	8 28	12 37
8/18	8 42	11 43
9/17	8 55	10 42
10/17	9 05	9 44
11/16	9 11	9 00
12/16	9 10	8 43

2043		
1/15	9h04	8N56
2/14	8 56	9 33
3/16	8 49	10 16
4/15	8 47	10 47
5/15	8 51	10 54
6/14	9 00	10 34
7/14	9 13	9 51
8/13	9 28	8 47
9/12	9 42	7 33
10/12	9 55	6 17
11/11	10 04	5 13
12/11	10 08	4 34

2044		
1/10	10h06	4N31
2/ 9	9 59	5 03
3/10	9 50	5 56
4/ 9	9 45	6 45
5/ 9	9 45	7 08
6/ 8	9 52	6 59
7/ 8	10 03	6 18
8/ 7	10 17	5 12
9/ 6	10 33	3 49
10/ 6	10 48	2 19
11/ 5	11 00	0 55
12/ 5	11 08	0S06

2045		
1/ 4	11h11	0S34
2/ 3	11 07	0 20
3/ 5	10 59	0N30
4/ 4	10 52	1 32
5/ 4	10 48	2 17
6/ 3	10 50	2 28
7/ 3	10 58	2 01
8/ 2	11 11	1 01
9/ 1	11 26	0S21
10/ 1	11 42	1 56
10/31	11 57	3 31
11/30	12 09	4 51
12/30	12 17	5 43

2046		
1/29	12h18	5S55
2/28	12 13	5 23
3/30	12 05	4 22
4/29	11 58	3 20
5/29	11 55	2 44
6/28	11 59	2 48
7/28	12 09	3 30
8/27	12 22	4 41
9/26	12 38	6 10
10/26	12 54	7 44
11/25	13 09	9 10
12/25	13 21	10 16

2047		
1/24	13h27	10S49
2/23	13 27	10 43
3/25	13 21	10 00
4/24	13 13	8 57
5/24	13 07	8 05
6/23	13 05	7 43
7/23	13 10	8 00
8/22	13 20	8 49
9/21	13 34	10 02
10/21	13 51	11 23
11/20	14 07	12 43
12/20	14 22	13 48

2048		
1/19	14h33	14S29
2/18	14 37	14 40
3/19	14 36	14 18
4/18	14 29	13 32
5/18	14 20	12 39
6/17	14 15	12 02
7/17	14 14	11 56
8/16	14 20	12 22
9/15	14 31	13 11
10/15	14 46	14 14
11/14	15 02	15 17
12/14	15 18	16 12

2049		
1/13	15h32	16S49
2/12	15 41	17 04
3/14	15 43	16 55
4/13	15 40	16 26
5/13	15 32	15 46
6/12	15 23	15 09
7/12	15 19	14 52
8/11	15 20	14 59
9/10	15 27	15 27
10/10	15 39	16 10
11/ 9	15 53	16 55
12/ 9	16 09	17 34

2050		
1/ 8	16h24	18S00
2/ 7	16 36	18 10
3/ 9	16 42	18 04
4/ 8	16 42	17 44
5/ 8	16 36	17 17
6/ 7	16 28	16 50
7/ 7	16 20	16 32
8/ 6	16 17	16 31
9/ 5	16 20	16 46
10/ 5	16 29	17 13
11/ 4	16 41	17 42
12/ 4	16 56	18 06

Heliocentric Positions Chiron 2001 - 2050 Heliozentrische Werte

Longitude and Latitude, Monthly Positions / Länge und Breite, monatliche Positionen

2001		
1/ 1	20♐51	5N26
1/31	21 46	5 30
3/ 2	22 41	5 34
4/ 1	23 35	5 38
5/ 1	24 29	5 42
5/31	25 22	5 45
6/30	26 14	5 49
7/30	27 06	5 52
8/29	27 58	5 55
9/28	28 49	5 58
10/28	29 39	6 01
11/27	0♑29	6 04
12/27	1 18	6 07

2002		
1/26	2♑07	6N10
2/25	2 56	6 13
3/27	3 43	6 15
4/26	4 31	6 18
5/26	5 18	6 20
6/25	6 04	6 22
7/25	6 50	6 24
8/24	7 36	6 26
9/23	8 21	6 28
10/23	9 06	6 30
11/22	9 50	6 32
12/22	10 34	6 34

2003		
1/21	11♑18	6N35
2/20	12 01	6 37
3/22	12 43	6 38
4/21	13 25	6 40
5/21	14 07	6 41
6/20	14 49	6 42
7/20	15 30	6 44
8/19	16 10	6 45
9/18	16 51	6 46
10/18	17 31	6 47
11/17	18 10	6 48
12/17	18 50	6 49

2004		
1/16	19♑28	6N50
2/15	20 07	6 50
3/16	20 45	6 51
4/15	21 23	6 52
5/15	22 01	6 52
6/14	22 38	6 53
7/14	23 15	6 53
8/13	23 51	6 54
9/12	24 28	6 54
10/12	25 03	6 54
11/11	25 39	6 55
12/11	26 15	6 55

2005		
1/10	26♑50	6N55
2/ 9	27 24	6 55
3/11	27 59	6 55
4/10	28 33	6 56
5/10	29 07	6 56
6/ 9	29 41	6 56
7/ 9	0♒14	6 55
8/ 8	0 47	6 55
9/ 7	1 20	6 55
10/ 7	1 53	6 55
11/ 6	2 25	6 55
12/ 6	2 57	6 55

2006		
1/ 5	3♒29	6N54
2/ 4	4 01	6 54
3/ 6	4 32	6 54
4/ 5	5 04	6 53
5/ 5	5 35	6 53
6/ 4	6 05	6 53
7/ 4	6 36	6 52
8/ 3	7 06	6 52
9/ 2	7 36	6 51
10/ 2	8 06	6 51
11/ 1	8 36	6 50
12/ 1	9 05	6 50
12/31	9 35	6 49

2007		
1/30	10♒04	6N48
3/ 1	10 33	6 48
3/31	11 01	6 47
4/30	11 30	6 46
5/30	11 58	6 46
6/29	12 26	6 45
7/29	12 54	6 44
8/28	13 22	6 43
9/27	13 49	6 42
10/27	14 17	6 42
11/26	14 44	6 41
12/26	15 11	6 40

2008		
1/25	15♒38	6N39
2/24	16 05	6 38
3/25	16 31	6 37
4/24	16 58	6 36
5/24	17 24	6 35
6/23	17 50	6 34
7/23	18 16	6 33
8/22	18 42	6 32
9/21	19 08	6 31
10/21	19 33	6 30
11/20	19 59	6 29
12/20	20 24	6 28

2009		
1/19	20♒49	6N27
2/18	21 14	6 26
3/20	21 39	6 25
4/19	22 03	6 24
5/19	22 28	6 22
6/18	22 52	6 21
7/18	23 16	6 20
8/17	23 41	6 19
9/16	24 05	6 18
10/16	24 29	6 17
11/15	24 52	6 15
12/15	25 16	6 14

2010		
1/14	25♒40	6N13
2/13	26 03	6 12
3/15	26 26	6 10
4/14	26 50	6 09
5/14	27 13	6 08
6/13	27 36	6 07
7/13	27 58	6 05
8/12	28 21	6 04
9/11	28 44	6 03
10/11	29 06	6 01
11/10	29 29	6 00
12/10	29 51	5 59

2011		
1/ 9	0♓13	5N57
2/ 8	0 36	5 56
3/10	0 58	5 55
4/ 9	1 20	5 53
5/ 9	1 41	5 52
6/ 8	2 03	5 50
7/ 8	2 25	5 49
8/ 7	2 46	5 48
9/ 6	3 08	5 46
10/ 6	3 29	5 45
11/ 5	3 51	5 43
12/ 5	4 12	5 42

2012		
1/ 4	4♓33	5N40
2/ 3	4 54	5 39
3/ 4	5 15	5 38
4/ 3	5 36	5 36
5/ 3	5 57	5 35
6/ 2	6 18	5 33
7/ 2	6 38	5 32
8/ 1	6 59	5 30
8/31	7 19	5 29
9/30	7 40	5 27
10/30	8 00	5 26
11/29	8 20	5 24
12/29	8 41	5 23

2013		
1/28	9♓01	5N21
2/27	9 21	5 19
3/29	9 41	5 18
4/28	10 01	5 16
5/28	10 21	5 15
6/27	10 40	5 13
7/27	11 00	5 12
8/26	11 20	5 10
9/25	11 39	5 09
10/25	11 59	5 07
11/24	12 18	5 05
12/24	12 38	5 04

2014		
1/23	12♓57	5N02
2/22	13 17	5 01
3/24	13 36	4 59
4/23	13 55	4 57
5/23	14 14	4 56
6/22	14 33	4 54
7/22	14 52	4 53
8/21	15 11	4 51
9/20	15 30	4 49
10/20	15 49	4 48
11/19	16 08	4 46
12/19	16 27	4 44

2015		
1/18	16♓45	4N43
2/17	17 04	4 41
3/19	17 23	4 39
4/18	17 41	4 38
5/18	18 00	4 36
6/17	18 18	4 34
7/17	18 37	4 33
8/16	18 55	4 31
9/15	19 14	4 29
10/15	19 32	4 28
11/14	19 50	4 26
12/14	20 08	4 24

2016		
1/13	20♓27	4N23
2/12	20 45	4 21
3/13	21 03	4 19
4/12	21 21	4 17
5/12	21 39	4 16
6/11	21 57	4 14
7/11	22 15	4 12
8/10	22 33	4 10
9/ 9	22 51	4 09
10/ 9	23 09	4 07
11/ 8	23 27	4 05
12/ 8	23 45	4 04

2017		
1/ 7	24♓02	4N02
2/ 6	24 20	4 00
3/ 8	24 38	3 58
4/ 7	24 56	3 57
5/ 7	25 13	3 55
6/ 6	25 31	3 53
7/ 6	25 49	3 51
8/ 5	26 06	3 49
9/ 4	26 24	3 48
10/ 4	26 41	3 46
11/ 3	26 59	3 44
12/ 3	27 16	3 42

2018		
1/ 2	27♓34	3N41
2/ 1	27 51	3 39
3/ 3	28 09	3 37
4/ 2	28 26	3 35
5/ 2	28 44	3 33
6/ 1	29 01	3 31
7/ 1	29 18	3 30
7/31	29 36	3 28
8/30	29 53	3 26
9/29	0♈10	3 24
10/29	0 28	3 22
11/28	0 45	3 21
12/28	1 02	3 19

2019		
1/27	1♈20	3N17
2/26	1 37	3 15
3/28	1 54	3 13
4/27	2 11	3 11
5/27	2 28	3 10
6/26	2 46	3 08
7/26	3 03	3 06
8/25	3 20	3 04
9/24	3 37	3 02
10/24	3 54	3 00
11/23	4 11	2 58
12/23	4 28	2 56

2020		
1/22	4♈46	2N55
2/21	5 03	2 53
3/22	5 20	2 51
4/21	5 37	2 49
5/21	5 54	2 47
6/20	6 11	2 45
7/20	6 28	2 43
8/19	6 45	2 41
9/18	7 02	2 39
10/18	7 19	2 38
11/17	7 36	2 36
12/17	7 53	2 34

2021		
1/16	8♈10	2N32
2/15	8 28	2 30
3/17	8 45	2 28
4/16	9 02	2 26
5/16	9 19	2 24
6/15	9 36	2 22
7/15	9 53	2 20
8/14	10 10	2 18
9/13	10 27	2 16
10/13	10 44	2 14
11/12	11 01	2 12
12/12	11 18	2 10

2022		
1/11	11♈35	2N09
2/10	11 52	2 07
3/12	12 09	2 05
4/11	12 26	2 03
5/11	12 44	2 01
6/10	13 01	1 59
7/10	13 18	1 57
8/ 9	13 35	1 55
9/ 8	13 52	1 53
10/ 8	14 09	1 51
11/ 7	14 26	1 49
12/ 7	14 43	1 47

2023		
1/ 6	15♈00	1N45
2/ 5	15 18	1 43
3/ 7	15 35	1 41
4/ 6	15 52	1 39
5/ 6	16 09	1 37
6/ 5	16 26	1 35
7/ 5	16 44	1 33
8/ 4	17 01	1 31
9/ 3	17 18	1 29
10/ 3	17 35	1 27
11/ 2	17 53	1 25
12/ 2	18 10	1 22

2024		
1/ 1	18♈27	1N20
1/31	18 45	1 18
3/ 1	19 02	1 16
3/31	19 19	1 14
4/30	19 37	1 12
5/30	19 54	1 10
6/29	20 11	1 08
7/29	20 29	1 06
8/28	20 46	1 04
9/27	21 04	1 02
10/27	21 21	1 00
11/26	21 39	0 58
12/26	21 56	0 56

2025		
1/25	22♈14	0N53
2/24	22 31	0 51
3/26	22 49	0 49
4/25	23 07	0 47
5/25	23 24	0 45
6/24	23 42	0 43
7/24	24 00	0 41
8/23	24 17	0 39
9/22	24 35	0 36
10/22	24 53	0 34
11/21	25 11	0 32
12/21	25 29	0 30

Heliocentric Positions Chiron 2001 - 2050 Heliozentrische Werte

Longitude and Latitude, Monthly Positions / Länge und Breite, monatliche Positionen

2026		
1/20	25♈46	0N28
2/19	26 04	0 26
3/21	26 22	0 24
4/20	26 40	0 21
5/20	26 58	0 19
6/19	27 16	0 17
7/19	27 34	0 15
8/18	27 52	0 13
9/17	28 10	0 10
10/17	28 29	0 08
11/16	28 47	0 06
12/16	29 05	0 04

2027		
1/15	29♈23	0N02
2/14	29 42	0S00
3/16	0♉00	0 02
4/15	0 18	0 04
5/15	0 37	0 06
6/14	0 55	0 08
7/14	1 14	0 11
8/13	1 32	0 13
9/12	1 51	0 15
10/12	2 10	0 18
11/11	2 28	0 20
12/11	2 47	0 22

2028		
1/10	3♉06	0S24
2/ 9	3 25	0 27
3/10	3 44	0 29
4/ 9	4 02	0 31
5/ 9	4 21	0 33
6/ 8	4 40	0 36
7/ 8	5 00	0 38
8/ 7	5 19	0 40
9/ 6	5 38	0 43
10/ 6	5 57	0 45
11/ 5	6 16	0 47
12/ 5	6 36	0 50

2029		
1/ 4	6♉55	0S52
2/ 3	7 15	0 54
3/ 5	7 34	0 57
4/ 4	7 54	0 59
5/ 4	8 13	1 01
6/ 3	8 33	1 04
7/ 3	8 53	1 06
8/ 2	9 13	1 09
9/ 1	9 33	1 11
10/ 1	9 53	1 13
10/31	10 13	1 16
11/30	10 33	1 18
12/30	10 53	1 20

2030		
1/29	11♉13	1S23
2/28	11 34	1 25
3/30	11 54	1 28
4/29	12 15	1 30
5/29	12 35	1 33
6/28	12 56	1 35
7/28	13 17	1 37
8/27	13 37	1 40
9/26	13 58	1 42
10/26	14 19	1 45
11/25	14 40	1 47
12/25	15 01	1 50

2031		
1/24	15♉23	1S52
2/23	15 44	1 55
3/25	16 05	1 57
4/24	16 27	2 00
5/24	16 48	2 02
6/23	17 10	2 05
7/23	17 32	2 07
8/22	17 54	2 10
9/21	18 16	2 12
10/21	18 38	2 15
11/20	19 00	2 17
12/20	19 22	2 20

2032		
1/19	19♉44	2S22
2/18	20 07	2 25
3/19	20 29	2 28
4/18	20 52	2 30
5/18	21 15	2 33
6/17	21 38	2 35
7/17	22 01	2 38
8/16	22 24	2 40
9/15	22 47	2 43
10/15	23 10	2 46
11/14	23 34	2 48
12/14	23 57	2 51

2033		
1/13	24♉21	2S53
2/12	24 45	2 56
3/14	25 09	2 59
4/13	25 33	3 01
5/13	25 57	3 04
6/12	26 22	3 07
7/12	26 46	3 09
8/11	27 11	3 12
9/10	27 35	3 14
10/10	28 00	3 17
11/ 9	28 25	3 20
12/ 9	28 51	3 22

2034		
1/ 8	29♉16	3S25
2/ 7	29 41	3 28
3/ 9	0♊07	3 30
4/ 8	0 33	3 33
5/ 8	0 59	3 36
6/ 7	1 25	3 38
7/ 7	1 51	3 41
8/ 6	2 18	3 44
9/ 5	2 44	3 47
10/ 5	3 11	3 49
11/ 4	3 38	3 52
12/ 4	4 05	3 55

2035		
1/ 3	4♊32	3S57
2/ 2	5 00	4 00
3/ 4	5 27	4 03
4/ 3	5 55	4 05
5/ 3	6 23	4 08
6/ 2	6 51	4 11
7/ 2	7 20	4 14
8/ 1	7 48	4 16
8/31	8 17	4 19
9/30	8 46	4 22
10/30	9 15	4 25
11/29	9 45	4 27
12/29	10 14	4 30

2036		
1/28	10♊44	4S33
2/27	11 14	4 35
3/28	11 44	4 38
4/27	12 15	4 41
5/27	12 45	4 44
6/26	13 16	4 46
7/26	13 47	4 49
8/25	14 19	4 52
9/24	14 50	4 54
10/24	15 22	4 57
11/23	15 54	5 00
12/23	16 27	5 02

2037		
1/22	16♊59	5S05
2/21	17 32	5 08
3/23	18 05	5 10
4/22	18 39	5 13
5/22	19 13	5 16
6/21	19 46	5 18
7/21	20 21	5 21
8/20	20 55	5 24
9/19	21 30	5 26
10/19	22 05	5 29
11/18	22 41	5 31
12/18	23 16	5 34

2038		
1/17	23♊52	5S36
2/16	24 29	5 39
3/18	25 05	5 42
4/17	25 42	5 44
5/17	26 20	5 47
6/16	26 57	5 49
7/16	27 35	5 51
8/15	28 14	5 54
9/14	28 52	5 56
10/14	29 31	5 59
11/13	0♋11	6 01
12/13	0 50	6 03

2039		
1/12	1♋30	6S06
2/11	2 11	6 08
3/13	2 52	6 10
4/12	3 33	6 12
5/12	4 15	6 15
6/11	4 57	6 17
7/11	5 39	6 19
8/10	6 22	6 21
9/ 9	7 05	6 23
10/ 9	7 49	6 25
11/ 8	8 33	6 27
12/ 8	9 18	6 29

2040		
1/ 7	10♋03	6S31
2/ 6	10 49	6 33
3/ 7	11 34	6 34
4/ 6	12 21	6 36
5/ 6	13 08	6 38
6/ 5	13 55	6 39
7/ 5	14 43	6 41
8/ 4	15 31	6 42
9/ 3	16 20	6 44
10/ 3	17 10	6 45
11/ 2	17 59	6 46
12/ 2	18 50	6 48

2041		
1/ 1	19♋41	6S49
1/31	20 32	6 50
3/ 2	21 24	6 51
4/ 1	22 17	6 52
5/ 1	23 10	6 52
5/31	24 03	6 53
6/30	24 57	6 54
7/30	25 52	6 54
8/29	26 47	6 55
9/28	27 43	6 55
10/28	28 40	6 55
11/27	29 37	6 55
12/27	0♌35	6 55

2042		
1/26	1♌33	6S55
2/25	2 32	6 55
3/27	3 31	6 54
4/26	4 31	6 54
5/26	5 32	6 53
6/25	6 33	6 53
7/25	7 35	6 52
8/24	8 38	6 51
9/23	9 41	6 49
10/23	10 45	6 48
11/22	11 50	6 46
12/22	12 55	6 45

2043		
1/21	14♌01	6S43
2/20	15 07	6 41
3/22	16 14	6 39
4/21	17 22	6 36
5/21	18 30	6 34
6/20	19 39	6 31
7/20	20 49	6 28
8/19	21 59	6 25
9/18	23 10	6 22
10/18	24 21	6 18
11/17	25 34	6 15
12/17	26 46	6 11

2044		
1/16	28♌00	6S07
2/15	29 14	6 03
3/16	0♍28	5 58
4/15	1 43	5 54
5/15	2 59	5 49
6/14	4 15	5 44
7/14	5 32	5 38
8/13	6 49	5 33
9/12	8 07	5 27
10/12	9 25	5 21
11/11	10 44	5 15
12/11	12 03	5 09

2045		
1/10	13♍23	5S02
2/ 9	14 43	4 55
3/11	16 04	4 49
4/10	17 25	4 41
5/10	18 46	4 34
6/ 9	20 08	4 27
7/ 9	21 30	4 19
8/ 8	22 52	4 11
9/ 7	24 15	4 03
10/ 7	25 38	3 55
11/ 6	27 01	3 46
12/ 6	28 25	3 38

2046		
1/ 5	29♍48	3S29
2/ 4	1♎12	3 20
3/ 6	2 36	3 11
4/ 5	4 00	3 02
5/ 5	5 24	2 53
6/ 4	6 48	2 44
7/ 4	8 12	2 34
8/ 3	9 36	2 25
9/ 2	11 01	2 15
10/ 2	12 25	2 05
11/ 1	13 49	1 56
12/ 1	15 13	1 46
12/31	16 37	1 36

2047		
1/30	18♎00	1S26
3/ 1	19 24	1 16
3/31	20 47	1 06
4/30	22 10	0 56
5/30	23 33	0 46
6/29	24 56	0 36
7/29	26 18	0 26
8/28	27 40	0 16
9/27	29 01	0 06
10/27	0♏23	0N03
11/26	1 43	0 12
12/26	3 04	0 22

2048		
1/25	4♏24	0N32
2/24	5 43	0 42
3/25	7 03	0 51
4/24	8 21	1 01
5/24	9 39	1 10
6/23	10 57	1 19
7/23	12 14	1 28
8/22	13 31	1 38
9/21	14 47	1 46
10/21	16 02	1 55
11/20	17 17	2 04
12/20	18 32	2 13

2049		
1/19	19♏46	2N21
2/18	20 59	2 29
3/20	22 12	2 38
4/19	23 24	2 46
5/19	24 35	2 54
6/18	25 46	3 01
7/18	26 56	3 09
8/17	28 06	3 16
9/16	29 15	3 24
10/16	0♐23	3 31
11/15	1 31	3 38
12/15	2 38	3 45

2050		
1/14	3♐44	3N52
2/13	4 50	3 58
3/15	5 55	4 05
4/14	7 00	4 11
5/14	8 04	4 17
6/13	9 07	4 23
7/13	10 10	4 29
8/12	11 12	4 34
9/11	12 14	4 40
10/11	13 14	4 45
11/10	14 15	4 51
12/10	15 14	4 56

Robert von Heeren und Dieter Koch

Pholus
Wandler zwischen Saturn und Neptun

Die Wende ins Unerwartete

310 Seiten, 28 Abb.
Ephemeride 1900 - 2020
ISBN 3-925100-20-2

Am 9. Januar 1992 wurde das äußerst ungewöhnliche Objekt "1992 AD" entdeckt, dem man später den Namen *Pholus* gab. Bei einer Umlaufzeit von 92 Jahren kreuzt er die Saturnbahn nach innen und überschreitet bei Sonnenferne sogar die Neptunbahn nach außen. Den Astronomen wirft er einige Rätsel auf, denn er ist weder den Asteroiden, noch den Kometen eindeutig zuzuordnen.

Auch die Mythologie um Pholus ist rätselhaft: Als einziger gutmütiger und zivilisierter Kentauer neben Chiron, nimmt sein Leben ein merkwürdig abruptes Ende. Nach dem wilden Kentaurenkampf, in dem Herakles die meisten Kentauren mit seinen Giftpfeilen tötete und versehentlich auch Chiron unheilbar verwundete, zieht Pholus aus Faszination einen Pfeil aus einer Kentaurenleiche. Der Pfeil entgleitet ihm und tötet ihn unverzüglich.

Die Autoren legen das weltweit erste umfassende Werk zu Pholus vor. Wissenschaftlich fundiert analysieren und veranschaulichen sie seine ungewöhnlichen astronomischen Eigenschaften. Mit sehr viel Sachkenntnis ergründen sie anhand eigener Neuübersetzungen die Quellentexte zu Chiron und Pholus. Die astrologische Qualität und Relevanz wird jedoch nicht nur theoretisch abgeleitet, sondern mittels intensiver Transitforschung belegt. Die Autoren kommen dadurch sowohl zu lebensnahen Deutungen für Häuser- und Planetentransite, als auch zu Interpretationen seiner Planetenverbindungen und Häuserstellung im Horoskop. Pholus spielt eine entscheidende Rolle als Auslöser unerwarteter Grenzerfahrungen, in denen sich unsere Selbstbewahrung in eine Öffnung für das Unbekannte wandelt. Ergänzt wird das Buch durch eine Ephemeride der Jahre 1900-2019 für Pholus und die Originaltexte der Mythologie um Chiron und Pholus.

Das Buch ist mit großem Ernst, zuverlässiger Genauigkeit und in die Tiefe gehender Betrachtung geschrieben und eine Bereicherung für jeden Astrologen.
Hamburger Hefte

Zane B. Stein

Wendepunkt Chiron

Essenz und Anwendung

160 Seiten, broschiert, 3 Auflage
ISBN 3-925100-08-3

Zane B. Stein ist der Pionier der astrologischen Chiron-Forschung. Er begann bereits wenige Wochen nach der Entdeckung mit der Datensammlung und der astrologischen Untersuchung dieses neuen Himmelskörpers. In seinem zweiten Buch befaßt sich der Autor noch intensiver mit dem Wesen Chirons. Er setzt sich mit dem Begriff der Wirklichkeit auseinander und der Art, wie diese durch Chiron beeinflußt wird. Neben einem kurzen Abstecher in die Mythologie befaßt er sich eingehend mit "Chiron, dem verwundeten Heiler." Dabei gelingt es ihm hervorragend aufzuzeigen, wie sehr die Entwicklungen der jüngste Vergangenheit dem Einfluß Chirons unterliegen. Im zweiten Teil widmet er sich eingehend den Aspekten zu den anderen Planeten. Weitere Themenschwerpunkte: die Wiederkehr auf die Radix-Position, Prognose, Partnerschafts- und Mundanastrologie.

*Ein gut gemachtes und detailliertes Buch für diejenigen,
die alles über Chiron wissen wollen, was man wissen muß.*

Aspects

Ebenfalls wird der einzelgängerischen Seite Chirons Rechnung getragen, indem seine Aspekte nach etwas anderen Gesichtspunkten interpretiert werden. Die einzelnen Deutungen treffen, soweit ich sie aus eigener Erfahrung beurteilen kann, erstaunlich gut zu und sind leicht nachvollziehbar.

Bündner Tagblatt

Zane B. Stein

Chiron

90 Seiten, broschiert, 4. Auflage
ISBN 3-925100-06-7

Chiron wurde 1977 entdeckt und zählt heute schon zu den festen Deutungselementen der modernen Astrologie. Er bewegt sich auf einer äußerst exzentrischen Bahn zwischen den beiden Ringplaneten Saturn und Uranus. Für die moderne Astrologie gewinnt er deshalb zunehmend an Bedeutung. Chiron ist die Brücke zwischen Saturn und Uranusbewußtsein. Er vrmittelt zwischen Vergangenheit und Zukunft und er ist in allem ein Außenseiter. Die wichtigsten Einschnitte und Wendepunkte im Leben werden von ihm signalisiert und er bietet Impulse zur Ganzwerdung. Zane B. Stein beschreibt Chiron in astrologischer Hinsicht und erklärt seine Wirkungsweise in Zeichen und Feldern. Er erläutert Chirons Schlüsselrolle zwischen Saturn und Uranus und zeigt, daß die Betrachtung Chirons für eine zeitgemäße Astrologie unerläßlich ist. Das vorliegende Buch war die allererste Veröffentlichung zur Astrologie Chirons und gilt schon heute als ein Klassiker der astrologischen Literatur.

Sein 1983 geschriebenes Buch 'Chiron' erregte dann wegen seines Pionierstatus in astrologischen Fachkreisen viel Aufsehen.

Astrologie Heute

Lianella Livaldi Laun

Chiron in der Partnerschaftsastrologie

Die Versöhnung der Gegensätze

106 Seiten, Hardcover, 25 Abbildungen

ISBN 3-89997-125-6

Gegensätze ziehen sich an, besagt eine Redensart. Aber warum ist dem so? Der Kentaur Chiron - halb Mensch, halb Pferd – trägt diesen unversöhnlichen Gegensatz in sich. So verwundert es nicht, dass er gerade bei verletzenden Partnerschaften immer wieder an prominenter Stelle im Horoskop zu finden ist. Aber Chiron ist auch der Heiler und die Autorin zeigt, wie er immer wieder bei heilenden Beziehungen in den Vordergrund tritt.

„Lianella Livaldi Laun zeigt die verschiedenen Formen von Verletzungen in Verbindung mit der Chiron-Thematik sowohl an Konstellationen ihrer eigenen Klienten und Schüler als auch bei Romanfiguren auf. Dabei bleiben weder die Transite Chirons und ihre Auswirkungen unerwähnt noch die Chiron Position im Composit (...) Dieses Buch ist für Einsteiger genauso empfehlenswert wie für fortgeschrittene Astrologen, zumal es sehr lebendig, anschaulich und praxisnah geschrieben ist.“

sternzeit

Paolo Crimaldi

Chiron der innere Lehrer

Entwicklungsaspekte im Horoskop

59 Seiten, Paperback

ISBN 3-925100-48-2

Da Chiron ein Lehrer ist, unser innerer Lehrer, ist in ihm bereits der Entwicklungsaspekt angelegt. Er hilft uns zu wachsen, auf unser Leben zu achten, ständig im Hier und Jetzt zu leben, ohne aber auf vergangene Erfahrungen oder Zukunftsaussichten zu verzichten. Er führt uns auf der Suche nach dem inneren Licht und lässt uns den Kontakt zu unserem Selbst und zu unserer existentiellen Einsamkeit finden. Die Lehre dieses Planeten für unsere Entwicklung besteht darin, wie wir uns mit uns selbst wohlfühlen, uns selbst die nötige Wärme und Liebe für ein Leben in Harmonie mit der Umwelt geben können. Dies ist eine subversive Botschaft, denn sie stellt die Selbstliebe vor die Nächstenliebe und räumt auf mit dem Klischee der grenzenlosen Liebe für den Anderen, in der man die Eigenliebe vergisst.

„Ich finde das Buch sehr interessant, da sich der Autor auf das wesentliche beschränkt und die Fantasie des Lesers in bezug auf die individuelle Deutung anregt."

sternzeit